Les rêves
et leur interprétation

Ernest Aeppli

Les rêves
et leur interprétation

Avec 500 symboles de rêves
et leur explication

Traduit de l'allemand
par Jean Heyum

PETITE BIBLIO
PAYOT

Retrouvez l'ensemble des parutions
des Éditions Payot & Rivages sur

payot-rivages.fr

TITRE ORIGINAL :
Der Traum
(Eugen Rentsch Verlag, Zurich)

PREMIÈRE PARTIE

La nature du rêve

CHAPITRE PREMIER
Généralités

Le rêve appartient aux expériences les plus personnelles de l'homme. C'est lui et non un autre qui rêve, c'est à lui que survient cette apparition insolite de la nuit ; insolite parce que se produisant sans qu'il y soit pour quelque chose, dans un monde qui n'est pas familier comme celui de la journée. Il y a aussi ceux qui ne rêvent pas ; quelques-uns, rares il est vrai, prétendent qu'ils n'ont jamais rêvé, ne savent pas ce qu'il faut entendre par là. Et pourtant personne ne nie l'existence même du phénomène, bien qu'il n'en ait jamais fait l'expérience. Il semble d'ailleurs parfaitement comprendre de quoi il s'agit ; la plupart des non-rêveurs semblent même dans leur for intérieur avoir fait l'expérience intime du rêve. Et pourtant ceux-ci auront de la difficulté à comprendre ce livre s'ils manifestent l'envie de pénétrer ce pays si étrange pour eux. Mais malgré tout ils ne sont pas sûrs de ne pas rêver après avoir lu ce livre. Dans ce cas, ce petit guide leur servira incidemment de clé leur permettant de découvrir le théâtre secret des rêves ; et dorénavant il leur est loisible de participer à l'entrée en scène de personnages et de puissances dont ils étaient loin de soupçonner l'existence.

Prenant sa source dans l'inépuisable richesse de l'âme, le rêve ne laisse aux hommes qu'un souvenir fugace, une légère humeur teintée de joie, de tristesse ou d'inquiétude.

Le rêve nocturne constitue une activité naturelle de l'âme. Il ne nous dit point pourquoi il est là, il se moque d'être remarqué ou non et de faire au réveil l'objet d'une conversation de la conscience qui est ordinairement son auditeur et son spectateur. Il vaque librement à ses occupations nocturnes. C. G. Jung, faisant une comparaison moderne, dit qu'il faut toujours se représenter le rêve comme une conversation qui se passe dans l'inconscient et dont nous saisissons certaines bribes, comme à la radio ou au téléphone : « Tout à coup quelqu'un dit quelque chose, vous entendez une phrase appartenant à une conversation, celle-ci s'arrête et maintenant vous devez tout reconstituer et savoir à qui a été dit quelque chose. » Mentionnons ici que le grand savant est d'avis que l'âme rêve continuellement et que seul le « vacarme » occasionné par la conscience empêche de se rendre compte de cette continuité.

Le rêve est d'une étonnante autonomie ; tant qu'on ne se rapproche pas trop de l'éveil, tant que la conscience diurne n'a pas percé les volets clos des paysages du rêve et fait naître l'idée que « ce n'est qu'un rêve », le rêveur ne trouve rien à redire aux phénomènes les plus extravagants dont il est le témoin.

L'on est peut-être effrayé, mais point étonné lorsque dans le rêve il est question d'un lion, lorsque le feu ronge le parquet ou qu'une inondation menace votre maison. De vieux camarades depuis longtemps disparus se trouvent là et nous leur parlons comme s'ils n'étaient jamais partis. Nous sommes vêtus très insuffisamment ou encore d'une manière fantaisiste et pourtant nos concitoyens ne s'en alarment pas. Nous trouvons très naturel de nous précipiter vers une gare étrange pour partir vers une ville inconnue, tout ceci d'ailleurs avec l'idée d'arriver en retard, alors qu'au surplus rien ne nous relie à cette ville. Qui s'étonne d'avoir à repasser des examens depuis longtemps terminés, qui se réjouit spécialement au moment de découvrir un trésor comme dans les contes de fées ? Profondément endormis, le célibataire ou la femme sans enfant peuvent rêver d'un enfant qu'ils tiennent sur les genoux ou avec lequel ils se promènent. C'est comme si l'on se trouvait envoyé en une mission inconnue ; tel rêveur désire ardemment parvenir à l'église placée sur une montagne ou en un lieu inconnu, alors qu'il est par ailleurs en dehors de toute idée religieuse. Est-ce que dans les rêves on ne peut pas être enfant marchant pieds nus et quémandant des bonbons, soldat fatigué ou explorateur dans de lointaines contrées solitaires ? Tout simplement on *est* malade, on *est* placé dans une situation impossible. Tout est soumis à des changements qui obéissent à des lois que la conscience n'arrive pas à saisir.

Rêve et sommeil

Le vrai rêve se passe pendant le sommeil ; il ne peut se former ou subsister que grâce à celui-ci. Dans un de ses écrits, Rank dit : « Le sommeil est la condition du rêve ; c'est cette scission presque complète du moi et de la réalité, proche de la mort, qui confère au rêve la puissante subjectivité d'un autisme parfait en même temps que l'inépuisable profondeur de l'interdépendance universelle. »

On a reconnu de nos jours que le sommeil est une des grandes exigences de la vie. Tout le monde sait qu'on peut se passer de boire pendant un ou deux jours, qu'on peut rester sans manger jusqu'à quelques semaines, mais que le manque de sommeil entraîne des troubles graves au bout de peu de temps.

Nous ne nous proposons pas d'en dire plus long sur le sommeil dans lequel vient s'insinuer le rêve et au travers duquel celui-ci nous parvient à la conscience. Sommeil et rêve sont différents. Ce dernier est de la vie psychique dans un corps engourdi.

Le moi a toujours montré de la méfiance vis-à-vis des exigences du sommeil. Il n'aime pas être dessaisi de son autorité car il n'est jamais maître du sommeil et tend ainsi à dénigrer celui-ci. La constatation que près du tiers de notre vie se passe à dormir a quelque chose d'extraordinairement troublant pour l'intellect de beaucoup de gens. Plus d'un individu place le sommeil parmi les choses inutiles de son existence et le considère comme du temps perdu ; il dira que précisément pendant ces heures soustraites à son contrôle il peut arriver des choses aussi stupides que les rêves. D'un autre côté on rencontre ceux dont la vie se passe à dormir et qui voient une partie de leur existence se dérouler comme un rêve dénaturé, impuissants à en changer quoi que ce soit.

Celui qui méprise le sommeil par une exaltation de la conscience disqualifiera encore davantage la nature du rêve. Ceci ne l'empêchera d'ailleurs nullement d'avoir besoin de dormir et d'être appelé à entamer une conversation avec les rêves sans y avoir été invité.

Les physiologistes font la différence entre sommeil superficiel et sommeil profond. Il est à présumer que l'inconscient exerce aussi son activité dans le sommeil profond. Pfaff, un des savants du XIXe siècle qui a étudié la question avec le plus de lucidité, déclare : « Seul le corps a besoin de sommeil, pas l'âme ! » Mais seules les images du sommeil superficiel nous deviennent conscientes.

Peu d'individus s'endorment aussitôt couchés ; mais si c'est le cas, les rêves sont rares. Il s'agit alors presque toujours de schizothymes et il semble qu'ils tombent directement dans un sommeil profond. Mais la plupart des dormeurs passent d'abord devant une série d'images hypnagogiques qui émergent des profondeurs ; ils se trouvent dans un état d'engourdissement où ces images viennent se mêler à toutes sortes d'états d'âme et à d'autres images provenant des événements de la journée. Cette confluence de représentations ne dérange pas celui qui s'endort ; d'ailleurs il ne tient pas à les retenir au passage car il redeviendrait lucide « comme en plein jour ».

On a maintes fois observé des hommes endormis changer leur position, se tourner, s'étirer ou se contracter. De nombreux auteurs dont l'intérêt ne se porte que sur les manifestations secondaires du rêve décèlent l'activité onirique du rêveur par son agitation. Il y a des tentatives de mouvements corporels. Hoche constate même un changement dans le rythme respiratoire : « Le déroulement de la respiration laissait souvent supposer qu'il *devait* y avoir activité onirique. »

La question se pose alors de savoir si le rêve ne trouble pas le sommeil. Il nous semble que ceci a lieu lorsque le conflit représenté par le rêve possède un potentiel d'énergie trop élevé. Le sommeil *et* le rêve ont chacun une fonction vitale. En considérant les facultés régulatrices de la nature humaine prise dans sa totalité, il est impossible d'admettre que le rêve devienne le trouble-fête du sommeil. Tout compte fait il semble que les deux fonctions physiologique et psychologique s'accordent parfaitement. Mais chaque rêveur sait par expérience que la seule issue possible à une situation onirique pénible consiste dans un brusque éveil.

Le premier savant moderne qui ait étudié les rêves, Sigmund Freud, admettait avec ses disciples que tous sont dans un certain sens des « rêves de commodité », qu'« au lieu de réagir à une influence externe, psychique ou somatique par l'éveil, ils ne servent qu'à prolonger le sommeil ».

Freud affirmait que, grâce à sa faculté de minimiser et de camoufler les impulsions d'origine presque toujours sexuelle — car le grand savant était comme hypnotisé par ces dernières —, le rêve est un *gardien du sommeil*. Nous examinerons la conception de Freud ultérieurement et dans son ensemble.

Le passage du sommeil et du rêve à l'état de veille, et inversement, s'accomplit suivant le tempérament de l'individu en question. L'un s'éveille aussitôt, sa conscience effaçant immédiatement les derniers lambeaux des images du rêve ; l'autre revient lentement à lui tout en continuant à rêver, mais déjà conscient de ses rêves. Beaucoup hésitent alors à délaisser cette existence nocturne pour aborder la vie quotidienne lorsque survient la lumière du jour. Ils voudraient tant rester dans le monde des rêves et essayer par tous les moyens de chasser cette désagréable clarté. D'autres par contre s'éveillent avec l'impression vive d'une nuit enfin terminée et qui efface en même temps un rêve stupide.

Le rêve que nous sommes capables de retenir ne semble nous parvenir qu'aux environs de l'éveil. Le philosophe Schelling était d'avis, il y a un siècle déjà, que « les rêves sont les précurseurs du réveil. Le rêve d'une personne en bonne santé est un rêve du matin. » Il est clair que sans l'aide de la conscience nous ne pourrions pas retenir les rêves. Nous ne savons rien des rêves du sommeil profond, nous ne pouvons observer qu'en spectateur lorsqu'un dormeur commence à parler, lorsqu'il appelle quelqu'un, se défend en gesticulant ou essaie de se lever.

Durée du rêve

Certaines personnes sont d'une touchante modestie lorsqu'il s'agit de poser des questions au sujet des phénomènes de la vie. Il n'y a que le bizarre qui les intéresse, au sujet duquel d'ailleurs certaines « boîtes aux lettres » de journaux et des rubriques du genre « saviez-vous que... » répondent avec bienveillance. Si la conversation aborde le sujet des rêves, ces personnes sont ravies d'apprendre que la durée du rêve est extrêmement courte.

Aussi étonnant que cela paraisse, il en est vraiment ainsi : même des rêves qui nous font traverser une multitude d'événements et de situations sans cesse transformés se passent très rapidement, en quelques secondes, rarement en plus d'une demi-minute.

Des essais et des expériences involontaires confirment cette affirmation. Il peut se faire qu'un dormeur tombe du lit et se réveille sur le coup. Là-dessus il raconte un rêve qui l'a amené avec précision, lors d'une promenade en automobile, dans la situation d'une chute possible et qui lui est alors réellement arrivée en rêve.

On répète à satiété l'histoire véridique et très significative qui est survenue à un noble aux jours les plus sanglants de la Révolution française. Pendant qu'il dormait, la barre du rideau de lit alors usuel lui tomba sur la nuque, ce qui provoqua son éveil. Mais il avait auparavant rêvé une longue histoire au cours de laquelle il avait été fait prisonnier et traduit devant un tribunal révolutionnaire ; condamné à mort, on le mène à l'échafaud — le couperet de la guillotine s'abat sur sa nuque — et il se réveille absolument terrifié par le coup de la barre de lit en question. Une autre fois on a fait partir un coup de feu dans le voisinage d'un dormeur, provoquant naturellement son éveil, mais non sans que celui-ci ait été en mesure de raconter toute une histoire finissant par une querelle et des coups de feu.

D'autres dormeurs arrosés avec de l'eau racontent un rêve qui les fit tomber à l'eau. Des événements analogues surviennent lorsqu'une excitation auditive ou visuelle a provoqué l'éveil. Dans tous ces cas, le stimulant externe a suffi à agglomérer le matériel nécessaire, parmi la réserve d'images chargées de joie ou de tristesse qui sont disponibles dans l'âme, pour en faire un rêve se déroulant dans un laps de temps des plus court. Une petite expérience que chacun pourra faire pour se convaincre de cette durée limitée, et qui contraste avec le temps interne psychologique du rêve, consiste à s'observer lors du réveil qui suit un assoupissement provoqué par une conférence ou un concert radiophonique ; ce court sommeil peu profond aura fait surgir toute une série d'images et d'événements.

L'état d'âme et le rêve

Le problème le plus intéressant concernant la durée du rêve est celui du rapport temps objectif, temps interne subjectif. Mais plus important, plus significatif encore est cet état, cette *tonalité* particulière que le rêve laisse après lui et qu'il ne faut pas confondre avec l'atmosphère du rêve même ; il s'agit ici d'un état d'âme qui peut durer des heures alors que le rêve a depuis longtemps disparu, qu'il n'est même plus objet de souvenir. C'est une atmosphère de bonheur ou de terreur, une sensation de vie plus vaste ou une inexplicable angoisse. On se réveille le cœur lourd et cette humeur nous accompagne, nous poursuit durant toute la matinée. Ou alors on ouvre les yeux dans la lumière d'un jour neuf, merveilleusement réconforté par un événement qu'on ne connaît plus mais qui projette sur la journée ses lointains reflets.

On peut conclure de cette tonalité affective à celle du rêve même. Ne dit-on pas incidemment au petit déjeuner : « J'ai fait un beau rêve. Je ne me souviens plus du contenu, mais c'était un rêve si plein, si réconfortant. »

À moins que le matériel onirique ne se compose de

choses insignifiantes, le rêveur a nettement l'impression au réveil d'un état d'âme positif ou négatif. Il se souvient du rêve ou arrive à le reconstituer selon l'intensité de cet état d'âme. Il a raison de croire à l'importance d'un événement qui affecte aussi facilement son humeur. Démentant en cela l'expérience de l'auteur, certains observateurs mettent l'accent sur la prépondérance dans le rêve des tonalités désagréables. Hoche affirme mélancoliquement : « Là aussi l'atmosphère onirique est un reflet de la journée où prédominent les moments irritants et désagréables. » Mais Kant également, durant une période de rêves pénibles, note avec dépit : « Il ne doit pas y avoir d'extravagances nocturnes ! » Qu'est-ce qui a bien pu vouloir pénétrer dans l'âme de ce penseur solitaire ?

Par contre le poète romantique Novalis, se sentant de bonne heure voué à une mort douce et pure, parle du rêve comme d'un délassement, comme d'une fuite devant la banalité. Beaucoup de gens ne sont-ils pas reconnaissants de pouvoir se réfugier dans le merveilleux monde des rêves alors que l'inévitable réalité leur paraît grise et monotone ?

L'événement du rêve

Celui qui observe ses propres rêves ne se demande pas seulement : pourquoi ai-je rêvé, il se demande aussi : pourquoi deux événements qui pour notre entendement n'ont pas le moindre rapport semblent-ils se conditionner l'un l'autre ? Sa conscience sera irritée du fait que les règles du déterminisme ordinaire ne sont pas respectées. C'est ainsi que telle jeune rêveuse nouvellement mariée se voit interdire le passage d'un pont par une sorte de police parce qu'elle a rangé son sac à main chez elle dans le placard. Ou bien une personne rêve qu'il lui faut aller avec deux enfants inconnus à la gare où l'attendent deux trains prêts à partir. Mais le rêveur perd les deux enfants en cours de route, sans d'ailleurs les rechercher car il est pressé et les enfants ne semblent pas l'intéresser. Arrivé à la gare, il s'aperçoit que les trains sont partis ; l'employé déclare qu'il faut en voir la cause dans le fait qu'il a laissé les enfants en cours de route. Comme si la relation de ces deux enfants avec le départ du train pouvait être déterminante. Il est évident que le cerveau ne voudra jamais admettre une telle explication. Et pourtant — nous anticipons — celui qui laisse aller à la dérive ses possibilités naissantes, dont l'enfant est souvent la représentation symbolique, ne peut plus continuer le chemin qu'il s'est tracé. Dans les contes, ressemblant profondément en cela aux rêves, on trouve des associations analogues. Témoin ce rêveur qui trouva devant la porte fermée d'une maison un mendiant qui ressemblait à un camarade d'école depuis longtemps oublié. Après qu'il ait échangé quelques mots avec lui, la porte de la maison s'ouvrait comme par enchantement. Au lieu d'un intérieur de maison ordinaire dans lequel il pénétrait, il y avait un jardin dans lequel était assise une femme inconnue et très belle. L'entrée de la maison ne lui fut accordée que par la conversation avec le mendiant. Un autre rêveur n'a pas passé son examen parce que ses chaussures ne lui allaient pas. Un troisième avait oublié le nom d'un animal, oubli qui entraînait pour lui une détention dans une prison mystérieuse. Et ainsi de suite.

Au cours du rêve même, toutes ces motivations sont amplement suffisantes pour le rêveur, voire évidentes. Il se soumet aux faits — alors que la conscience les juge absurdes.

Le psychiatre allemand Hoche s'est beaucoup occupé du phénomène du rêve et, ce qui nous paraît presque tragique, n'a pas pu lui découvrir un sens malgré tant de peine. Ainsi ses observations passent sur l'essentiel et s'attachent plutôt au côté physiologique de la question. Il prétend que les impressions visuelles, auditives, tactiles ou autres sont de loin les plus importantes dans le rêve. On arrive aussi à saisir une odeur, mais assez rarement. Il s'agit bien plus souvent d'impressions de chaud ou de froid, d'humide ou de sec ; mais toutes ces constatations s'arrêtent à la lisière de ce qu'il s'agit précisément d'observer.

Hoche a également remarqué que les événements du rêve se passent dans un champ éclairé, mais que la plupart des rêveurs « ne se rendent pas compte de l'existence d'un grand espace obscur qui encadre celui-ci ». Ainsi que chaque lecteur le constatera de lui-même, c'est la situation de la scène éclairée pendant une représentation à l'opéra ou au théâtre. Un chapitre ultérieur examinera dans quelle mesure beaucoup plus large le rêve peut être comparé à un drame se déroulant avec un seul acteur qui peut aussi être spectateur, et comme il convient de faire le rapprochement avec ce drame quant à l'agencement et la succession des tableaux.

Hoche croit aussi pouvoir constater que le rêve comporte peu de mouvement véritable, comme le déplacement d'une personne ou d'une voiture par exemple. Il s'agit uniquement de savoir qu'il y a déplacement ou transformation. Avec ceci, et à la différence de nombreux rêves qui nous ont été relatés, Hoche voit pénétrer les personnages du rêve sur le centre éclairé de la scène à partir d'un arrière-plan obscur, au lieu de surgir par la droite ou par la gauche.

Au sujet de ce qu'on oublie et de ce qu'on retient

Les rêves ne se retiennent pas facilement, malgré leur grande vivacité ou leur frappante originalité ; ils s'oublient vite. Cette formation fugace de l'âme est vouée à la ruine. Elle retourne dans les profondeurs de l'inconscient qui est son origine et son foyer. Combien de rêveurs font un voyage rempli d'événements intéressants et voudraient le continuer alors qu'ils sont déjà à moitié éveillés ; ils se tiennent tout penauds, constamment dans la crainte que le rêve pourrait s'arrêter là. Mais chacun sait qu'il n'est pas possible de duper l'inconscient ; cette expérience ne réussit que lorsque l'inconscient lui-même juge opportun de poursuivre le rêve. Mais le plus souvent, hostile au rêve, l'inexorable matin est là.

Le jeune Gottfried Keller, ayant établi un petit journal dans lequel il notait ses rêves au fur et à mesure qu'ils se produisaient, écrivit un jour : « Je me perdis dans des rêves merveilleux et je suis si fâché de les avoir oubliés ; je crois qu'il s'agissait de cette jeune fille de Winterthur, car je suis sans cesse poussé par le désir de retrouver ces rêves, mais en vain. Il faudrait pouvoir se faire des repères, quand on a des rêves intéressants. »

Les rêves, on les oublie en s'habillant, sinon à coup sûr dans la matinée ; avec une exception cependant dont il sera parlé plus loin. Mais il peut arriver — chez soi en faisant le ménage, pendant une conversation, dans l'autobus, voire même dans le vacarme des machines à écrire — que le rêve fasse soudain son apparition. On dit alors à sa collègue : « Tiens, voilà le rêve de cette nuit qui me revient », et la pauvre collègue se voit obligée d'écouter le récit du rêve. Il se peut que seule une bribe du rêve soit sauvée de l'oubli ; et il sera souvent possible de faire apparaître le reste en suivant ce petit fil.

Celui qui veut se rappeler son rêve pour des raisons qu'il nous reste à expliquer fera bien au réveil de retenir quelques expressions clés comme la maison de mon oncle, le marché, la carte postale, le théâtre, une bicyclette devant la maison, les petits chats, la pluie, l'annonce de journal, une lettre jaune, etc.

Si pour les besoins de l'analyse, ou suivant son

propre désir — ce dernier cas étant souvent celui de personnes d'un certain âge —, ce rappel devient nécessaire, il convient de préparer du papier et un crayon. Mais on se gardera d'aller à la poursuite des rêves et de se réveiller à chaque instant pour ne pas perdre l'occasion de présenter un exemplaire intéressant ; une telle façon de procéder ne pourrait être que nuisible à un état psychique déjà déficient.

Une fois le rêve ainsi patiemment reconstitué, nous pressentons déjà que certains détails, certaines subtilités nous ont échappé. Il est certain que le rêve ne fait pas bon ménage avec l'état de veille. Il est vrai aussi que nous pouvons acquérir une certaine habitude pour mieux retenir ce que nous rêvons. Néanmoins, le rêve, rédigé dans ses grandes lignes et lu quelques jours après, n'a souvent plus le même sens ; nous n'y trouvons plus que des mots et des phrases au lieu d'un tout cohérent et compréhensible.

CHAPITRE II

Le langage du rêve

Le rêve est le langage de l'inconscient que nous percevons pendant la nuit ; bien que cet inconscient ne semble rêver que pour soi-même, nous croyons qu'il nous parle. Le rêve nous apparaît alors comme une communication au cours de laquelle, ainsi que le remarque Félix Mayer, « personne n'est visible, personne n'est représenté par la pensée sauf le rêveur lui-même ».

Tous ceux qui se sont penchés sur le problème du rêve d'une façon pratique arrivent à la conclusion qu'il existe une instance supérieure qui construit et dirige le rêve. Mais il ne faudrait pas croire que cette instance a l'intention de s'adresser à nous ; cet aspect de la question sera examiné plus loin.

Il paraît difficile de savoir si le rêve est le langage d'un inconscient qui se parle à lui-même en nous permettant d'y prendre part, ou si ce langage s'adresse directement à nous. Bien qu'il arrive d'entendre des voix au cours d'un rêve, le langage de celui-ci consiste bien plutôt dans une succession d'images et d'actions, que dans celle d'un langage parlé. Ces images sont baignées d'une atmosphère particulière que nous avons précisément retenue comme représentant la tonalité du rêve. Nous avons trop tendance à confondre le récit du rêve tel que nous le racontons ou le rédigeons, avec le rêve lui-même ; le récit ou la description n'est qu'un rapport ayant trait au rêve. Contrairement à la conception de Freud, le rêve ne représente pas seulement la manifestation d'une réalité cachée, mais il constitue en lui-même un événement complet. Il est le témoignage nocturne de l'âme. C'est pourquoi nous ne parlons pas de « façade du rêve » comme le fait la psychanalyse, façade derrière laquelle se cacherait le « contenu latent » représentant la véritable pensée du rêve.

Chaque rêve constitue une unité psychique. Ainsi lorsqu'au réveil notre mémoire n'a pu retenir du rêve que quelques bribes éparses, nous déclarons qu'il ne nous est malheureusement pas possible d'en faire un récit complet. Nous concluons par là à l'existence d'une entité, d'un monde qui a un sens et une unité. Le matériel même du rêve, c'est-à-dire ce avec quoi il est fait, peut être de provenance très diverse bien qu'il soit toujours tiré de l'expérience psychique.

Il semble que le rêve possède une connaissance infiniment large de tous les événements, de toutes les possibilités. C'est comme s'il habitait un centre d'où il serait capable d'embrasser les plus proches comme aussi les plus lointaines réalités humaines sans cesser de se poser la question : comment vais-je traduire la situation psychique globale de cet individu avec le matériel de son expérience personnelle et supra-personnelle ? Comment puis-je exprimer clairement le développement interne de son psychisme par un agencement judicieux des différents éléments du rêve ?

On voudrait pouvoir comparer au conservateur omniscient d'une immense bibliothèque l'instance qui choisit le matériel d'une main si sûre et le compose d'une manière si habile. Dans cette bibliothèque sont alors conservés les rapports concernant tous les événements de notre existence, toutes les petites remarques de notre vie quotidienne ainsi que l'état exact de nos entreprises. Les impressions faites sur nos sens y figurent également. À peine sont-elles notées que nous les avons déjà reléguées au second plan — qu'il s'agisse d'observations faites dans la rue ou dans la nature, dans les revues ou les journaux. Ce sont ces mille détails souvent inutiles et tout juste entr'aperçus qui composent l'essentiel de notre biographie, y compris tout ce qui a fait notre éducation et tout ce passé oublié qui sommeille en nous et que le créateur des rêves saisira au passage avec perspicacité : telle vieille lettre complètement défraîchie, telle conversation tenue au cours des vacances, la notice intéressante ou la nouvelle politique du journal, les petits événements de notre jeunesse et tous ces mots innombrables que nous avons un jour lus ou entendus. Personne ne peut savoir ce qui paraît être à tout jamais enfoui dans les archives de son âme. Mais cet « archiviste » puissant tient tout cela à sa disposition, il peut à n'importe quel moment faire jaillir ces éléments dans un de nos rêves, les animant à nouveau de sa force.

Autrement dit, cet immense répertoire vital que nous possédons tous et que nous consultons rarement, l'auteur de nos rêves le connaît cependant page par page. Tout ce qui est nôtre, tout ce qui a eu un rapport quelconque avec notre vie constitue l'*inconscient personnel*. C'est du passé à l'état brut ou partiellement façonné qui se trouve refoulé par la poussée incessante des événements qui se succèdent et qui se changent en inconscient. Dans les réservoirs de l'âme, et plus ou moins près de la conscience, nos expériences passées attendent que le rêve ait besoin de leur contenu, de leurs personnages.

Comme chacun sait, un homme sans souvenirs est un malade psychique, un homme qui ne vit plus dans sa propre durée, qui ne peut pas profiter de ce que ses années passées lui ont apporté. Il lui manque la mémoire qui le relierait à la vie et qui est en même temps passé, présent et futur créateur. À l'homme normal qui peut en avoir besoin pour une certaine raison, les choses du passé deviennent immédiatement vivantes. Il faut savoir que même une conversation ordinaire ne peut se faire sans une continuelle référence au passé.

La plupart des gens sont entourés dans leurs appartements de tableaux, d'objets et même de personnes qui ne représentent que du passé. Là aussi se conserve le rapport entre l'évolution du moi et celle de la famille. Mais cette tradition nous entoure lors même que nous ne la réclamons pas ; et elle peut s'opposer à un présent plus vivant et un futur riche en possibilités. Par contre le passé que le rêve puise en nous est d'une autre nature. Conformément à l'expérience, et on ne peut parler ici que par expérience, il ne ramène à la surface que ce qui peut servir au moi *actuel*. Que le passé ne soit pas encore assimilé et alors nous en rêvons pour le surmonter ; qu'il nous donne la clé d'une situation présente par son contenu passé et que nous ayons besoin de remonter à cette origine pour mieux comprendre le présent ; ou encore que le rêve nous présente une situation passée mais transformée, et que cette transformation si vivante soit la meilleure image, le meilleur symbole, pour figurer utilement les événements présents : voilà sous quelles formes peut se présenter le passé. C'est au moyen de *souvenirs personnels* que la plupart des rêves tiennent leur langage. Et ces souvenirs peuvent aller du petit fait divers de la veille, dont l'impression est encore vive, jusqu'à ceux de la première enfance, c'est-à-dire aux souvenirs remontant à la deuxième année. Certains observateurs supposent que les tourments de la naissance et tout ce qui par la suite arrive au petit enfant se retrouve dans les rêves, ces éléments étant difficilement reconnaissables à l'interprétation, mais présentant une très grande importance.

Bien que le rêve soit le gardien de la tradition, il en use avec une grande liberté. Tous les événements du passé, tout ce qui autrefois a revêtu une forme vivante lui sert de matériel pour dépeindre le présent ou figurer l'avenir. Le rêveur se fait illusion quand il pense qu'un rêve le ramenant vers de beaux jours, ou le mettant en présence de personnes jadis aimées, est un refuge qui lui donne le droit de se détourner d'une actualité trop riche en conflits. Le rêve figure bien plus une situation actuelle. Peut-être ces beaux rêves du passé, par leur richesse même, veulent-ils apporter au présent comme le germe d'une époque, d'une conception de vie nouvelles.

En ramenant le passé, le rêve attache celui-ci au présent et à travers l'écoulement du temps, il maintient la continuité et l'unité de notre vie. Mais nous ne sommes pas seulement reliés au passé par nos *événements personnels* ; en tant qu'hommes, nous appartenons à l'humanité et à son *histoire*. Ce grand archiviste dont il a été question plus haut n'a pas seulement à sa disposition les faits et les images de notre passé, mais il semble encore posséder la connaissance de tout ce qui a jamais pu se produire ; il est entouré par les puissantes images ancestrales de toute l'histoire humaine. C'est d'elles qu'il se sert lorsque, sur un plan individuel, se répète un événement fondamental de l'humanité.

Les archétypes

« Pourquoi faire tant de bruit autour des nouveautés ? Les valeurs les plus anciennes sont plus grandes que les valeurs les plus modernes ! » : cette affirmation se trouve dans un exposé paru récemment dans une revue culturelle. Le plus ancien et le plus moderne, voilà deux pôles qui s'opposent ; et pourtant ce qui en nous est très vieux est constamment prêt à refléter ce qui nous arrive sur le moment. Les images humaines les plus reculées conservées dans notre inconscient collectif, toujours prêtes à être utilisées, contiennent le germe et le symbole de la vie présente et future. Ce côté ancien resurgit dans nos rêves et nous permet de relier notre présent et notre avenir.

Ces réflexions nous font concevoir l'importance de ce que la psychologie complexe appelle *situation archétypique*, *symbole archétypique*. L'interprétation des rêves ne devient vraiment possible qu'en partant de la réalité fondamentale de ces phénomènes psychiques.

Nous sommes entourés par un milieu ; nous avons même l'impression de nous trouver en son centre. Nous contactons journellement les objets de ce milieu et nous les utilisons selon leurs possibilités. Pourtant nous ne lui sommes pas identiques ; nous faisons bien plutôt face à ce monde extérieur, même si celui-ci se prolonge dans notre conscient et notre inconscient. Ainsi les faits et les images de ce monde sont à la disposition de chaque individu dont ils forment l'expérience ; ils sont une des grandes sources dont se sert le rêve. L'autre source est constituée par le monde intime de notre âme, *l'inconscient collectif*, dans lequel notre moi plonge ses racines. Il appartient également à tous et se prolonge dans chacune des âmes individuelles. Pourtant, là non plus, nous ne faisons pas un avec ce monde ; lui aussi nous fait face, même si sa richesse émerge jusque dans notre inconscient personnel, notre imagination et nos rêves et influence ainsi le moi à son insu. C'est ce monde intime et collectif à la fois qui constitue l'autre réservoir dans lequel le rêve puise son matériel merveilleux ; celui-ci prendra corps dans une image archaïque nommée archétype.

Mais la formulation de cette réalité importante, conçue par la psychologie moderne, ne nous dispense pas de l'obligation d'expliquer l'origine et la nature de ce matériel onirique primitif. D'ailleurs on ne pourra jamais qu'approuver ces aspects de notre inconscient dont la forme sans cesse changeante et le riche contenu ne peuvent être saisis qu'intuitivement. Dans ces images archaïques, comme Jung les appelle d'après une expression de Jakob Burckhardt, toutes les expériences faites par le psychisme humain depuis l'origine, sont représentées au moyen d'images : la croissance et le déclin, le bonheur, les dangers, les rencontres avec les forces de la nature, les animaux et les êtres humains. Les archétypes contiennent également les images traditionnelles et les images perdues symbolisant les rapports humains avec les puissances « d'en haut » et les puissances « d'en bas » ; il s'agit là des grands symboles religieux. De tout temps, les hommes ont fait l'expérience de la lumière du jour et de l'obscurité de la nuit, et ce rythme incessant a profondément marqué l'âme. Les hommes ont fait connaissance avec les saisons riches et les saisons pauvres. Ils sont restés profondément unis au devenir de la végétation. Ils ont apprivoisé le feu, dompté les animaux pour les mettre à leur service ; ils ont durant des millénaires craint l'hiver et les animaux restés sauvages. À l'intérieur de la communauté plus ou moins étendue de la famille, du clan ou de la tribu, l'homme était entouré par la vie et la mort de ses parents, par la jeunesse et la vieillesse ; il éprouvait sa détermination sexuelle et son rapport de dépendance dans le couple ; la maternité et la paternité étaient des formes de vie importantes et acceptées comme telles par la majorité. Le miracle de l'enfant, l'épanouissement des jeunes gens et jeunes filles comblaient les adultes de bonheur.

La communauté, mais aussi la lutte des individus et celle des grandes associations spontanées, créaient sans cesse des situations dans lesquelles un certain comportement humain typique prenait forme. Au moyen de la roue et de l'animal, la culture naissante s'étendait dans les environs ; la barque et les bateaux traversaient les eaux redoutables, la voûte des ponts s'élançait sur les fleuves, tout d'abord d'une façon primitive, puis avec un art de plus en plus achevé. Des formes de vie naissaient et se conservaient à travers le temps malgré des modifications superficielles.

On pourrait multiplier les exemples, mais pas indéfiniment ; car *il n'existe qu'un nombre limité d'événements humains fondamentaux*, tout comme l'individu qui ne fait jamais que quelques expériences typiques. Celles-ci sont condensées en archétypes qui représentent comme un produit de la distillation de tout l'existant, de ce qui a pu se produire et se produira encore. Il semble que par une répétition incessante, ces images archaïques se soient chargées d'une énergie interne au moyen de laquelle elles sont véhiculées de génération en génération.

Le nombre des archétypes est donc limité. Mais ils n'en sont pas moins de véritables centres énergétiques. Dans une petite remarque, Jung indique qu'il y a analogie entre les formes typiques de l'inconscient et la répétition morphologique ou fonctionnelle de certaines ressemblances dans le domaine de la nature. Ce sont à première vue des « formes existantes ou des normes biologiques de l'activité psychique ». Le moi n'en dispose pas ; elles sont dès le début données à chacun comme un héritage ancestral. Nous nous conformons à leurs règles sans le savoir ; et dans ce cas nous sommes dans le vrai. Ce n'est pas seulement le fonctionnement corporel qui s'accomplit pour la plus grande partie en dehors de notre volonté et selon des lois biologiques transmises, mais également la vie mentale ; celle-ci nous est tracée depuis des temps immémoriaux et nous ne pouvons l'abandonner sans par là même occasionner des troubles. *Grosso modo*, nous faisons ce que l'homme a toujours fait dans le bonheur et dans la peine, à l'ouvrage ou parmi les siens et surtout lorsqu'il se trouve placé devant une décision inhabituelle. Le fondement de la vie et le comportement caractéristique de l'homme sont identiques alors même qu'ils peuvent prendre la forme la mieux appropriée à chaque individu. Ceci, soit dit en passant, nous permet de comprendre les messages laissés par les hommes d'autres époques, c'est-à-dire leur histoire, et en particulier les grandes épopées qui reflètent une activité humaine universelle.

Une comparaison encore plus adéquate, bien que ressortissant à un domaine inconnu de certains lecteurs, est celle de forces qui, obéissant à des lois précises, obligent certains liquides à prendre la forme déterminée de cristaux qui sont typiques ; par exemple, l'eau qui se transforme en cristaux de neige. Il en va de même de la vie psychique qui obéit aux lois invisibles de certaines forces directrices. La psychologie essaie de les comprendre explicitement ; images miraculeuses et vivantes de l'inconscient, elles nous sont présentes dans le rêve et dans la vision.

Fait significatif et particulier, ces grandes représentations apparaissent dans le rêve lorsque le rêveur se trouve devant une situation qui ne met plus seulement en jeu des intérêts privés et qui lui sont personnels.

Le rêve répond aussi aux petits événements quotidiens, comme on a pu s'en rendre compte. Il le fait — nous en reparlerons — au moyen d'un rêve appelé rêve quotidien. Il n'y a donc pas à rechercher des archétypes lorsqu'il s'agit de savoir s'il faut accepter une offre d'emploi ; ils ne se prononceront pas pour ou contre un départ en vacances. L'inconscient collectif sera indifférent à la date de publication de nos fiançailles ; il ne s'intéressera pas davantage à un sursis à notre changement de domicile. Il laissera à la compétence de la conscience le soin de régler les problèmes de moindre importance. Mais les images archaïques afflueront avec puissance lorsque seront en cause des problèmes humains fondamentaux, lorsque le développement de la personnalité même est mis en question. Ils font leur apparition lorsqu'un plan supérieur doit être atteint ou lorsqu'une difficulté vient d'être surmontée effectivement. Ces événements internes qui doivent avoir lieu chez la plupart des individus sont alors accompagnés par ces images éternellement jeunes. Ainsi « l'enfant » a toujours symbolisé survie et possibilités futures. Les femmes sont portées au voisinage de leur être le plus profond lorsqu'elles rêvent qu'elles vont avoir un enfant (on verra ultérieurement que même les hommes peuvent attendre leur « enfant »). À toutes les époques, les mères ont prodigué affection et soins, tout en continuant à rester attachées à ce qui naît d'elles ; ainsi s'est immortalisée la figure universelle de la grande *mater*. De tout temps, aussi, le « guerrier » a accepté ou a dû accepter la mort, de tout temps le « vagabond » a erré au hasard des paysages où des groupements humains. On a toujours été « jeune », on a toujours été « vieux », la misère et la peur, mais également les fruits de la vie ont existé de tout temps. On a bâti la « maison », le « feu » l'a détruite. Fleuve et mer ont toujours été des symboles de l'existence.

Tous ces symboles sont originels. Quand nous arrivons à un endroit dangereux, soit en nous-mêmes, soit au-dehors, quand notre conduite est troublée par des conflits profonds, mais aussi lorsque s'épanouissent les quelques grandes joies de l'existence, les rêves reviennent aux images archaïques, aux pensées et actions types d'une humanité qui a toujours su trouver son chemin à travers le besoin et les désastres. Nous communiquons avec son savoir millénaire qui se formule par de grands symboles plutôt que par des énoncés clairs et conformes à la raison.

L'image onirique qui se rapporte à ces contenus internes ne nous devient souvent accessible qu'avec l'aide d'un interprète ayant l'habitude de reconnaître les symboles ; avec ou sans cette aide, nous entrons en contact avec l'énergie qui s'est amassée dans ces symboles. D'après un mot de Nietzsche, qui d'ailleurs ne faisait que pressentir l'existence et la profondeur de certains rapports, « par le rêve et le sommeil, nous refaisons la tâche de nos ancêtres » ; nous nous alimentons aux sources de la vie, c'est-à-dire à cette expérience que des milliers de générations ont amassée et qui devient perceptible sous forme de symboles.

Plus nous nous occupons de ce phénomène et plus s'affirme en nous la conviction que les archétypes sont de la vie condensée et coordonnée en grandes images. La rencontre de ce phénomène — qui se produit en rêve et au cours de son interprétation — conduit à un ordre de choses interne. Nous acquérons à son contact le sentiment de ce qui dure, de ce qui est « usuel » au sens le plus élevé du mot.

Ce qu'il y a d'universellement et d'originellement humain dans chaque individu et dans son activité, qui a une allure si fortuite, s'exprime dans des images de rêve accessibles au bon sens. Ce n'est pas un monsieur B. qui entre dans notre chambre, mais un grand homme gris, portant peut-être un chapeau à larges bords et drapé dans une pèlerine qui indiquent le grand vagabond. Il touche en nous le côté qui recherchait la paresse et la commodité. Nous n'avons peut-être jamais été à la mer ni sur les sommets d'une haute montagne, nous n'avons peut-être jamais traversé des plaines enneigées ou des glaciers sans fin ; tout le monde n'a pas connu les horreurs de la guerre ou le calme réconfortant d'un intérieur d'église. Mais dans le rêve, les vagues battent furieusement notre petit bateau ; nous traversons des crevasses et sommes perdus dans un paysage glacial. Nous prenons part à une guerre affreuse et nous ne savons pas si nous en sortirons vivants. De magnifiques cathédrales nous entourent, le visage d'un dieu nous sourit. Qui de nous a déjà trouvé un trésor ? En rêve, il miroite, gardé par quelque monstre ou géant effrayant. Voilà l'un des langages du rêve, le grand. Il est loin de correspondre au genre de vie actuel avec ses machines à écrire, ses ustensiles de cuisine standardisés, ses journaux, comptes chèques postaux et machines agricoles perfectionnées. Disons en passant que ces années-ci ont vu ressusciter dans le monde européen des formes de vie élémentaires qui rappellent singulièrement les débuts les plus laborieux de l'existence humaine.

Il devient maintenant courant en psychologie de considérer que langage et contenu des grands rêves possèdent une analogie extrême avec le langage et le contenu des mythes et des légendes ; ceux-ci d'ailleurs ne sont pas autre chose qu'une expérience humaine formée et transmise par les siècles. La seule différence avec le rêve, c'est que celui-ci ne possède pas un semblant de coordination qui le rend immédiatement accessible comme les histoires d'Hercule, les mythes de Loki et de Balder[1], le conte du nain qui ne voulait pas dire son nom ou celui de la Belle au bois dormant. C'est la même force créatrice qui est à l'œuvre dans le rêve et dans le mythe.

Le langage par lequel ils s'expriment est identique, bien que la causalité de ces phénomènes apparaisse différente. On comprend d'ailleurs mieux le langage étonnant et inactuel des grands rêves lorsqu'on connaît les mythologies des peuples, comme les légendes grecques et germaniques, les contes européens et asiatiques et lorsqu'on pénètre un peu le monde magique dans lequel vivent les peuples primitifs. Il convient aussi de ne pas omettre la lecture de la vie des Saints, qu'ils appartiennent à l'hémisphère psychique occidental ou oriental. De même le langage du rêve sera rendu compréhensible à celui qui connaît bien les œuvres des grands poètes. Car celles-ci ne représentent pas autre chose que le destin humain dont la figure individuelle du héros est une incarnation. La poésie raconte ce qui peut nous arriver entre la naissance et la mort.

---

1. *Loki:* dans la mythologie nordique, dieu du feu, de la destruction; responsable de la mort de Balder; amène la fin du monde.
Balder: dieu de la lumière et symbole de pureté. *(N.d.T.)*

On n'estimera jamais assez haut la signification et l'importance du monde des archétypes ; cette immense collection renferme toutes les situations essentielles de notre existence. Car cette mémoire humaine vivante qui oriente et dispense de l'énergie est un organe du psychisme. On ne peut par aucun moyen se défaire de ce fond de l'âme ; et même si on le pouvait, on n'en tirerait aucun avantage. Car il resterait un moi réduit à sa petite réserve de souvenirs personnels. Chaque être ne serait plus qu'une minuscule unité, un îlot définitivement séparé de ses semblables. Nous vivrions détachés du passé et désarmés devant un avenir hostile. Il resterait une petite créature qui a répudié l'héritage des ancêtres et qui s'est exclue de la grande communauté vivante.

On ne peut certainement pas contester qu'il existe des hommes qui surestiment d'une façon ridicule l'importance de leur moi et donnent à croire qu'avant eux rien ne s'est produit, de même qu'après leur passage sur la terre rien ne se produira plus. D'autres, apparemment sans orgueil, croient à l'importance inégalée de leurs conflits individuels ; ils sont d'avis que jamais personne n'a fait preuve d'autant d'amour ou de haine. Ce qui leur arrive est inouï et unique en son genre. Celui qui pense ainsi, et n'a pas rectifié son jugement par l'observation de ses semblables ou l'étude du passé, sera mis devant la vérité au moyen de ses rêves qui la lui présenteront en images le plus souvent sombres. Il lui appartient d'en accepter ou d'en refuser la signification. Mais il pourrait toujours apprendre, pour faire partie de la grande confrérie humaine, qu'à travers les millénaires, la vie s'est toujours passée de la même façon. En tant que médecin, C. G. Jung observe : « Les archétypes ont été et sont des puissances vitales du psychisme qui tiennent à se mettre en évidence et à se faire valoir par les moyens les plus étranges. Ils ont toujours apporté avec eux la sécurité et le salut, et leur porter atteinte équivaut à encourir ce que dans la psychologie des primitifs on appelle *Perils of the soul* — les périls de l'âme. Car ils peuvent aussi déclencher infailliblement des troubles névrotiques ou même des psychoses et en cela ils se comportent exactement comme des organes ou des systèmes fonctionnels négligés ou maltraités. » La voix des archétypes est la voix du genre humain. Nous nous trouverons bien lorsque notre vie consciente y répondra d'une façon adéquate. Mais il n'est pas facile pour le profane de comprendre ce langage, de distinguer des images aussi impersonnelles qui en lui s'adressent à lui.

Lorsque dans les rêves apparaîtront ces symboles originels, nous pourrons les regarder comme le signe d'une maturité croissante. Le rêve ramène à la surface ce que l'âme a de plus intime afin qu'une nouvelle page puisse s'ouvrir dans notre vie. Nous allons à la rencontre de ce qui nous appartient, nous sommes rattachés à la totalité de notre être.

Le symbole

Les ouvrages qui traitent des rêves et qui se réclament de la science mettent au premier plan la notion de symbole. Élément puissant et fermé, c'est lui qu'il s'agit avant tout d'interpréter, c'est-à-dire de convertir en langage clair et accessible à la conscience.

Nous parlons de symboles et d'actions symboliques. Mais il n'est pas besoin de poser de questions sur le symbole là où se pratique intensément la vie religieuse. On n'a pas besoin d'expliquer. Par exemple, dans un psychisme chrétien, la croix est devenue un symbole considérable qui réunit une foule de choses, de représentations agissantes ; la croix a groupé autour d'elle l'obscure richesse d'expériences psychiques. De bonne heure déjà la croix a été un signe d'orientation avec ses quatre bras désignant quatre directions. Mais en elle se croisent aussi les directions de notre propre existence. En outre, elle départage l'espace. Sous forme de svastika, elle est une allégorie du soleil et du cours du temps.

Jadis instrument de torture et de punition, la croix acquit une signification prépondérante par le calvaire de Jésus-Christ. Ce qu'il y avait de plus vif fut ainsi sacré chose sublime ; un tronc mort muni d'une sinistre traverse se changea en arbre de vie, devint un lieu de salut et par là même le signe de la délivrance. La pire souffrance, par transposition, a fait de la croix le signe même de la souffrance. Mais d'après la conception chrétienne, la mort fut surmontée par la crucifixion ; aussi est-elle devenue le signe de la mort, mais en même temps celui de la victoire, de la victoire sur la mort en général — l'assurance et la consolation d'une résurrection, d'une vie nouvelle. L'Église chrétienne a élevé la croix à la hauteur d'un grand symbole et victorieusement combattu sous sa bannière. Quelle richesse de contenu sous le signe de ce pauvre bois !

Que d'expérience psychique et de pensées vivantes se réunissent dans la figure symbolique de la « mère » de l'« enfant », et entourent le seuil de la « porte » où se croisent deux sens opposés ; quelle résonance en nous lorsque dans nos rêves il est question de « lune », de « soleil » ou d'« étoiles » !

La troisième partie de ce livre énumère certains des symboles qui reviennent si fréquemment dans nos rêves et en donne l'interprétation la plus courante.

C'est le mythologue J. J. Bachofen qui, dans un traité sur le symbolisme sépulcral, a si remarquablement étudié la nature des symboles, nature difficilement accessible à la raison : « Le symbole fait naître le pressentiment ; le langage, lui, ne peut qu'expliquer. Le symbole fait vibrer à la fois toutes les cordes de l'esprit humain, tandis que le langage se trouve obligé de ne s'adresser à la fois qu'à une seule pensée. Le symbole a des ramifications jusque dans les profondeurs les plus intimes de l'âme ; le langage ne fait qu'effleurer la surface de l'entendement. L'un est orienté vers l'intérieur, l'autre vers l'extérieur. Seul le symbole réussit à coordonner un amas d'impressions hétéroclites ; le langage aligne des faits isolés et n'apporte à la conscience que des parcelles qui, pour être exprimées dans leur ensemble, nécessiteraient le concours d'un organe plus complexe. Les mots limitent l'infini : les symboles conduisent l'esprit par-delà les frontières du fini et du devenu dans le monde de l'infini et de l'existant. »

L'expérience psychique se condense en symbole qui devient le réceptacle singulier d'un flux de vie mouvante. Il est beaucoup plus qu'un simple concept ; il suffit de penser au symbole de la Vierge, au symbolisme animal, à celui du pain et du vin pour s'en convaincre. Par le fait même que c'est l'expérience archaïque qui a donné naissance au symbole — d'une manière inconsciente bien sûr —, toute l'énergie, toute la puissance propre à cette expérience a passé dans ce symbole. S'il nous arrive en rêve ou dans la journée de faire la rencontre d'un grand symbole, celui-ci ne manquera pas d'exercer sur nous une étrange fascination. D'un autre côté, des symboles peuvent s'éclipser pour un certain temps. Ils suivent la métamorphose des divinités.

Chaque symbole est l'expression particulière d'un contenu du psychisme qui sans lui resterait insaisissable. Dans son fond le plus secret, la vie ne pourra être vécue et ne pourra s'exprimer qu'au moyen d'un symbole, d'une allégorie. Jamais elle ne consentira à se mettre entièrement sous la coupe de l'intellect ; bien que la partie puisse concevoir le tout, jamais elle ne sera elle-même ce tout.

Mais le symbole aussi a ses limites ; il peut embrasser un contenu substantiel et multiple, mais non figurer toute la gamme des possibles ; c'est pour cela que dans le rêve les symboles se fondent les uns dans les autres. Le premier des symboles qui apparaît en rêve ne suffit souvent bientôt plus à exprimer un autre aspect du psychisme. Il est tour à tour remplacé selon les besoins. Parlant du symbole religieux, Jung souligne que celui-ci n'est que l'expression restreinte d'un contenu surhumain, expression valable à certaines conditions seulement. Bien qu'il en soit la *meilleure expression possible*, le symbole se situe au-dessous du niveau du mystère signifié. Le symbole est véritablement « l'entreprise la plus impressionnante » de l'âme, le mystère de la vie en continuel changement et pourtant identique à elle-même.

Revivre le symbole et, s'il le faut, traduire son sens pressenti en un langage objectif, équivaut à nous rapprocher de ce mystère vital dans lequel nous nous mouvons ; ceci nous permet de mieux nous accommoder à son rythme et de nous assimiler à son organisation.

L'âme crée inlassablement des symboles. Elle n'hésite pas à y englober des formes nouvelles comme celles qui appartiennent à la technique moderne. Qu'on se reporte à la troisième partie du livre pour voir comment le symbolisme utilise des apparitions aussi modernes que celles du train, de l'automobile ou d'une centrale de production d'énergie pour leur incorporer un contenu humain et universel. De même, le rêve utilise d'une manière symbolique le cinéma et la radio. Bien sûr, les mythologues actuels contesteront la qualité de symbole aux images empruntées à la technique, au commerce ou à la science en général ; mais l'âme se moque des classifications ! Ces néo-symboles n'ont pas encore l'intensité inhérente aux archétypes ; mais ceci ne les empêche pas de s'enrichir peu à peu. Dans quelques millénaires, les mythologues les plus exigeants pourront avoir la joie de découvrir en eux des symboles nouveaux.

Expressions populaires

Le langage quotidien de l'homme renferme beaucoup d'expressions devenues usuelles. Il s'agit d'une situation de l'existence qui, à force de se répéter, a pris corps dans une comparaison métaphorique et l'expression qui en résulte est tantôt employée dans son sens originel, tantôt dans celui qui lui est conféré par l'usage. Ce qui était une comparaison devient une tournure de langage dans laquelle la première représentation n'est plus perçue par la conscience.

Celui qui par exemple « entre par la petite porte » entend par là la manière dont il a abordé ou conquis une situation. Il ne voit pas la petite porte dérobée par laquelle il est possible de se faire admettre sans nécessairement utiliser l'entrée principale. Quand on dit d'un homme qu'il fait « fausse route », on pense à sa situation dans la vie, mais on ne se représente guère le fait d'emprunter un mauvais chemin.

Les personnes qui ont une imagination vive et puissante passent rarement sur une expression sans en remarquer l'élément de comparaison. Les autres ne feront simplement qu'employer l'expression. Mais chez tous, le caractère métaphorique se conserve dans les rêves qui se servent de l'expression. Dans ce cas, la situation du rêve est alors simplement celle qui a servi de fondement, qui a donné naissance à la tournure de langage. Avec un peu d'habitude on arrive assez rapidement à comprendre ce langage du rêve — il faut évidemment connaître auparavant les expressions qui lui ont donné naissance. Mais un inconscient superficiel, c'est-à-dire de formation récente, peut très bien s'en servir, alors même que le rêveur n'est pas familiarisé avec le langage populaire.

Quelqu'un, « à bout de forces », rêve qu'il est arrivé au bout du chemin qui ne va pas plus loin, ou alors il est réellement assis au bout de son lit. Un amoureux malheureux rêve de bêtes à cornes. Un autre voit dans son rêve un groupe de charpentiers qui démolissent devant ses yeux un pont passablement rafistolé et en mauvais état ; on l'appelle, et alors il est obligé d'emmener les poutres les plus lourdes. Au cours de l'interprétation, il s'avéra que le rêveur pensait depuis un certain temps rompre la relation qui l'unissait à son associé, relation depuis le début peu raisonnable, et ainsi de « couper les ponts ». Cet homme s'aperçut de cette façon qu'en son for intérieur l'opinion était faite depuis un certain temps ; il s'aperçut également que la charge la plus lourde de cette rupture lui incombait.

On peut dans un rêve se « charger » des fardeaux les plus invraisemblables, tirer toutes sortes d'affaires au « clair ». On peut aussi « trouver chaussure à son pied ».

Quand on observe des rêves qui déroulent devant nous ou avec notre participation une suite d'images presque puériles, il faut toujours se demander si une activité humaine ne nous est pas présentée sous forme de proverbe ou d'expression familière. Il y a eu un « accroc » ou bien on a « laissé des plumes », comme on dit en langage imagé. Au lieu d'un temps mesuré qui nous reste pour faire telle ou telle chose, « il est moins deux ». Lorsqu'on se « brûle les doigts », on a vraiment l'impression en rêve que les doigts brûlent. On n'arrive pas à « avaler quelque chose » ou à « se le mettre dans la tête » ; on tire péniblement un « boulet » au pied, « on traîne une maladie ou des soucis » ; on n'arrive pas à suivre normalement ses camarades, on est à « leur traîne ». Il est arrivé qu'en rêve quelqu'un s'est vu obligé d'examiner le « revers de la médaille » ; il s'agissait en l'espèce d'un objet analogue. Une dame qui jugeait tout avec beaucoup trop de mélancolie et de sévérité remarqua soudain qu'en rêve elle était affublée d'une paire de lunettes noires ; c'est à travers de telles « lunettes noires » qu'elle faisait des considérations sur ses semblables. Un autre cas intéressant est celui de cet homme qui était entièrement absorbé par ses préoccupations et ses succès professionnels.

Le fait d'avoir rêvé que ses « affaires » ne marchaient pas le consterna littéralement ; au matin, il se précipita au bureau où tout était comme de coutume. Ce n'est qu'en rentrant chez lui, le soir, qu'il fut amené à constater que ce qui ne marchait pas c'était ses affaires personnelles, ses « affaires sentimentales ».

Ces exemples montrent comment, et souvent avec quel humour, l'instance intérieure est amenée à faire l'économie de créations originales et avec quelle adresse elle se sert d'expressions devenues proverbiales pour dépeindre une situation. De tels exemples seraient faciles à trouver par dizaines. Mais ces quelques explications suffiront, car il en va pour le rêve comme pour la vie en général : lorsque de grands intérêts sont en jeu, lorsqu'il est question de vie ou de mort, un homme de tact renoncera à s'exprimer par un langage familier ou des vérités à bon marché. De même la pudeur interdit à l'âme de plaisanter quand il s'agit d'exprimer le tragique ou le sublime. Le rêve semble posséder assez de discernement pour respecter une souffrance authentique. Par contre, les plaisanteries et les calembours de tous genres abondent dans les rêves auxquels incombe la tâche de n'opérer que de petites retouches à la vie du rêveur.

Les allégories sexuelles

Personne ne méconnaîtra la grande importance du fait érotique et de la sexualité en général. Il serait évidemment faux de penser que les rêves ne font pas une large part aux événements fondamentaux de l'existence humaine. Mais vu l'immense richesse même de cette existence qui s'étend de la lourde terre nourricière aux espaces immatériels de l'esprit, il serait aussi faux de prétendre que les rêves n'expriment que ce qui se rapporte à la sexualité.

Celui qui veut s'occuper des rêves devra rejeter

toute attitude de pruderie. Ne pas reconnaître l'existence d'une des grandes puissances vitales équivaudrait à admettre notre capacité à influencer, à nier la nature, même psychique, de nos impulsions instinctives. Or la nature en général se moque bien de ce que nous pouvons penser ou ne pas penser à son sujet. Le rêve, lui, ne se gênera pas ; il est franc dans son expression. Étant l'un des représentants de notre psychisme, il sait que les choses de la nature ne sont ni bonnes ni mauvaises, mais que tout simplement elles *sont* ; d'ailleurs celles-ci se proposent d'utiliser avec une grande compétence des moyens quelquefois effrayants pour assurer la conservation de la vie. La sexualité et ses émanations psychiques en sont un aspect important. Toutefois, la vie exige que la sexualité, comme toutes les forces en général, ne dépasse pas son domaine propre. D'ailleurs notre moi le plus intime utilisera à cette fin son habituelle activité symbolique pour nous présenter ce domaine avec un matériel librement choisi, domaine qui par analogie sera une expression de tout ce qui se rapporte à la création en général.

Nous pouvons poser à tous les rêves la question : as-tu une signification sexuelle ? Est-ce que tu exprimes, peut-être sous une enveloppe symbolique, cette exigence fondamentale, ces puissances qui entraînent des ravages ou mènent vers le bonheur ? Là où le rêve nous apparaît directement composé d'images érotiques, demandons-nous simplement ce que cela peut signifier pour nous ; pourquoi est-ce précisément *cela* qui nous est apparu, en quoi peut-il y avoir représentation, réduction ou compensation avec les forces primaires de l'existence ? Comme nous serons naturellement enclins à voir partout un sens sexuel très concret, il convient de ne pas perdre de vue qu'une image sexuelle peut aussi signifier autre chose. Nous savons que l'interprétation de la psychanalyse freudienne se fait presque exclusivement en sens inverse — le non-sexuel devient aussi du sexuel.

Le psychiatre suédois Bjerre observe dans un livre à la fois intelligent et humain intitulé *La Guérison de l'âme par le rêve* : « La constatation faite au moyen d'une analyse élémentaire que tous les rêves ont un contenu sexuel n'est pas plus intéressante que celle qui consiste à révéler l'existence d'organes sexuels chez chaque individu ou de molécules de carbone dans les composés organiques. »

Pourtant le rôle dévolu à la sexualité sous toutes ses formes a une très grande importance ; à tel point que la non-existence de rêves à caractère sexuel peut s'interpréter ou comme une conformation parfaite à cet ordre d'exigences ou alors comme un schisme complet entre l'individu et le but naturel de la conservation de l'espèce.

Le rêve reflète également le rythme, la périodicité de la disposition amoureuse, ce flux et ce reflux continuels de la physiologie sexuelle. La phase lunaire de la femme appartient également à ce cycle ; elle a son importance dans l'interprétation des rêves de jeunes femmes soumises aux indispositions périodiques.

Pourtant, sous sa forme physique, le langage sexuel des rêves est plus rare qu'on pourrait le penser. C'est ce qui a conduit Freud à admettre que le désir est voilé et accommodé par la censure, eu égard à la moralité et l'éducation plus ou moins solide du rêveur. Mais il n'en est pas tout à fait ainsi. Ce qui importe plutôt au régisseur, au créateur de nos rêves, c'est la proximité du côté instinctif et animal de nos impulsions qui explique la fréquence des allégories animales. Le taureau, le cheval, le chien, le serpent donnent une idée de la nature et de la force de ces impulsions. Il est dès lors facile d'interpréter la situation de nos forces et de nos appétits sexuels.

Quant aux organes sexuels mêmes, c'est au monde végétal que les rêves en empruntent l'image. Il s'agit presque toujours de certains fruits et légumes déterminés et à la forme suggestive, qui servent de symboles. On trouvera les renseignements à ce sujet dans la troisième partie de notre livre. Ceux qui connaissent les expressions populaires savent que bien d'autres images, bien d'autres activités encore servent de comparaison à ces organes et à leurs fonctions. On a souvent fait allusion à la richesse de la langue française qui ne contient pas moins de six cents expressions désignant l'acte sexuel. C'est dans l'importance même de cet acte qu'il faut voir la cause de cette diversité. Bien que très largement répandues, les expressions populaires passent pour inconvenantes ; mais le rêve s'en sert assez souvent, à la grande indignation du rêveur ou de la rêveuse. D'une manière en général très crue, l'accent est mis sur tel ou tel autre aspect du rapprochement corporel. Mais il convient de ne pas prendre trop au sérieux ces variations picturales qui ont rarement une importance décisive ; c'est plutôt un jeu qu'un spectacle dramatique. Il vaut mieux, soit dit en passant, s'occuper d'une authentique expérience amoureuse que chercher à découvrir des symboles sexuels dans un livre qui explique les rêves. C'est seulement lorsque les rêves parlent intensément de la vie érotique, parce que celle-ci est déréglée, qu'il convient de chercher à interpréter ces images oniriques quelquefois fort inconvenantes. La littérature psychanalytique a entraîné maint jeune homme et aussi des femmes de tout âge dans une attitude de complet dévergondage intellectuel. Les rêves faits par des jeunes doivent être interprétés sur un plan naturel ; à un âge plus avancé, leur contenu sexuel qualifie assez souvent une autre puissance créatrice que celle du corps.

Celui qui vénère une psychologie sexuelle dont la raison d'être est le motif de l'inceste, trouvera une confirmation éclatante de cette théorie dans un rêve célèbre fait par César. Celui-ci raconte qu'au moment de franchir le Rubicon et de porter l'attaque sur Rome, sa ville natale, il a rêvé d'avoir couché avec sa

mère. Il est peu probable qu'il se soit agi là d'un désir
incestueux du grand chef militaire pour sa propre
mère. C'est de Rome qu'il était question, Rome sa ville
natale ; mené par l'élan fougueux de sa mâle volonté
de domination, il avait porté la guerre en son sein, ce
qui était pour elle un outrage monstrueux, bien que la
réunion de César et de Rome ait donné naissance à
un fils prodigieux : l'Empire romain.

Un exemple très édifiant d'un rêve qui semblait
bien avoir un contenu sexuel est rapporté par une
femme. Celle-ci était psychiquement paralysée par
un malheur qui frappa en elle aussi bien la mère que
l'épouse. Une nuit, un problème important se posa à
elle sous la forme d'un rêve dans lequel il y avait un
homme à la silhouette indistincte, mais très sérieux,
qui la prit soudain dans ses bras et la féconda. Un
courant brûlant traversa alors sa main et son bras.
Il ne s'agissait évidemment pas d'un besoin pervers,
mais bien de sa propre force virile, sérieuse, qui, de
l'état latent, avait trouvé à s'exprimer dans la main et
le bras, instruments et symboles de travail. L'intensité de son activité productrice qui s'ensuivit, dans
le domaine social notamment, confirma notre hypothèse. De tels rêves relatant les plus extravagantes
aventures érotiques sont fréquents. Si ces rencontres
nocturnes sont trop absurdes, le rêveur s'inquiète
d'avoir fait de tels rêves ; il n'admettra qu'une absur-
dité « convenable ». Mais s'il apprend à manier ces
fantômes oniriques, les absurdités sexuelles prendront
également un sens pour lui. Cependant il aura besoin
à cet effet d'une vaste somme de connaissances dans
les domaines psychologique et historique.

Il est tout à fait naturel qu'un homme peu accou-
tumé au langage d'une psychologie profonde soit
épouvanté par certains rêves. De nombreuses personnes ayant des opinions modérées et une conscience
délicate conçoivent même un réel chagrin de se voir
précipitées dans les aventures de la chair et de parti-

ciper à des relations strictement réprouvées. Une personnalité aussi forte que saint Augustin a pu s'étonner qu'un homme qui agit et pense selon sa conscience chrétienne, pendant le rêve voit, pense et accomplit des actes dépassant singulièrement les cadres de son éthique. « Entre moi et moi, quelle différence ! » s'écria-t-il. « Ce n'est pas arrivé par moi, mais en moi. » On sait que saint Augustin remercia Dieu de ne pas être responsable du contenu de ses rêves.

La question se pose : « Ne sommes-nous en aucune façon responsables de nos rêves ? Est-ce qu'il ne serait pas possible que ceux-ci ramènent le monde de nos impulsions avec lesquelles nous avions perdu le vrai contact, est-ce que, sous une forme intensifiée, ils ne nous montrent pas ce qui était par trop négligé ? » Nos rêves peuvent changer si dans notre activité consciente nous respectons la totalité de notre être. Les rêves obscènes sont assez souvent un appel pour nous exhorter à descendre dans l'inconscient, ce petit jardin zoologique qui est en nous et où se mène une vie étrange et tapageuse ; nous verrons peut-être que tout y est à l'étroit, qu'il n'y a pas d'air, que la liberté d'expression y est totalement absente. C'est probablement pour notre salut que l'inconscient ne nous épargne aucune remontrance.

Il arrive très souvent en rêve que nous ayons des aventures sexuelles avec des personnes que nous n'oserions jamais fréquenter, soit parce qu'une obligation légale nous retient, soit parce que ces personnes nous semblent hors de portée ou à l'inverse trop « inférieures à nous ». Nous verrons dans le chapitre consacré à l'interprétation sur les plans objectif et subjectif que ces personnes ne sont peut-être en aucune façon signifiées, qu'il s'agit très probablement d'un aspect de nous-mêmes, par analogie. Voilà une consolation pour quelques-uns, un problème nouveau pour les autres.

Celui qui est choqué par le langage et les images

sexuelles du rêve fera bien de considérer objective-
ment le rôle que joue la sexualité en général. Les
symboles sexuels laissent une forte impression parce
qu'ils expriment précisément la puissance créatrice,
cette force qui maintient et perpétue la vie, qui lui
donne le goût du plaisir. Il faut s'appliquer à atteindre,
là aussi, l'objectivité nécessaire à toutes les grandes
réalisations de l'existence. Alors on ne sous-estimera
plus le côté sexuel, mais on n'en fera pas non plus
une divinité comme cela se passe dans beaucoup de
milieux. En acquérant une connaissance plus approfondie du rêve et de la vie, on reconnaîtra dans le
langage du rêve « sexuel » la figuration des forces
créatrices de vie, leur côté enjoué et leur sérieux.
Alors on connaîtra une liberté dans laquelle joueront
délibérément les engagements vis-à-vis du soi et d'un
toi humain, sans pour cela qu'on devienne nécessairement l'esclave de sa sexualité.

L'amplificateur

La technique de la transmission du son nous a fami-
liarisés avec la notion d'amplificateur. La plus grande
quantité d'énergie qu'il permet d'amener renforce les
sons, quelquefois à l'excès.

Il semble qu'un tel amplificateur soit à l'œuvre dans
les rêves. Il renforce ce qui est exprimé, le simplifie en
le réduisant à ses grandes lignes. Il prélève manifestement ses énergies sur le potentiel des expériences
humaines contenues dans les archétypes et auxquelles
participe, comme on sait, le psychisme de tous les individus. Il rattache notre situation personnelle à ces
grands moments universels dont il est une partie. C'est
cette synchronisation qui permet à l'énergie de passer
dans le réceptacle de notre situation particulière. Si on
ne comprenait pas qu'il s'agit d'un langage symbolique, on pourrait croire à une vaste exagération.

Nous nous sentons par exemple mal à l'aise parce que nous avons une petite blessure. Le rêve en fait un événement immensément agrandi dans lequel nous perdrons beaucoup de sang au point de nous sentir menacés dans notre existence. Une autre fois, nous sommes vexés et le chagrin que nous concevons nous amène à une certaine solitude : le rêve en fait un emprisonnement de plusieurs années ; nous sommes renfermés, isolés de nos semblables. Adultes, nous sommes nécessairement détachés de notre mère, même s'il nous en coûte ; le rêve nous montre une mère qui rapetisse, qui meurt ; c'est son importance qui a diminué ; quelquefois elle s'éclipse complètement, du moins pour un certain temps. Celui qui a l'occasion de se réjouir d'un petit événement se met à rêver d'une magnifique prairie. Ne pas agir selon notre sens de la justice équivaut à encourir la menace d'être cités devant un tribunal ou à monter sur l'échafaud ; d'ailleurs un mauvais chemin peut provoquer la destruction de notre personnalité. Par contre, au moment de sentir en nous une nouvelle poussée de forces, une nourriture riche nous attend sur une table de festin, c'est l'opulence. Quant aux décisions, elles s'expriment par des rêves de guerre et d'armes.

L'observateur naïf sera dérouté par la dimension de ces tracés, par cette amplification. Il ne sait souvent pas que la vie psychique est aussi puissance énergétique ; il pressent à peine que notre petite activité projette sur l'écran de nos rêves les ombres des grandes forces de l'existence.

Ceci nous fait comprendre, bien que ce soit sans grande importance, pourquoi une influence externe insignifiante peut éveiller chez le rêveur des images quelquefois saisissantes. Un petit danger a pour conséquence un avertissement sérieux. Des faits comme un édredon trop lourd, une épaule restée nue et refroidie, sont interprétés par le rêve, l'un comme un fardeau écrasant, l'autre comme une promenade faite sans aucun vêtement par un froid terrible. Celui qui risque de tomber du divan pendant le sommeil a l'impression de se trouver au bord d'un précipice. Ces rêves constituent des réflexes de défense qui s'expriment par des images fortement ressenties. Si on se donne la peine d'analyser ces rêves un peu plus avant, on apprendra qu'à l'occasion d'une telle sensation de danger, il y a eu mobilisation de foyers intérieurs qui sont d'une beaucoup plus grande importance.

CHAPITRE III

La fonction du rêve

Si on essaie de ranger les innombrables rêves d'après leur signification probable, on arrive à la classification suivante :

Tout d'abord, le rêve fournit une image de notre situation existentielle, image dans laquelle l'inconscient répond aux événements de la journée par la conception qu'il s'en fait. Il en résulte une sorte de bilan ; on apprend quelle tournure prennent les choses. D'ailleurs le rêve se rapporte essentiellement à ce que le rêveur considère comme actuel ; ce sont ces événements actuels qui font appel au rêve et ce que celui-ci en dit peut être regardé comme le jugement de l'inconscient. Il dit au moyen de son langage symbolique : « Voilà ce qui en est ! » Et le matériau qu'il emploie pour le dire est tiré à la fois des expériences propres au rêveur et de son *inconscient personnel*. Le jugement peut encore s'exprimer par des symboles courants.

Dans une *deuxième* catégorie de rêves, l'inconscient figure ceux des événements et conflits de la journée qui sont passés inaperçus, c'est-à-dire qui sont restés inconscients. Dans ce cas, grâce à sa plus grande perspicacité, le rêve joue un rôle complémentaire. Il compense la partialité de notre attitude consciente. Il réduit ce qui est surestimé, souligne ce qui est dévalué et remet ainsi le rêveur à sa véritable place, c'est-à-dire au centre vivant et invisible de l'existence. La plupart des rêves semblent posséder cette fonction de rectification. Ils s'expriment au moyen de matériaux empruntés à la biographie du rêveur, de souvenirs concernant des lectures et articles de journaux, et même par la représentation d'autres personnes qui ont le singulier privilège de figurer le côté inconscient du rêveur. Nous trouvons également dans ce deuxième groupe le symbolisme simple, celui qui est immédiatement accessible à la conscience. Si dans le groupe précédent le conscient est déterminant, c'est-à-dire « appelle » l'inconscient, il y a dans ce deuxième groupe équivalence entre les attitudes consciente et inconsciente. L'inconscient entoure pour ainsi dire de ses expériences la partie de l'événement parvenue à la lumière de la conscience. Et l'interprétation de ces rêves permet alors à la conscience de prendre position grâce au discernement et à l'importance relative donnée à la notion même de conscience ; elle lui permet de parvenir à un comportement en accord avec sa propre vie et celle des autres. Dans ce groupe se rangent également les rêves que l'on pourrait qualifier de rêves d'avertissement.

Dans un *troisième* groupe de rêves d'une tout autre nature, le psychisme inconscient essaie, en présentant à la conscience des événements différents et plus forts, de créer des tensions dans l'âme afin de mettre les énergies en route et de les amener à des fins productives. Des forces internes entrent alors en jeu et il en résulte des conflits avec le moi. Dans ces sortes de rêves, nous rencontrons « l'autre » en nous, notre ombre : ces rêves ont pour effet une activation de tout autre psychisme — qu'il soit introverti ou extraverti —, activation qui met aussi en lumière les fonctions psychologiques insuffisamment développées. Il y a élargissement de la conscience. Dans ces rêves se manifeste comme un courant contraire par lequel ce qui était mort en nous essaie de parvenir à la réalité. De nouveaux contenus de la personnalité émergent et tendent à remplacer son côté figé, conventionnel. Ces rêves apparaissent lorsque se prépare un changement. Ainsi ceux qui accompagnent le début d'un traitement analytique expriment des transformations à venir. L'inconscient dirige seul dans ces rêves, le côté conscient s'y rétrécit au maximum. Ils invitent à un changement et n'hésitent pas à précipiter l'individu dans les affres et le bonheur d'un monde transformé. Ils font largement appel aux symboles et aux archétypes qui représentent les côtés mouvants de la vie. Mais comme il s'agit encore du développement personnel du rêveur, il y a utilisation de son matériel biographique et de ses expériences inconscientes ; toutefois les grands symboles primitifs formés par l'expérience humaine ne sont jamais complètement absents.

Dans les rêves d'un *quatrième* groupe, l'inconscient seul est en activité ; le côté conscient du rêveur est entièrement délaissé. Il n'arrive plus à reconnaître le rapport qui peut exister entre sa vie privée et les aventures extravagantes que lui dépeignent ses rêves. Il n'y a plus du tout de matériel personnel, situations et activités s'expriment au moyen de symboles et d'archétypes. Ces *grands rêves* représentent parfois un réel danger pour la conscience limitée du rêveur. Le rideau se lève sur les contenus élémentaires et les forces archaïques de l'âme humaine. Tout comme dans ce poème de Schiller où l'adolescent assoiffé de savoir se trouvait devant l'image voilée de Saïs, ancienne ville de la Basse-Égypte, beaucoup ne supportent pas cette simple vision de la vie. Parce que ces rêves introduisent uniquement du matériel emprunté à l'inconscient collectif, ils transportent avec eux une quantité considérable d'énergie qui pèse lourdement sur l'âme individuelle. Celle-ci risque d'être inondée par une substance psychique mûrie durant des millénaires, et il suffit que le rêveur possède une constitution spéciale pour tomber dans la schizophrénie. Mais il s'agit d'une forte personnalité, d'un individu conscient de son importance, il peut se faire le représentant ou l'apôtre d'une théorie religieuse ou scientifique nouvelle. En tout cas, ces rêves uniquement composés de matériaux très primitifs sont difficiles à aborder. On ne doit et d'ailleurs on ne peut interpréter seul ces images si difficiles à saisir. Il est un fait avéré que celles-ci possèdent une grande efficacité alors qu'elles n'ont pas fait l'objet d'une interprétation.

À côté de ces quatre types principaux de rêves qui se caractérisent chacun par une relation particulière entre le conscient et l'inconscient, il faut encore mentionner ceux qui se rapportent aux réalités et aux évolutions physiologiques. Là, le rêve est expression, représentation ou réponse de l'âme aux processus physiques. Dans ce groupe se rangent les rêves de puberté des jeunes gens, ceux qui accompagnent les jours de menstrues de la femme et en outre ceux qui reflètent ce qui est une suite de l'époque critique pour la vie psychique de la femme et de l'homme. De même, il faut y classer les rêves ayant rapport aux maladies corporelles et aux changements hormonaux du sujet.

En dehors de toute intention, on peut rêver pour les autres. Combien de rêves d'enfant reflètent les conflits de leurs parents, les difficultés psychiques nées de complexes chez d'autres parents ou amis. Celui que sa profession amène à se pencher sur le destin de ses semblables rêve parfois « pour eux » et pressent ainsi la solution efficace. Mais on peut aussi rêver un destin totalement étranger, par exemple un malheur qui s'abat sur d'autres personnes. Dans les rêves de gens fort paisibles se projettent souvent les grands événements politiques qui leur sont par ailleurs fort indifférents. Mais lorsque l'interprète possède une large connaissance des événements contemporains, il pourra les dégager et les expliquer au rêveur qui reconnaîtra en eux l'image d'un événement mondial.

Nous mentionnerons pour la forme les influences physiques qui peuvent évidemment influencer le rêveur, telles que la position du corps, une oppression, la chaleur, les bruits, l'air de la chambre ou le temps, influences minimes et dont on s'est jadis plu à exagérer la portée.

On peut dire en résumé que les rêves des quatre premiers groupes sont de loin les plus fréquents. Ils valent la peine qu'on s'y attarde et qu'on les interprète.

Le rêve de compensation

Le rêve de situation dit simplement : voilà ce qui est, voilà comment on pourrait dépeindre ta situation personnelle. Il n'en est pas de même du *rêve de compensation*, qui est un rêve de complément. Celui-ci dit : voilà ce qu'il y a *en outre* ! À l'expérience du moi, à son jugement, il joint l'expérience de l'inconscient et de son jugement plus vaste. Nous savons que le moi n'est qu'une partie de l'âme ; puisque nous sommes consciemment identiques avec ce moi, il nous semble que c'est la plus importante. Mais une connaissance plus approfondie de la nature psychique nous force à reconnaître que la personnalité inconsciente est beaucoup plus puissante et plus intelligente. C'est cette supériorité qui lui permet d'ajouter aux rêves ce qui lui semble nécessaire pour compléter la situation.

Parce que les côtés conscient et inconscient de l'âme sont dans un rapport antinomique, mais tendant vers l'équilibre, un comportement trop unilatéral de la conscience se trouve compensé par des rêves où dominent des images contraires dans lesquelles l'accent est mis sur ce qui a été négligé. Aussi convient-il de se demander en interprétant un rêve : « Qu'est-ce qui fait défaut au rêveur ? Quel aspect de la réalité lui a échappé, qu'est-ce qui manque à sa conscience par ailleurs plongée dans les conflits et les problèmes, quelle est cette déficience dont il n'aurait jamais supposé l'existence ? »

Jung observe dans *Energetik der Seele* : « C'est une fonction de balancement de l'inconscient qui met en jeu pendant le sommeil celles des pensées et des tendances de la personnalité qui ne sont pas passées dans la vie consciente, qui les fait fonctionner à titre d'indication au moment où la conscience est absente de la scène. »

Le rêve nous met en présence de ce puissant courant qui va à l'encontre de notre vie quotidienne. Notre tâche est d'arriver à une position qui concilie ces oppositions. Mais il peut aussi s'agir d'une compensation particulière à une attitude excessive ou insuffisante ; c'est là spécialement que le rêve montre qu'il a le devoir de répartir les énergies psychiques, de les équilibrer. Les symboles oniriques en sont alors les transformateurs.

Nous entendons la nuit la voix de ce qui n'est pas perçu le jour à cause du vacarme environnant, cette voix que nous ne voulons pas admettre parce que nous nous occupons de choses importantes ou simplement surestimées.

Le rêve nous parle un autre langage, souvent consolant. Gottfried Keller écrit dans son journal des rêves : « Ce qui est surprenant, c'est que mes rêves les plus gais et les plus agréables sont contemporains d'époques pénibles où ma journée était plongée dans une désolante affliction ! » Il est reconnu dans la pratique psychologique et psychiatrique que la santé morale de l'homme est gravement menacée lorsque celui-ci continue pendant la nuit à rêver des peines et des horreurs qui ont pu le préoccuper pendant le jour. Ne pas pouvoir, au moins pendant le sommeil, faire lâcher prise aux soucis de la journée a toujours passé pour un désagrément singulier.

Il est facile de montrer par des exemples les rêves où joue le phénomène de la compensation ; c'est même parfois tellement facile qu'il semble que tous les rêves puissent être interprétés en un tournemain. Pourtant il n'en est rien. Les exemples qui suivent, comme d'ailleurs tous ceux dont il est question dans ce livre, sont, parmi des milliers de semblables, choisis de telle façon que même le non-initié puisse en saisir le sens sans trop de difficultés. On peut alors nous reprocher de n'avoir choisi que des rêves très simples et par conséquent pas très typiques ; mais la vérité est que ces sortes de rêves sont fréquents et que le rêveur peut les interpréter facilement lorsqu'il a compris la loi de la compensation, lorsqu'il sait ce que les rêves peuvent signifier sur un plan subjectif, tout en possédant une certaine connaissance des symboles les plus courants. La substance même de ce qui constitue la compensation, que nous mettons ici en évidence pour mieux l'expliquer, est naturellement encadrée d'une multitude de détails et de déterminations particulières au destin du rêveur, à sa situation interne unique.

Un événement peut être vécu et éprouvé par l'individu sous les rapports désir-aversion, plaisir-douleur ou dans la perspective de ce qui se fait ou ne se fait pas. Mais l'inconscient, lui, s'interroge sur ce qui a pu augmenter ou diminuer le potentiel des forces psychiques et il ajoutera encore le point de vue du développement futur du rêveur, que celui-ci a trop négligé.

Une jeune femme non mariée possédant de réelles aptitudes maternelles avait pendant des années repoussé cette éventualité alors qu'elle entretenait des relations intimes avec un ami. Elle a sacrifié ce qu'elle n'aurait pas dû sacrifier.

Dans ses rêves, elle donnait sans cesse naissance à un enfant et le tenait dans ses bras avec émerveillement. Mais chaque fois aussi apparaissait un homme

qui portait le même chapeau que son ami et lui arra-
chait l'enfant. (Le « chapeau » figure ici une protection contre la fécondation.) Elle reconnaissait, non
sans peine, avoir à plusieurs reprises reproché à son
ami son attitude égoïste parce que celui-ci refusait un
mariage par ailleurs parfaitement compatible avec sa
situation économique ; mais elle se disait toujours : où
trouverai-je un mari aussi tendre et attentif, presque
sentimental ? Il est clair que cette femme est sans cesse
empêchée de concevoir un enfant. Le rêve indique la
désaffection (l'homme inconnu). En outre, elle ne
semble pas encore savoir que les personnes sentimentales sont particulièrement dures et que dans le fond
elles manquent de sentiment.

Il convient de souligner une fois pour toutes que
les rêves n'ont pas de « moralité » ; ils se contentent
d'indiquer les grandes lois de l'existence qu'on ne
peut enfreindre sans se voir exposé à un danger quelconque. Tel est le cas de celui qui par son propre
comportement ou par celui qu'il subit de plein gré
— l'amour peut aussi tyranniser — empêche de donner
libre cours à ses aptitudes naturelles. Dans l'exemple
cité, des troubles psychiques sont nés parce que cette
femme ne suivait pas la direction que lui indiquait sa
propre nature. Il peut y avoir un conflit durable entre
la vie d'un côté et de l'autre les préméditations d'un
cerveau ou d'un cœur rétréci qui ne peut pas gagner
parce qu'il ne sait pas perdre. Mais finalement nous
n'en pouvons plus et les désirs essaient de passer sur
le plan de la réalité. Alors nous devenons les jouets
de l'inconscient qui possède le plus grand potentiel
énergétique et notre psychisme malade ne s'en sortira
qu'en abandonnant son point de vue primitif.

Il y a souvent dispute au-dehors, mais en dedans,
inconsciemment, l'adversaire est apprécié. Le conseiller psychologique a de nombreuses fois été mis en
présence d'époux qui avaient sujet de se plaindre de
leur conjoint, tout en faisant des rêves où celui-ci se

montrait sous un aspect avantageux. Il semble qu'ici le rêveur n'ait pas encore connu ou ne connaîtra plus les bons côtés de ce conjoint ; en tout cas, qu'il essaie donc de vivre le point de vue du rêve ! Le même raisonnement pourrait se tenir pour des conflits qui opposent les gens dans la promiscuité des bureaux, des ateliers d'usines, des écoles ou des hôpitaux.

Voici le rêve saisissant d'un homme dont l'épouse a volontairement choisi la mort après maints tourments et dissensions : il vient à elle, l'embrasse doucement, puis la quitte. Ce n'est pas un vœu qu'il exprime car la conscience du rêveur, toujours exaspérée, en est encore à la constatation qu'il s'est agi d'une vengeance dirigée contre lui. Mais en lui-même se fait peu à peu place le sentiment d'une paix retrouvée et d'une compréhension plus grande pour cette nature malheureuse. Son âme se détache à son tour, dans un geste pacifique, de celle qui ne l'a pas quitté méchamment. Le rêveur a par la suite appris à interpréter son indignation et sa douleur. Tout en prenant sa part de culpabilité, il a intégré ces événements dans la trame de son destin qui reprit à nouveau un cours normal.

Mais il y a aussi dans maints ménages et liaisons intimes une paix obtenue trop facilement. Alors les rêves expriment une opinion contraire, par exemple dans le genre : « Maintenant, c'en est assez ! » Trouver une solution entre une conscience dont l'attitude est obstinée et qui redoute un conflit ouvert, et la voix indignée des profondeurs, quel problème ! Mais celui qui est dans le droit chemin trouvera aussi une juste solution dans un légitime effort de compréhension et de vitalité. Par contre, chez d'autres, l'âme devra faire souffrir, menacer et punir avant de pouvoir amener un cœur endurci à un peu de bon sens qui est bien plus que le compromis, l'« arrangement » d'un esprit prévenu et mesquin.

Il est très fréquent que les hommes refoulent leurs réactions naturelles aux injustices, illusions, surmenage ou autres désagréments du sort ; ces réactions restent inconscientes mais vivaces, et dans le rêve, elles se donnent libre cours en un langage précis ; elles nous avertissent et nous somment de prendre une attitude humaine bien que souvent incomplète. C'est l'envers que nous voyons en rêve. Tel cet homme qui se plaignait que ses rêves ne fussent jamais un reflet de son mariage heureux ; mais il ne disait pas tout car il voyait souvent en rêve cette jeune fille qui travaillait dans son bureau il y a quelques années. Quand on le questionne au sujet de cette jeune fille, le rêveur répond spontanément : « Elle était si différente ! » — différente de son épouse, s'entend ; elle n'avait pas de préoccupations maternelles mais, par contre, elle aimait la lecture et écoutait la musique avec un plaisir passionné (autrefois le rêveur lisait aussi beaucoup et jouait assez bien d'un instrument ; tout ce côté est depuis lors tombé dans l'oubli). « Elle était si vivante, si gaie et voyait toujours la solution lorsque des difficultés se présentaient dans le travail. » Elle a disparu depuis longtemps, mais il en rêve de temps en temps. C'est donc qu'elle vit encore au fond de lui-même. Son image nocturne ramène au rêveur sa propre vitalité oubliée, tout ce qu'il représentait jadis. Il ne la trouvera plus, *elle*, mais il devrait lui-même se retrouver ; son autre moi revaloriserait la platitude de son existence actuelle — car à quoi lui sert la sécurité matérielle ? —, et lui rendrait son ardeur perdue.

D'ailleurs, qui n'a jamais entendu parler des voyages que font en rêve les gens menant une petite existence toute vouée à un travail routinier, des rêves que font ceux qui sont loin de leur terre natale. Tous les conseillers connaissent également ces nombreux et passionnés récits à contenu sexuel que leur font, avec combien d'hésitations, des hommes et des femmes dont la vie se passe loin de toute expérience de ce genre. Il est si fréquent que le rêve nous parle de choses que nous faisons mine de ne pas considérer dans la vie !

Là où la conduite quotidienne est imprudente ou même dénuée de scrupules, le rêve essaie de maintenir la position morale. Il affirme ce que nie la conscience et remet ainsi le tout en ordre.

À l'angoissé, il apporte la joie et la facilité ; au prisonnier la liberté, mais à une liberté sans bornes correspondront les remords et la prison ; l'intellectuel aura affaire au monde des impulsions, le deuil sera balancé par la consolation, l'hésitation appellera la vision d'une route clairement tracée. Lorsqu'on fait la somme de ces parties et qu'on leur enlève leur caractère excessif, il en résultera une attitude mieux adaptée, une conception de vie plus claire, plus large et plus différenciée en même temps ; nous voilà sur le chemin de la personnalité intégrale.

Mais il ne faut pas faire de la compensation une nécessité, comme si le rêve ajoutait à coup sûr une image contraire à la situation consciente. La joie ne répond pas toujours à la douleur, à la richesse supposée de la conscience ne s'oppose pas toujours une indigence psychologique interne. La réponse peut se faire dans un sens parallèle à la réalité. Il peut arriver que nous soyons affligés, mais malgré toute notre peine, nous ne savons pas combien les choses vont mal, par exemple dans un différend entre époux. On a bien l'impression de se trouver dans un abîme alors qu'au fond de celui-ci il y a encore un trou, et on est là, au fond. Ce que la conscience qualifie de mauvais moment, l'inconscient l'appelle tout bonnement catastrophe.

Il peut arriver aussi que nous jugions bon de maintenir notre joie dans certaines limites, alors qu'à l'intérieur nous sommes tout feu tout flamme. Quelqu'un vient de réussir à un examen difficile et se promène avec l'expression de la plus entière satisfaction. Le rêve lui rappelle modestement que des mois durant il avait fortement douté de son succès.

La loi de cette tendance à l'opposition dans notre psychisme ressort particulièrement lorsqu'il s'agit de notre attitude psychologique fondamentale. Il est généralement admis que les uns vivent tournés vers le dehors, les autres plutôt vers le dedans, suivant leurs aptitudes naturelles. Les premiers se conduisent comme si toute la vie était au-dehors ; nous les nommons *extravertis*. Les autres reviennent toujours aux contenus de leur âme et donnent une importance secondaire à ce qui se passe en dehors d'eux : ce sont des *introvertis*. Selon cette position initiale, l'un ou l'autre côté est alors négligé.

Ou bien la réalité extérieure, à laquelle même l'introverti doit s'adapter, est délaissée et seul l'inconscient s'en fait une image exacte, ou bien cette réalité constitue le seul champ où l'extraverti cherchera ses valeurs et négligera par là même toutes les vérités psychologiques. Cette mise en danger de l'équilibre vital apparaît fréquemment dans les rêves. Si on se donne la peine de les observer, on y rencontrera le côté de l'individu le moins bien développé ; par l'interprétation des rêves, ce dernier recevra une énergie qui lui permettra dans une certaine mesure de compenser cette insuffisance.

Le risque d'une vie unilatérale se manifeste dans certains rêves : quelqu'un se perd anxieusement dans une foule, dans un grand magasin, un autre se sent incommensurablement seul, il se trouve devant d'énormes silhouettes au lieu des objets et des visages qui lui sont connus. Les extravertis sont souvent seuls dans leurs rêves ; ils partent à la recherche de la vie, insuffisamment armés. Ou bien ils se voient dans des chambres qu'ils ne connaissent pas ; il sera difficile de reconnaître dans ces images leur merveilleuse aisance, leur activité et leurs relations multiples du jour. Mais peu à peu, en essayant de prendre contact avec les symboles psychologiques, leur regard cessera d'être fasciné par le monde ambiant. Le rêveur fera alors face aux puissances de l'âme qu'il fuyait et il verra sa personnalité fortifiée par ce qu'il avait regardé long-temps comme une menace et qu'il taxait de stupide et d'encombrant.

D'après notre expérience, les rêves de l'introverti sont d'une richesse étonnante. Au-dehors, rien ne « marche » — mais les images se pressent à l'inté-rieur. Pendant qu'au-dehors seules quelques relations fidèles subsistent envers hommes et choses, il y a foule au-« dedans ». En outre, la peur de ce qui devrait être accepté mais est déprécié et méprisé se reflète dans les rêves où il s'agit d'abattoirs, de gares avec de nombreux trains, de voies qui vont en tous sens, de voyageurs qui grouillent. Il y a là quelque chose de cette immense nostalgie, de cet appétit de vie et d'action véritable passé sous silence et refoulé. C'est seulement dans le rêve que l'introverti est fran-chement mis en présence de ce qui est en lui.

Le rêve de compensation peut donc mettre en lumière notre type psychologique ; mais il peut aussi rappeler à la vie les « fonctions psychologiques » insuffisamment développées. D'après la psycholo-gie complexe, l'énergie psychique, à l'intérieur de la distinction en types extraverti et introverti, trouve à s'employer de quatre façons bien différentes. Cette conception, s'appuyant sur des preuves nombreuses, admet que les organes essentiels par lesquels le psy-chisme comprend et influence le monde tant interne qu'externe sont : la pensée, son contraire, le senti-ment, ensuite la perception (sensation) et enfin son contraire, le pressentiment, ou mieux, l'intuition. Il est démontré que pendant les premières décennies de la vie, l'individu se sert tout au plus de deux de ces fonctions d'une manière consciente et continue, par exemple de la pensée et de la perception ; l'intuition et le sentiment resteront inconscients, difficilement accessibles, à tel point que lorsqu'il s'agira réellement de sentiments, il s'en remettra à l'exercice de la pensée ou de la perception ; mais il ne se sera pas adapté à la situation qui est une situation de sentiment. À ce moment le rêve intervient ; par voie de compensation il agira ici au nom du sentiment, exposera au rêveur une attitude sentimentale. S'il s'agit d'une relation humaine, il pourra amener le rêveur dans un jardin, lui faire voir des fleurs, laisser dominer la couleur rouge ou lui faire porter un vêtement de cette couleur. Il pourra aussi rencontrer des personnes qui possèdent une force de sentiment très intense — les hommes rêveront alors de femmes et inversement. Le rêve a l'air de dire : ici, tu as affaire à une situation sentimentale ; comporte-toi comme il faut, au besoin développe ce qui ne l'est pas.

Celui qui possède ce que l'on appelle de l'intuition, et s'en sert avec le sentiment d'une fonction d'appoint, sera enclin à passer sur les réalités de la vie courante. Il pressent les possibilités, flaire ce qui est derrière les choses et les personnes ; l'avenir transparaît dans le présent. Les rêves, eux, parlent réalités ; au moyen d'images rudes, il se voit travaillant, accomplissant des choses tout à fait ordinaires ; la couleur dominante est alors souvent le vert qui symbolise la vie naturelle. Il devra héberger des gens simples, aller voir ce qui se passe dans son écurie (l'endroit de la vie instinctive), et en faire l'inventaire. Il aura en outre, particulièrement avant le milieu de sa vie, des rêves où il est fréquemment question d'affaires et d'argent ; car il est nécessaire pour lui de ne pas oublier le côté économique de la vie et le fait que l'argent est roi. Comme le rêve travaille avec l'amplificateur, l'intuitif est souvent placé devant des réalités extrêmement dures qui, si elles sont prises au sérieux, l'amèneront dans une certaine mesure à s'adapter aux données de la vie.

Les fonctions mal développées sont de préférence représentées par des personnes de sexe contraire au rêveur ; pendant le jour, c'est sur elles qu'elles sont projetées. Ainsi pour un homme ce sera l'épouse, la maîtresse ou une inconnue ayant produit une profonde impression sur lui qui incorporeront ce sentiment. Pendant le rêve ces personnages pourront revêtir une importance spéciale. La psychologie de ces fonctions ainsi que leur rapport avec le conscient et l'inconscient sont encore rendus plus complexes par l'attitude générale où domine soit l'extraversion, soit l'introversion. Finalement on peut dire que la vie apparaît comme extrêmement complexe ; on s'en aperçoit dès qu'on est obligé d'en lever le voile. Il est évident aussi qu'il existe des individus qui sont par eux-mêmes une « part de nature » et se trouvent en dehors de tous ces problèmes ; ils ne sentiront pas le besoin d'analyser leurs rêves.

Rêves de situation

D'une manière toute générale, on peut affirmer que notre situation nous est exposée dans les rêves au moyen du langage typique de l'inconscient ; et toute une catégorie de rêves en effet nous représente cette situation ; ces rêves disent : « Voilà ce qui est. » L'homme arrête rarement la course de ses préoccupations journalières pour se demander : « Où en suis-je exactement ? dans quelle constellation d'événements me place le présent ? et finalement qui suis-je ? » Le symbolisme du rêve, sans être interrogé, répond : « Voilà où tu es et voilà ce que tu es. »

Un homme avait vu la veille un chien qui sautait sans arrêt le long de son maître pour essayer d'attirer son attention. Mais sur tout son chemin, celui-ci ne s'intéressa pas autrement au chien et continua à lire un épais journal. Pendant la nuit, l'homme qui a vu cette scène se met à en rêver ; seulement cette fois c'est lui qui est le lecteur ; il étudie un livre qui concerne l'organisation du travail pendant que le chien assoiffé et gémissant se démène autour de lui. La vérité est que cet homme poursuit son chemin avec un intérêt excessif pour tout ce qui est rationalisation, sans vouloir remarquer le côté instinctif qui essaie sans cesse de fixer son attention. Une femme rêvait qu'elle était cliente dans un magasin. Elle exigeait qu'on lui montrât une multitude d'objets, dérangeait tout le personnel pour partir en fin de compte sans avoir rien acheté. Son rêve exprimait la réalité : par ses continuelles exigences, elle incommodait son entourage sans rien lui demander qui pût donner lieu à une contre-prestation.

Par le rêve de situation, nous voyons que l'âme possède une bien meilleure connaissance que nous de la nature, de la direction et de l'importance relative des différents aspects de la vie. Elle ne cache rien : ainsi il y avait un homme qui, venant de faire la connaissance d'une jeune fille, attendait de cette rencontre la possibilité d'une liaison riche et durable. Il passait des mois dans cette attente non sans une certaine inquiétude, jusqu'au moment où il fit le rêve suivant : il entre dans le jardin de son amie où poussent des plantes étranges, mais pas de fleurs ; seules quelques petites guirlandes de roses très pâles bordent le chemin de la maison. Quelqu'un dit alors : « Voilà tout ce que mademoiselle M. peut vous offrir. » Notre instance intérieure nous dépeint la situation d'une manière réfléchie et différenciée, ce qui est fort utile à la conscience. Les valeurs sont distribuées judicieusement, bien que la volonté trouve souvent à y redire. Tout comme Hercule à une croisée de chemins, nous pouvons apprendre en rêve ce que nous apportera la route qui mène à droite et celle qui mène à gauche. L'âme veut parfois éviter un malheur, avant qu'il ne soit trop tard ; et il y a malheur psychique lorsque l'individu prend une décision contraire à sa destinée. Ainsi ce jeune homme qui concevait un amour sans perspective pour une femme assez impressionnante mais tout à fait inconvenante, amour qui représentait ce que l'on appelle une projection typique de l'*anima*. En rêve il vit un médecin s'approcher et lui dire : « N'est-ce pas, mon cher, le mieux serait de procéder immédiatement à cette opération du cœur. » Voilà donc la situation, un cœur malade qu'on ne peut guérir que par un sacrifice rapide et douloureux.

Beaucoup de personnes ne se rendent nullement compte de leur situation véritable. Il y a une tension très forte entre la compréhension profonde et leur attitude psychique nonchalante, voire déprimée ; le fond donne l'information suivante : « Tu es un misérable ! » en y ajoutant une image caractéristique prise parmi les relations du rêveur, pour accompagner cette sentence ; pendant ce temps, là-haut, dans la conscience, on se prend pour quelqu'un, ou du moins se dit-on qu'on en vaut bien un autre. C'est souvent que le rêve se voit obligé d'exposer une situation intérieure difficile, de montrer ce qu'il y a de mort, d'inutile dans l'individu, de faire voir le danger d'un événement extérieur ou l'existence d'une réalité volontairement passée sous silence. En outre, le psychisme donne la mesure exacte des choses, leur relativité ; c'est ainsi qu'un officier, rêvant qu'il se trouvait au bord d'une grande place, croyait avoir droit aux égards de tout le monde ; mais à part les soldats qui le saluaient, personne ne fit attention à lui. Tel autre, pensant pouvoir facilement venir à bout de la mission qu'il a reçue, rêve qu'il se trouve devant une montagne de peines et de dangers. Voilà donc la vérité.

Au moyen du rêve, nous recevons avant tout une image exacte des rapports avec notre entourage. On ne peut tromper l'âme. Celle-ci d'ailleurs n'agit pas toujours par excès ou par dépréciation qui sont les procédés de la compensation ; elle peut exposer la simple vérité. Combien, parmi ceux qui n'ont pu se défaire de l'influence de leurs parents, apprennent en rêve que ceux-ci ne sont ni des dieux, ni des démons ;

ils les voient passer, continuant leur propre route, vieillissants, peut-être pauvres.

Par une judicieuse appréciation de la situation, conscience et volonté peuvent trouver l'exacte mesure de leur adaptation. On remarquera sans arrêt que les rêves qui précèdent une décision importante, un voyage, l'occupation d'un emploi nouveau, la reprise du service militaire ou d'autres circonstances délicates, sont de ceux qui fournissent des indications en même temps qu'ils nous mettent pour un temps à l'épreuve en nous plaçant dans cette situation nouvelle. Mentionnons seulement le rêve de cet étudiant qui goûtait les joies du plein air au lieu de se consacrer à la préparation de son examen ; il rêve qu'il reçoit l'ordre de se présenter comme volontaire au service du travail.

Nous vivons dans le temps ; celui-ci s'écoule et en lui nous parcourons le chemin de notre vie. Mais la vie se compose plutôt d'une série de transformations consécutives à la maturation propre à chaque étape de vie. Le fait est que nombreux sont ceux qui ne savent pas lire l'heure que marque l'horloge de l'âme. Ils rêveront d'une gare où ils sont allés un après-midi ; le soleil projette déjà des ombres et l'horloge marque six heures du soir ; leur gorge se serre car ils s'aperçoivent que le soir de la vie a commencé pour eux. Et tout ce qui est resté inachevé dans leur existence, tout ce qui n'a pas même été entrepris ! Par contre, quel beau rêve par lequel une femme, pensant avoir beaucoup vieilli après de nombreuses désillusions, voit devant elle la porte d'une sombre demeure s'ouvrir sur un paysage chaud et ensoleillé.

Parfois le rêve doit faire comprendre au rêveur que celui-ci se propose de faire l'impossible en essayant de concilier des contradictions irréductibles. Ainsi cet homme qui pensait pouvoir par la seule force de sa volonté concilier superficiellement des différences de caractère qui s'étaient créées dans son ménage ; dans la nuit, un ingénieur apparemment méphistophélique, lui enjoint de construire une route avec un mélange de goudron et de neige. Le rêveur est torturé par l'idée d'avoir à mélanger de la neige avec du goudron chaud. Mais ce rêve lui fournit l'occasion de méditer sur l'impossibilité d'unir le chaud et le froid, le blanc et le noir, la neige tombée du ciel avec le produit minéral extrait du sol, méditations qui devaient s'avérer fort utiles.

Les rêves de situation nous font voir les dangers. Le rêveur est au bord d'un précipice ; il voit qu'il est profondément blessé, qu'il a perdu toute sa liberté. « Voilà la vérité ! » dit le rêve. Un auteur était entièrement fasciné par une critique volontairement méchante et abjecte de son œuvre ; ce que son ennemi cherchait à atteindre pour des raisons personnelles semblait avoir pleinement réussi : l'humilier profondément. Mais l'âme de l'auteur ne pouvait tolérer une croissante exaspération, elle tenait au contraire à lui conférer la santé ; elle lui fit part de sa résolution au moyen d'un titre de journal à sensation : « La capitale sera bombardée si monsieur N. — c'était son nom — n'abandonne pas son animosité dans les dix jours qui suivent. » Dans la géographie psychique, la capitale constitue le centre de notre personnalité, notre moi intime.

Le rêve de situation nous met devant la réalité ; il dit ce qui est. Il rend possible un comportement judicieux, et bien plus encore, du fait même de vivre dans la véritable réalité, nous vivons dans la vérité. Celle-ci nous rend libres parce qu'elle cesse de nous faire gaspiller nos forces, parce qu'elle nous met en présence des grandes lois de l'existence.

Rêves de réduction

L'expérience prouve que l'inconscient possède un pouvoir de discrimination développé pour reconnaître le nécessaire de l'inutile, pour différencier ce qui est authentique de ce qui ne l'est pas. Il a d'autre part une sensibilité pour les poids et mesures des phénomènes psychiques qui lui permet d'enregistrer les trop grandes variations en plus ou en moins, c'est-à-dire ce à quoi nous attachons trop d'importance et ce qui est exagérément négligé. Le rêve ne manque pas de ramener à une juste mesure les choses que la conscience considère comme importantes ; il y parvient au moyen de comparaisons qui nous impressionnent et parfois nous choquent désagréablement. Il peut se permettre de nous fournir cet enseignement réaliste parce qu'il est capable de refléter la vie des générations telle qu'il l'a enregistrée.

Une jeune femme s'était à tel point amourachée d'un homme, qu'elle allait répétant sans cesse son nom et décorant son appartement avec plusieurs de ses portraits, véritablement obsédée par cette relation où rentraient beaucoup de complexes. Mais le dieu de ses pensées ne s'occupait pas d'elle, lui-même prisonnier d'une très banale aventure. C'est alors qu'elle vit ce monsieur en rêve avec une autre femme. Lui, un homme moyen à tous égards, plutôt petit de stature, marchait sous les arbres d'un jardin inconnu ; quand on demanda à la rêveuse quel était le nom de ce monsieur, elle avoua ne plus s'en souvenir. Le rêve a rapproché la situation de la réalité et il a fait entrevoir à la jeune femme que son émotion provenait plutôt d'une situation interne que de l'existence de cet homme paisible et inoffensif.

Un jeune commerçant avait réussi à se mettre à son compte. En un temps de hausse générale, sa petite entreprise marchait mieux qu'il n'aurait espéré. Ce succès n'était pas sans produire en lui un certain orgueil, un certain gonflement de sa personnalité qui ne correspondaient pas à la vérité et menaçaient par là son équilibre mental. Il ne dormait plus, devint méfiant et chercha conseil. Voilà qu'en rêve, on lui ordonna de tourner un petit film sur sa propre usine. Lorsqu'il présenta celui-ci à un groupe d'hommes inconnus, il s'aperçut que son usine était petite et sans importance, située au bord d'une ville immense truffée de hauts fourneaux ; lui-même, il portait une blouse qu'il avait eue lorsqu'il était simple apprenti. S'il faut en croire le rêve, il avait encore beaucoup à apprendre et son affaire n'était rien en comparaison de ce qui existait ailleurs.

De tels rêves ont pour mission de ramener à leur juste mesure des sentiments capables de nous aveugler, par exemple la surestimation d'objets quotidiens, une trop haute opinion de nous-mêmes ou de nos semblables. Mais il faut savoir que dans son expression, le rêve peut déprécier exagérément.

Nous sommes troublés dans une appréciation objective lorsque nous projetons des complexes tels qu'une inquiétude sexuelle, un orgueil absurde, un quelconque ressentiment qui nous obsède. D'un autre côté, le processus de réduction peut fonctionner en sens inverse ; tel individu qui se croyait la plus déshéritée des créatures peut découvrir en rêve des richesses existentielles jusque-là totalement ignorées par lui ou du moins dépréciées. C'est ainsi qu'un homme s'est rendu compte qu'il avait encore des enfants bien portants, que sa femme méprisée était belle et grande.

La réduction opère sur ce qui dans la conscience a trop de poids et d'importance ; est déprécié ce qui était surestimé, obscurci ce qui était devenu éblouissant. La réduction est la tentative d'arracher les énergies psychiques indûment cumulées par des phénomènes aussi divers qu'un désir, une occupation professionnelle, une relation humaine ou une entreprise intellectuelle, de leur ôter leur sur-valeur.

Dans l'interprétation de ces rêves, il y a un point de vue qui doit constamment être présent à l'attention : les individus ou les objets décrits dans ces rêves n'ont pas d'importance par eux-mêmes, mais il s'agit bien toujours de notre *attitude*, de notre *relation* vis-à-vis de ces personnes ou de ces choses. Lorsqu'un jeune amoureux, délaissant ses engagements professionnels, abandonnant même la conception du devoir telle qu'il se la faisait, rêve que sa bien-aimée lui vole une importante somme d'argent, il n'y a évidemment pas de raison objective pour incriminer la jeune fille. Mais l'argent est l'expression d'énergies et de possibilités psychiques ; ce n'est pas la jeune fille qui est blâmée, mais la relation avec elle et qui se traduit, qui se solde finalement, par un vol. Le jeune homme a trop sacrifié à son amour. Non seulement le psychisme semble mieux connaître la réalité interne, mais encore il perçoit et enregistre tout ce qui se passe au-dehors. Contrairement à la conscience, il est sans préjugés et juge par conséquent avec plus de concision et de force. Sa sentence se traduit par des images, des comparaisons, des symboles et même des suites de tableaux bien agencées. On connaît peut-être ce petit conte un peu moralisateur dans lequel un homme, pensant être pourvu pour des millénaires de tous les biens matériels qui font l'agrément d'une vie de petit-bourgeois, croit naturellement qu'il se trouve au paradis, lorsqu'il apprend par la suite qu'il est en enfer, à un endroit spécialement déplaisant. Cette vérité du revers de la médaille, nous l'apprenons couramment par les rêves. On croit être au-dessus de tout et voilà qu'on apprend la vérité, une vérité désagréable.

Les intentions du rêve

Plus on pénètre les étonnants rapports entre le message du rêve et la situation du rêveur, entre le rêve et le destin, et plus l'idée s'impose à l'esprit qu'il s'agit là d'une intention réfléchie, éducative. Par rapport à ce but, la cause, l'origine du rêve semble passer au second plan. On tombe facilement dans la formule : le rêve me fait dire que… Est-ce qu'il veut vraiment dire quelque chose ?

D'un côté, nous supposons non sans raison que l'âme inconsciente produit continuellement des rêves. De l'autre, il nous est difficile d'admettre que l'âme rêve pour elle-même, se complaît dans son propre scénario alors qu'il y a visiblement des liaisons entre le contenu du rêve et les événements de notre vie. On conçoit plutôt que le rêve travaille au service de l'âme désireuse de fournir un message à l'homme dont la conduite, voire la guérison, lui importe avant tout. En est-il ainsi ? Il est clair en tout cas que nous éprouvons ce message comme un événement qui importe au plus haut point à notre bien-être.

Le rêve est un phénomène de notre psychisme total ; l'âme est une part de nature et, comme tout ce qui est nature, elle *est*, sans plus. Ce phénomène rencontre notre moi pendant le sommeil. Lorsqu'au réveil, nous nous mettons à réfléchir, nous ne pouvons pas ne pas constater qu'il y a dans ce phénomène naturel, le rêve, un ordre et une orientation dont nous sentons l'existence ; et bien que maints aspects paraissent incompréhensibles à la conscience, le tout semble se fondre harmonieusement dans un ensemble vital. Et il est clair que le rêve peut nous aider ; pourtant cette mission de secours est difficile à prouver ; il nous aide et lorsque la conscience essaie de pénétrer son sens, le rapport nouveau établi avec le monde intérieur constitue un enrichissement. Le rêve est indépendant de la volonté ; il est là. Saint Augustin a remercié Dieu de ne pas être responsable de ses rêves parce que la responsabilité implique la liberté et la possibilité d'un engagement conscient et d'une activité volontaire. En dehors du fait que notre comportement peut donner naissance à certains rêves vis-à-vis desquels nous sommes partiellement responsables, il nous incombe de trouver et de tenir en face du rêve l'attitude la meilleure, la plus judicieuse. Citons à ce propos le passage merveilleux et peu connu de Gotthelf se rapportant aux rêves et à la responsabilité que nous avons de bien les utiliser : « Lorsque nous reconnaissons la présence de Dieu dans l'aurore matinale ou la rosée de la fleur, lorsque nous le sentons derrière le jeu des vents et que l'œil du dévot voit même l'Éternel dans tout ce qui est périssable et temporel, pourquoi ne pas aussi le reconnaître dans le jeu des rêves qui sont les manifestations les plus intimes d'un être ? Les rêves sont des prophéties de force et de faiblesse, ils sont une essence merveilleuse qui prend forme dans un monde à part lorsque les sens dorment et que les choses sont enveloppées, tantôt reliés à celles-ci, tantôt détachés de tout ce qui nous est connu ; ils sont une île qu'on devine au milieu d'un vaste océan de vie invisible dont les mouvements de flux et de reflux obéissent à des lois in-connues. Si toutes les offrandes viennent de Dieu, Père des lumières, si le dévot doit reconnaître la bonne intention qui a présidé à chacune d'elles et s'il faut rendre compte de l'utilisation de toutes, les rêves ne sont-ils pas également des dons divins et ne devons-nous pas les employer à accroître notre fond spirituel ? »

Est-ce que le rêve a l'intention de nous seconder, de nous rendre heureux ou de nous faire peur, est-ce qu'il veut avant tout nous faire comprendre, nous relier avec les fondements de notre existence intime ? nous ne le savons pas ; pourtant ses effets nous le donnent à penser.

Le rêve n'a pas la prétention de s'ériger en guide ou en professeur ; jamais un rêve n'a expressément laissé entendre une telle intention. Mais il peut le devenir si nous voulons le comprendre. Ce n'est pas lui qui nous appelle, même lorsqu'on s'adresse à nous dans le rêve. Par contre, lorsqu'au réveil nous nous souvenons de lui, nous le mettons à contribution parce que nous ne voulons pas renoncer à sa sagesse. Nous sommes de plus en plus convaincus que son savoir participe à un savoir plus profond et plus étendu qui prend ses sources dans un passé lointain, connaît notre présent et nous indique l'avenir. À la fois organe et expression de l'âme, il prend part à une éternelle conversation et nous indique ce dont il semble que nous ayons le plus besoin sur le moment. L'intention du rêve, c'est, avant que nous nous en soyons aperçus consciemment, de nous signifier qu'il y a eu progrès lors d'une passe difficile, de nous montrer un fruit qui est le résultat d'un conflit pénible entre les tendances de l'âme. Là où le malheur et la mort frappent les objets de notre affection, là où la solitude constitue le pain quotidien, où la maladie abat l'homme également menacé par la misère et le chômage, l'âme salvatrice plonge dans les immenses possibilités de l'inconscient et montre ce que de tout temps les hommes ont fait et comment ils ont agi dans ces situations difficiles. Dans le rêve, l'âme interroge la plus antique sagesse humaine ; celle-ci se manifeste alors, éclaire notre situation et notre chemin. Les énergies primitives de l'âme aident à comprendre le sens de la vie, à accepter ce qui nous paraît pénible pour finalement en assimiler le contenu. Le rêve communique le savoir de l'âme, avec ou sans intention, nous ne le savons pas. Il nous dit, au cas où nous ne le saurions pas, que le monde n'est pas bon, qu'il est plein de vulgarité, de laideur et de menaces ; car il y a des hommes qui ne veulent pas le reconnaître et il est bon alors de le leur bien faire comprendre afin de rectifier leur conception par trop idéaliste. Mais il le dit aussi à ceux qui le savent déjà mais n'acceptent pas suffisamment cette vérité amère. D'un autre côté, l'âme nous fait aussi participer à la clarté du monde, à ce qui est salut, elle nous dit que le contenu et les formes de la vie sont d'une inépuisable richesse ; elle connaît la bonté, le bonheur, l'amour, l'amitié et rappelle en rêve l'existence de ces événements heureux à celui qui aurait pu les oublier dans la défaite et l'amertume. Elle console l'enfant ébranlé par le redoutable aspect du monde, celui qui est tourmenté par la dureté ou l'instabilité des parents, des éducateurs ; elle vient en aide à l'enfant trop tôt jeté dans la lutte pour la vie.

Mais l'âme menace de rêves effrayants ceux des enfants qui ont une jeunesse par trop heureuse et exempte de soucis, d'où la laideur et les incertitudes de l'existence sont volontairement écartées. Car la vie n'est ni enfer ni paradis ; elle est accomplissement et succès sur les chemins des souffrances et de la privation, sur ceux des plaisirs subtils ou puissants. En connaissant ces deux aspects, nous pourrons parcourir la vie, avec ses épreuves et ses sacrifices. Cette sagesse aussi, accumulée durant des millénaires, l'âme nous l'offre par le rêve, que nous l'écoutions ou non.

Nous ne connaissons souvent pas les menaces qui pèsent sur nous du dehors ou du dedans. Nous remarquons à peine dans quelle impasse nous nous sommes engagés, quel poids inutile nous sommes en train de nous imposer et quelles conséquences notre façon de faire peut entraîner. Mais l'âme le voit, elle nous regarde et nous représente le danger en rêve d'une manière très expressive.

Jung a fait un parallèle frappant à propos de rêves d'enfants : « De même que la nature réagit aux infections organiques bien que celles-ci aient eu lieu à l'insu de la conscience, de même l'inconscient, guide de la personnalité, réagit lorsque la santé psychique est compromise. Le fait est que le rêve est un organe d'information et de contrôle, c'est-à-dire l'auxiliaire le plus efficace dans l'édification de la personnalité. » Il ne faut pas considérer l'inconscient comme un domestique au service de la conscience, mais bien comme travaillant au service de notre existence totale, comme la conscience est censée le faire également. Il importe avant tout que cette conscience, c'est-à-dire le moi, ait sa tâche quotidienne qu'il ne faut à aucun prix négliger au profit d'interminables méditations sur le sens des rêves ; qu'elle leur accorde cependant une demi-heure pour recevoir en échange, lors de l'interprétation, assez de force et de compréhensive intelligence.

C'est Origène qui dit : « Dieu ne punit personne avant de l'avoir averti. » Il existe des rêves d'avertissement. Il ne faut pas les interpréter à la légère. Les consultations psychologiques dans lesquelles une place convenable est faite aux rêves pourront confirmer cette affirmation, du moins dans son aspect terrestre. Il arrive alors qu'on soit mis en présence de situations affligeantes, soit que l'avertissement ait passé inaperçu, soit qu'il n'ait pas été pris au sérieux. On a donné libre cours au désastre.

Beaucoup de rêves peuvent être pris pour des avertissements ; le rêve ne dit jamais que ce qui est, ou ce qui sera dans un avenir immédiat. Seule la conscience peut analyser le contenu du rêve en un message d'avertissement et en tirer les conséquences. Le rêve est là, et nous essayons d'en tirer « quelque chose ». Lorsqu'il s'agit d'un groupe de rêves se rapportant à un certain problème, ce « quelque chose » n'est autre que le début d'une nouvelle conception, d'un nouveau comportement dont l'orientation est moins contraire à celle du psychisme.

Tout comme les autres êtres vivants, nous devons nécessairement utiliser ce qu'offre la nature extérieure ; nous sommes reconnaissants pour les dons qu'elle semble mettre à notre disposition. Mais la nature, elle, ne pense pas à nous — s'il est permis de parler de « penser » —, mais elle est là, simplement, sans intention de sa part. Alors nous pouvons également accepter avec gratitude les rêves, ces dons naturels de la nature psychique, et nous en servir. Celui qui veut sérieusement s'occuper de ses rêves, écouter leur message, comprendre leur sens pour façonner sa vie en harmonie avec l'âme du monde, même s'il voit qu'il en résulte des difficultés particulières, celui-là aura rendu hommage à cette grande instance interne dont nous entendons la voix en rêve. Il se sera conformé à la voix éthique de l'existence. Avec les forces qui dépendent de sa conscience, il aura essayé de réussir le mieux possible dans la mesure où un destin bienveillant le lui permettra, c'est-à-dire qu'il se sera employé à réaliser pleinement la part de vie qui lui est confiée, l'unicité de sa personnalité. Ainsi l'intention la plus élevée de la vie, celle que le rêve se donne également pour but de servir et d'indiquer, sera par là même réalisée.

CHAPITRE IV

Différentes sortes de rêves

Rêves de tous les jours

Les hommes ont de tout temps fait la différence entre le petit rêve quotidien, le rêve d'une signification personnelle plus importante et le grand rêve, très rare dans son apparition. Homère fait dire à Pénélope, femme d'Ulysse, qu'il y a des rêves « insignifiants » et d'autres plus précieux, c'est-à-dire des rêves de tous les jours et des messages divins. L'écrivain latin Macrobe, dans un commentaire largement répandu du célèbre rêve de Scipion, dit qu'il existe des rêves ordinaires qui ne sont même pas dignes d'être interprétés car ils ne sont que la répétition d'événements quotidiens, parlant de nos amis et de nos ennemis, de menues choses de l'amour, de la table, d'argent, de l'impression qu'on fait dans la rue — mais que dans le fond ils sont indifférents, car il leur manque le côté divin des grands rêves. Albert le Grand, savant du Moyen Âge, abonde dans le même sens ; certains rêves sont courants, se rapportent aux faits quotidiens ; il leur oppose ceux qui nous sont donnés par Dieu, c'est-à-dire ceux qui possèdent une inspiration plus profonde.

Celui qui au réveil a pris l'habitude de revoir en pensée le paysage enfui de ses rêves, de soulever encore une fois le rideau d'une scène sur laquelle on continue à jouer sans spectateur, sait pertinemment que la nuit apporte des rêves insignifiants qui parlent un langage tout à fait quotidien. Ces rêves empruntent essentiellement leurs matériaux à un monde qui nous est familier. Il y en a de très simples. « J'étais dans un magasin mais n'avais pas d'argent sur moi, ce qui me gênait beaucoup » ; « je rencontrai une voisine puis reçus une lettre » ; ou bien : « Je regardais un défilé de soldats », « la lingère me faisait dire qu'elle viendrait dès aujourd'hui ». Il y a parfois de petits symboles dans de tels rêves. Un exemple le montrera : « Une amie du temps où je suivais des cours à Genève voulait me rendre une visite inopinée. Mais je n'étais pas encore habillée et ne pouvais trouver mon peigne. J'envoyai alors ma petite fille ouvrir la porte, mais mon amie n'était pas là ; cependant je tenais sa carte à la main que ma petite fille ne m'avait pourtant pas donnée. La carte avait l'air d'un morceau de pain et j'en goûtai. Mon mari me dit : "Ce sont des enfantillages, tu es comme tante Hélène", mais je n'ai pas de tante Hélène. Je commençai à m'habiller mais ne pus trouver que des chaussures inégales. Je me trouvais ensuite dans un petit jardin, voulais arracher des herbes, mais ne pus me décider à le faire, vis un oiseau déplumé, l'effarouchai et allai chez ma mère, qui est morte pourtant ; je le savais en rêve mais y allai néanmoins. » Dans ce rêve relativement stupide, le matériel expérimental est lié à quelques menus symboles : le peigne, le pain, les chaussures, le jardin et l'oiseau. Les silhouettes de l'amie invisible et de la mère défunte sont symptomatiques.

Tous ces rêves rapportent, révèlent les va-et-vient, les hauts et les bas de notre existence journalière.

Lorsqu'on saisit leur sens, ils peuvent faire sourire. Ils reflètent les situations de la veille, du jour ou du lendemain et en complètent les côtés insuffisamment remarqués. Jung dit à ce sujet : « S'il s'agit de petits changements que le rêve apporte dans la façon de concevoir les choses, il n'utilise pas de langage mythologique notoire. Au lieu du dragon, il y aura une simple automobile, au lieu du ventre du dragon, une cave inquiétante ; l'ascenseur figurera la spiritualisation, la seringue médicale le contenu du sacrifice et de pénibles tourments ou une ascension de rocher difficile remplaceront la torture. »

Avec un peu de perspicacité, on y perçoit aussi ce qui figure l'essentiel de notre existence. Car l'étroit segment de notre vie présente est traversé par le long ruban de notre destin particulier et les petits événements quotidiens n'y représentent jamais que de légères irrégularités. Il y a de petits rêves qui sont typiques pour une jeune femme heureuse débutant dans un ménage, pour les étudiants qui se consacrent entièrement à la préparation d'examens et qui négligent ces biens savoureux que le bon Dieu a spécialement réservés à son jeune monde. Rentrent dans cette catégorie les rêves qui ont trait à nos petites inconvenances, aux tentatives d'une meilleure adaptation à notre entourage. Il y a des rêves quotidiens qui se rapportent à presque tous les métiers et professions ; ils complètent, corrigent et servent souvent de ventilateur à nos petits défauts et complexes.

Dans les rêves plus importants, il s'agit plutôt du commentaire des possibilités d'un développement futur, d'une meilleure évaluation de rencontres personnelles ; ils nous conseillent et exposent des situations dans des perspectives futures. Ils contiennent déjà un assez grand nombre de symboles et même de motifs mythiques, tombent dans des situations archétypiques mais se servent encore d'un langage tiré de la réalité et emploient le matériel expérimental du rêveur. Il peut s'agir d'un lion qui pénètre dans notre bureau, nous trouvons une chose précieuse dans notre maison, nous traversons une forêt obscure et inconnue et arrivons à la route qui mène à L. Des silhouettes étranges sont mêlées à un monde tout à fait familier. Dans les images de ces rêves transparaît la présence des mythes. Les rêves quotidiens, on ne les regarde qu'à l'occasion ; ils ne forment qu'une toile de fond ordinaire. Par contre, on prendra soin de noter les rêves plus importants, spécialement en une période de conflits, on essaiera de les interpréter aussi bien que possible pour faire le point de la situation. Dans ces rêves qui n'ont pas l'importance fascinante et dangereuse des grands rêves, nous rencontrons nos conflits et nos complexes personnels. Ils nous montrent les prochaines étapes de notre évolution. Ils forment le groupe principal des rêves, ceux qui reviennent le plus souvent au cours de la consultation psychologique où se présentent les dissensions vitales les plus aiguës. Ce sont à ces rêves qu'est consacrée la troisième partie de notre livre, car l'interprétation se rapporte essentiellement à cette catégorie moyenne.

Nous sommes d'un côté engagés dans les obligations et les problèmes des jours et des mois, nous devons élaborer sans arrêt le matériel que la vie nous amène. Mais d'un autre côté, nous sommes sous la coupe de réalités plus considérables dont les rêves nous révèlent en de vastes symboles ce qu'ils ont de mouvant, ce qu'il y a là de tendu vers un accomplissement. Les rêves de petite et de moyenne importance se rapportent au programme de notre présent dans lequel nous sommes trop fortement engagés pour qu'il nous devienne toujours parfaitement conscient. Dans les grands rêves, il s'agit de ces quelques aspects de l'existence dont l'importance nous place dans la trame d'un destin universellement humain. Les forces dont nous disposons, nos fautes, la mesure dans laquelle nous accomplissons nos tâches, les dons qui nous sont légués pour cet accomplissement par la grâce de la vie, de tout cela le grand rêve nous fait part au moyen de ses symboles intemporels et saisissants.

Le rêve de réveil

Il prend modestement sa place parmi les petits rêves, ce qui veut dire qu'il exprime cette partie de l'inconscient qui reflète la vie quotidienne et qui donne à celle-ci mainte impulsion. C'est ainsi qu'il est un serviteur d'appoint et ce sur l'heure — que l'on prenne cette expression à la lettre — en aidant opportunément le dormeur ; car le rêve du réveil est là, *encore* là faut-il dire, lorsque l'éventualité d'avoir dormi trop longtemps devient certitude.

Il y a des gens qui ont une notion très différenciée de l'heure. Ils peuvent à n'importe quel moment répondre à la question de l'heure, leur sentiment du temps est en cela comparable à l'horloge parlante de la radio. Ces gens peuvent se réveiller à l'heure de la nuit ou du jour qu'ils désirent. Mais chez ceux qui ont tendance à dormir trop longtemps, le rêve se charge du réveil, à moins qu'ils ne se soient confiés à un moyen plus technique, bien entendu.

Le rêve de réveil possède son déroulement spécifique au cours duquel l'intensité croît jusqu'au réveil du dormeur. Il utilise pour cela le fait d'arriver en retard, les obstacles, il renforce un bruit extérieur ou encore le dormeur fait l'objet d'une interpellation énergique. On se rêve par exemple écolier et l'on est à court de temps, comme c'était autrefois si souvent le cas. On court, mais en chemin il y a des obstacles, quelqu'un nous empêche de continuer notre route, c'est-à-dire notre sommeil si agréable. L'angoisse qui en résulte provoque alors notre réveil. Les rêves qui dépeignent la peur d'arriver en retard à l'appel du régiment se déroulent d'une façon analogue : on essaie en vain de rassembler ses effets, il manque encore quelque chose, « on n'est pas au point », évidemment, puisqu'on est encore au lit, incapable de commander à ses pensées. Les femmes rêvent qu'elles sont obligées de préparer le petit déjeuner, d'aller au marché ou au bureau.

À côté du danger d'arriver en retard à un examen, le rêve utilise encore fréquemment la menace de manquer son train ; histoire de « faire marcher » le dormeur. Ces rêves qui parlent de la peur de manquer un train peuvent ne pas amener le réveil ; ils possèdent alors une signification plus grave dont on parlera dans un chapitre ultérieur.

Le rêve de réveil crée chez le dormeur une situation désagréable dans laquelle s'accumule une certaine quantité d'énergie. Il en résulte une fissure dans des couches déjà proches de la conscience ; cette énergie se précipite alors dans la brèche et fait éclater le sommeil.

On pourrait croire que le rêve de réveil montre simplement au dormeur ce qu'il doit faire : se lever, s'habiller, prendre le petit déjeuner, ramasser ses affaires pour aller au travail, au bureau, au marché, à la consultation ou pour prendre le train. Mais il n'en est pas ainsi. C'est plutôt une ruse de la part du dormeur à demi éveillé que de rêver qu'il est *déjà* levé et en train d'aller à la table du petit déjeuner, tout comme celui qui, interpellé par un membre de sa famille, lui répond : « Voilà, je me lève ! » pour pouvoir se rendormir de plus belle après un instant de sommeil qui n'était déjà plus très profond.

Le rêve devra créer des situations toutes différentes, amener une tension désagréable. Il semble que la situation rêvée possède un caractère d'autant plus menaçant que la nécessité d'un réveil immédiat est plus impérieuse — par exemple lors d'un danger de mort provoqué par une agression, un incendie ou un accident de voyage. Les soldats et les voyageurs connaissent bien ce genre de rêves.

Ces petits rêves de réveil sont assez superficiels puisqu'ils se rapportent déjà aux événements de la journée. Mais leur intervention peut éviter maint malentendu, mainte contrariété, comme par exemple celle qui résulte inévitablement d'une arrivée en retard. Nombreux sont ceux qui peuvent se montrer reconnaissants pour la sollicitude modeste mais combien opportune que l'inconscient apporte au dormeur avec le petit rêve de réveil.

Les grands rêves

Dans les quelques grands rêves dont le rêveur est amené à faire la connaissance, il sera mis en face de contenus psychiques d'une grande importance qui prennent forme d'une manière fort saisissante. Après une courte introduction qui se rattache encore aux événements du jour, au monde de l'actualité, tout ce qui se rapporte à l'expérience personnelle du rêveur disparaît. Les problèmes qui occupent le présent font place à un monde de forces élémentaires de la nature et de l'esprit qui sont décrits dans un tableau grandiose.

Comme nous l'avions déjà indiqué, le grand rêve ne parle plus qu'un langage symbolique se rapportant à un condensé d'expérience humaine ; il se sert du mouvement saisissant propre aux images ancestrales. Par-ci par-là quelques éléments plus proches de la conscience s'y imbriquent qui se rapportent à notre expérience personnelle. Le rêveur lui-même avec son moi peut être amené à faire partie du grand rêve. Il est alors comme le spectateur d'une pièce qui rappelle les mythes et les légendes et avec laquelle, hormis sa présence, il n'a guère de contacts.

Ce qu'il voit est d'une étonnante beauté, comparable à la très grande poésie, mais parfois aussi terriblement ténébreux et chaotique. Il peut être entraîné dans la lumière dévorante d'un grand soleil, amené dans des paysages merveilleux et il peut faire la rencontre d'êtres humains et d'autres êtres qui leur ressemblent mais qu'il n'a encore jamais vus ; il peut se voir précipité dans une situation d'épouvante primitive. — Dans ces rêves, on rencontre les puissances de l'existence. Les animaux commencent à parler, les arbres de la vie protègent puissamment une merveilleuse floraison, on s'embarque sur une mer in-connue, les périls du désert sont surmontés — si le rêve figure un destin favorable —, et une entreprise par ailleurs impossible est réalisée. On se retrouve parmi l'âcre odeur du sang de la bataille, face aux traits convulsés du criminel ou dans le monde éthéré de l'esprit pur ; on passe devant la mort, on devine les quelques grands dons que peut nous offrir la vie. Voici deux exemples qui donneront une idée à ceux qui ne peuvent se rappeler avoir fait des rêves analogues : dans l'un de ceux-ci, le rêveur sortait de sa maison sombre et pénétrait dans un grand vignoble ; les plants portaient de magnifiques raisins noirs et le rêveur lui-même était revêtu de la robe d'un seigneur de l'Antiquité. Au-dessus du coteau se faufilait la petite route pour les chariots. Il y avait une ville tout au fond. Lorsque le rêveur voulut traverser le vignoble pour retrouver la route, il vit sur celle-ci un lion imposant et magnifique. Le rêveur dans sa noble robe et le royal animal se regardèrent longtemps : puis tous les deux prirent la décision — de telles décisions ont presque une valeur divine — que pour le moment le vignoble reviendrait au rêveur et la route au lion. Il est utile d'ajouter que vin et vignoble sont des symboles de fécondité spirituelle, tandis que le lion représente un des aspects les plus intenses des forces instinctives.

Un homme eut le rêve suivant — après une période de dépression due à un travail scientifique trop unilatéral et à une relation personnelle absorbante —, rêve qu'il fit au moment de sa renaissance psychique : d'une motte de terre noirâtre sort une boule bleue, magnifique comme un soleil. La boule s'ouvre et devient un récipient cristallin duquel sortent quatre serpents qui portent une coupe ; les serpents se tournent vers l'intérieur. De la coupe sort une colonne de cristal qui s'élargit en une deuxième coupe supportée par quatre lions tournés vers les points cardinaux. De nouveau une colonne de cristal s'élève et à son sommet repose un diamant aux facettes multiples et resplendissantes.

Il y a un moyen très simple pour savoir s'il s'est agi d'un grand rêve pendant la nuit : il y a en nous comme une obligation de le raconter à autrui, il nous est impossible de le garder pour nous. Chez les peuples primitifs, ces rêves sont regardés comme un message venant des dieux ou des démons ; toute la tribu y participe car le rêve a été fait à son intention, il contient des indications qui se rapportent à un avenir immédiat et manifestement chargé d'événements.

Chez nous aussi, quelqu'un s'exclame tout à coup et dit : « Au fait, mais j'ai eu un rêve étrange cette nuit ! » et se croit obligé de le raconter à son interlocuteur.

Il est tout à fait normal qu'un grand rêve soit communiqué car il appartient à tout le monde. En le racontant, le rêveur atténue cette sorte d'interdit qui pesait sur lui : la grande quantité d'énergie vitale concentrée dans le rêve se défait, la tension se relâche parce qu'elle s'est en partie déchargée. Il est évidemment préférable de raconter un tel rêve à quelqu'un qui est familiarisé avec l'interprétation. Dans le premier cas, il est vrai, la tension diminue, le rêve, ramené à la conscience, ne manquera pas de produire un certain effet. Mais on ne pourra s'approprier les fruits de ce grand et peut-être terrible rêve qu'en les récoltant et les examinant soigneusement ; c'est alors qu'ils deviennent un aliment d'une étonnante richesse.

La plupart des hommes ne font qu'un nombre restreint de grands rêves au cours de leur vie. Ils retiennent par exemple un de ces rêves qu'ils ont faits au cours de l'enfance. Il est à remarquer que c'est vers le milieu de la vie et puis de nouveau au seuil de la vieillesse, lorsque s'opèrent d'importants changements dans le comportement individuel, qu'apparaissent de préférence ces grands rêves. Ils sont retenus par la mémoire, mais le plus souvent comme des phénomènes bizarres et absurdes.

Nous reprenons : les grands rêves sont la figuration de ce que nous qualifions d'important, de saisissant, de riche et de vivant. Ils apparaissent en face de nous comme une entité indivisible. Devant la grandeur d'une telle silhouette, nous pouvons avoir très peur, la conscience peut menacer de rompre car ces images contiennent la force inhérente aux métamorphoses, celle qui participe à la vie et à la mort ; ils sont de grandioses jugements du passé, ils apportent le plan et le message d'une vie nouvelle. L'homme a raison de craindre l'ampleur et la gravité de cette voix qui appelle l'âme comme le ferait un dieu. Ce fut en frissonnant qu'au cours de l'histoire prophètes et prédicateurs ont accepté les messages divins qui leur furent transmis par les visions et les rêves.

Voici quelques mots au sujet des « beaux » rêves. Il arrive que l'on rencontre des gens dont le moins qu'on puisse dire est que leur façon de vivre n'est pas un modèle d'ordre et de volonté. Ce sont des êtres souvent fort inoffensifs, parfois des natures d'artiste qui s'ignorent. Ils font les rêves les plus fantastiques et se perdent dans une contemplation de ceux-ci proche de la fascination, heureux d'être délivrés des soucis quotidiens. Leurs énergies semblent peu à peu confluer vers l'inconscient et vers ses rêves. Le danger d'une véritable aliénation de la réalité apparaît ; l'homme devient un « rêveur ».

Mais chacun doit s'occuper modestement des choses que lui assigne sa vie quotidienne. Celui qui du matin au soir ne parle que de grands projets et d'idées éternelles est suspect ; il considère tout sous l'aspect d'une décision ultime et ne semble pas savoir que l'âme quotidienne, tout comme son entourage, requiert le petit, l'indispensable sacrifice. Celui qui par ses idées et ses rêves met continuellement en branle la puissance des océans et des étoiles est « dérangé ». Le fait d'avoir ordinairement un spectacle de grands rêves laisse supposer une dangereuse prédisposition à la schizophrénie. Un puits s'est creusé vers les profondeurs des images archaïques de l'âme. Le pauvre moi pourrait très bien s'y laisser précipiter par imprudence et ne plus jamais revenir à la surface !

Pour l'homme simple, celui qui n'a ni une haute spiritualité, ni une conscience constamment en éveil, par ailleurs solidement ancré dans le monde des réalités et menant une vie active, les grands rêves constituent un danger manifeste. Ce danger consiste dans le fait d'être arraché à l'univers quotidien ; il n'y a pas délivrance mais au contraire précipitation dans un monde mythologique qui interrompt le rapport de l'homme avec sa tâche réaliste, avec des occupations quotidiennes par conséquent trop absorbantes. Si nous voulions nous exprimer par une figure technique, nous dirions : les grands rêves sont des accumulateurs pour courant à haute tension ; pour certaines personnes donc : « Défense de toucher, danger ! » Celui qui s'approche d'un tel danger est généralement averti par une série de rêves moins importants, car l'âme ne peut pas avoir l'intention toute gratuite de déraciner la vie d'un individu.

Normalement les grands rêves sont rares. Mais moins rares sont les rêves dans lesquels des contenus conscients s'emboîtent avec des contenus symboliques. Le symbole éclaire les événements actuels et ces événements rapprochent à leur tour le symbole et sa valeur universelle de notre existence personnelle. Beaucoup de ces rêves sont donnés en exemple dans notre exposé, spécialement dans la troisième partie.

Il convient ici de faire quelques remarques au sujet

des rêves des personnes qui ont une activité créatrice. On admet volontiers que les rêves d'artistes, spécialement ceux des poètes, sont plus sublimes que ceux de personnes plus « ordinaires ». Il n'en est pas tout à fait ainsi. Ils ont évidemment quelques grands rêves d'un caractère urgent au moment où la poussée créatrice devient réalité, mais par ailleurs ces rêves ne leur arrivent pas plus souvent qu'à tous ceux qui se trouvent dans une période décisive de leur vie. Ce sont les rêves tirés de leur imagination qui font la spécificité de leur art, rêves qui sont loin d'être uniquement nocturnes. Mais lorsque les rêves forment le contenu d'une poésie, comme chez les romantiques, ce sont alors des fantaisies nocturnes qui sont tirées d'un fond psychique qui est commun à tous. Le poète travaille alors ces images et les présente finalement sous la forme d'une œuvre dont le langage est étincelant et finement ciselé.

Personne ne supposera que l'essai ci-contre, tiré des « Rêves du pays natal » dans *Henri le Vert* de Gottfried Keller, soit une fidèle reproduction d'un rêve du poète ; mais personne non plus ne soutiendra que cette vision si émouvante du retour au pays natal soit une pure construction de l'esprit. Ces « rêves » sont bien plutôt l'intime et merveilleuse unité d'une imagination consciemment dirigée, avec ce flux d'images qu'amène sans cesse le psychisme dans ses matérialisations nocturnes.

« Depuis que je ne faisais plus travailler pendant le jour mon imagination et son habituelle faculté de création, leurs énergies commençaient à se mouvoir pendant le sommeil avec une étonnante autonomie et se mettaient à créer avec une apparente logique une agitation tumultueuse dont les couleurs et les formes étaient de la plus grande variété. Tout comme me l'avait prédit ce maître insensé mais professeur expérimenté, je vis en rêve tantôt la ville natale, tantôt le village merveilleusement transfiguré sans jamais pouvoir y pénétrer, et lorsque j'y fus enfin, je me réveillai tout à coup, déçu... Lassé, je recherchai de nouveau le sommeil et retombai d'ailleurs aussitôt dans l'activité fébrile des rêves. Je me rapprochai de la ville où se trouvait la maison natale par des chemins étranges, suivant de larges fleuves dont chacune des vagues portait un rosier de sorte qu'on voit à peine le scintillement des eaux à travers cette forêt mouvante. Sur la berge, un paysan labourait avec une charrue dorée tirée par des bœufs blancs comme le lait et sous les pas desquels poussaient de grands bleuets. Le sillon se remplissait de grains d'or que le paysan, qui conduisait la charrue d'une main, puisait et lançait largement en l'air avec l'autre main, ce qui les fit retomber sur moi en une pluie d'or... »

Rêves d'enfant

Le fait qu'au cours de la consultation psychologique des personnes parlent souvent d'un de leurs rêves d'enfant ne nous permet pas de contourner un chapitre d'ailleurs inaccessible à l'amateur qui veut lui-même interpréter de tels rêves. Ces personnes remarquent qu'un de ces rêves est revenu à plusieurs reprises : c'est par exemple une énorme masse gris-noir qui fond sur eux, c'est une grande femme debout à la porte de la chambre à coucher, ou encore une immense masse d'eau qui coule dans la rue. Ils disent aussi avoir souvent participé à un combat ou vu un oiseau merveilleux et multicolore assis sur le rebord de la fenêtre qui se mirait dans le bassin du jardin. Certains de ces rêves ont l'air d'être directement dans un conte.

Vers la troisième année de sa vie, l'enfant commence à être relativement conscient de ce qui se passe. Il racontera qu'au cours de la nuit, il « a vu quelque chose ». Cet événement interne n'est évidemment pas nettement délimité par rapport aux réalités de la journée. À cet âge, sa vie elle-même est un peu conçue comme un rêve, un rêve dans lequel il projettera, une fois parvenu à un certain âge, un intense sentiment de bonheur.

Spitteler raconte dans une vision rétrospective de sa première enfance : « [...] les paysages des rêves d'adultes ont beau avoir des qualités merveilleuses, les paysages que peignent les rêves d'enfants sont encore bien plus doux et plus délicieux. Les deux premières années de ma vie constituent ma plus belle collection d'images et mon livre de poésie préféré. » Voilà bien un intense sentiment de bonheur projeté sur les rêves d'enfant. Entre trois et sept ans, il arrive que les enfants racontent au matin le rêve de la manière suivante : « J'ai pensé quelque chose de très drôle cette nuit. » Ou bien : « Cette nuit en dormant quelque chose de merveilleux m'est venu à l'esprit. » Ou encore : « J'ai eu peur cette nuit, mais j'ai quand même dormi. Maman était partie et il y avait à sa place trois vieilles femmes qui me regardaient méchamment. Elles voulaient me donner quelque chose que je devais manger. J'ai refusé, mais je crois que j'ai finalement accepté. » Certains enfants éprouvent évidemment de la difficulté à accepter la vie qui se trouve devant eux, à la digérer. Il n'y a que des peintres et des poètes enfantins pour représenter les Trois Parques sous une forme aussi inoffensive, qui correspond à la quantité de leur propre mentalité.

Ce n'est pas le lieu ici de parler en détail de la psychologie du petit enfant ; celle-ci est déterminée par le fait que le nouveau-né est le plus âgé des êtres humains, car il n'est encore rien d'autre qu'un passé impersonnel — une masse héréditaire et une entéléchie qui commence à l'instant à se réaliser. Il participe encore magiquement à un autre monde qui lui apporte en rêve le symbole d'une vie future tiré d'une inépuisable réserve d'images vivantes.

Remarquons tout de même au sujet des enfants, que

ce sont particulièrement ceux d'entre eux qui ont une jeunesse heureuse, qui vivent entre des parents s'aimant tendrement, qui sont par ailleurs tourmentés par des rêves pénibles. C'est comme un avertissement, une préparation à ce que peut être l'existence humaine, c'est-à-dire un horrible calvaire, un labeur dont on ne peut venir à bout qu'à force de peur, de sang et de larmes. Voilà ce que l'inconscient peut vouloir leur apprendre. Nietzsche émet l'idée que dans les rêves l'homme s'exerce en vue de situations futures.

L'activité incompréhensible des adultes se reflète souvent d'une façon angoissante dans les rêves d'enfants qui seront eux aussi un jour des adultes, incompréhensibles dans leur activité et encore plus incompréhensibles dans la façon de supporter leur destin.

Certains rêves d'enfant sont même le reflet d'une future incapacité caractérielle, d'un manque de vitalité ou d'une mort prématurée, événements qui anticipent le temps car ils sont exprimés par un savoir venant d'un fondement psychique universel. Nous reviendrons sur ce phénomène à propos d'autres problèmes.

Les *rêves d'enfance* dont nous nous souvenons encore plus tard, qui nous apparaissent beaux et étranges dans l'aurore d'une lointaine jeunesse, étaient et sont encore d'une très haute importance. En eux s'est révélée dès le début de la vie — l'expérience pratique le prouve abondamment — l'expression symbolique de tout un plan de vie. En faisant plus tard la comparaison avec les événements, on voit combien souvent l'âme savait à l'avance jusque dans les infimes détails quels seraient la direction, le mode de vie et les difficultés du destin. Ce qui nous avait frappés étant enfants a touché de ce fait des points latents en nous. Il est naturellement difficile de réunir après coup tout le matériel qui a jadis servi au rêve, d'en expliquer tout le contexte dans ses lointaines ramifications.

Le fait que les rêves d'enfant contiennent parfois l'expression symbolique de leur vie future ne doit pas inciter les parents et les éducateurs à questionner les petits au sujet de leurs rêves et encore moins à commenter ceux-ci quand ils leur en font part. Mais ils seront certains que leur fiston est en bonne voie lorsque celui-ci leur dit un jour : « Je suis allé dans une forêt. Alors le loup est venu ; j'ai eu très peur. Mais il ne m'a pas mangé, c'est moi qui l'ai mangé. Après ça mon ventre était tout gros ! »

Lorsque des enfants font souvent des rêves d'angoisse, d'incendie ou de cambrioleurs, les parents feront alors bien de se demander, comme nous le dirons plus loin, si leur propre vie est normale, s'il n'y a pas des tensions latentes, de graves conflits de ménage qui influencent l'inconscient de l'enfant. Car l'enfant est véritablement relié à l'inconscient de ses parents, il participe à leur existence sans le savoir, il est un lieu de résonance.

Les enfants qui d'eux-mêmes racontent leurs rêves peuvent montrer aux parents combien ceux-ci se trompent de route, ils peuvent leur donner l'occasion de réexaminer et d'améliorer le contenu et la forme de leur communauté. La psychologue américaine F. G. Wickes écrit : « Le fait qu'un enfant se réveille après un rêve, ou raconte celui-ci sans angoisse ni émotion apparente, est le signe et la preuve que cet enfant se sent à l'aise parmi les siens. »

Un tel récit, il faut l'écouter comme une histoire gaie, bizarre ou triste, en montrant selon le cas telle ou telle mimique expressive compréhensible à l'enfant. Lorsque nous pressentirons le sens pénible et douloureux d'un rêve, nous le garderons pour nous, mais nous essaierons de préserver l'enfant des dangers qui l'attendent dans la vie tout en renforçant sa confiance et le sentiment de sa propre force.

L'interlocuteur ne doit jamais faire part à l'enfant des menaces qui le guettent, pour ne pas augmenter son angoisse, car son esprit n'est pas mûr, il n'est pas assez fort pour un tel enseignement.

L'interprétation des rêves d'enfant est une entreprise extrêmement délicate même pour celui qui possède les connaissances scientifiques et psychologiques requises. Le mieux est de ne pas y toucher.

Mais adulte, on essaiera de reprendre ses propres rêves d'enfance, d'en comprendre la profonde portée, profonde parce que les rêves sont encore vivants dans notre mémoire. On sera étonné de reconnaître combien de motifs et de problèmes de notre vie ont déjà été indiqués dans de précoces rêves enfantins et sont en gros toujours restés les mêmes. Si les choses allaient bien, nous avions alors pas à pas, de plus en plus consciemment, lutté et surmonté ces problèmes pour notre plus grand profit. Peut-être avons-nous reçu la grâce de résoudre ce que la vie a donné sous une forme chaotique.

Rêves de puberté

À chaque période de l'existence correspondent des rêves spécifiques. C'est même un signe de santé psychique que de faire de tels rêves en temps voulu. Ils sont provoqués par le développement corporel et mental qui fait que l'âme s'occupe d'un problème particulier qui passe avant les autres ; c'est la tâche que la vie impose à ce moment et qu'il faut résoudre. Il s'agit de se détacher d'une forme de vie pour en accepter une autre.

L'adolescent, jeune homme ou jeune fille, fait au cours de la puberté la rencontre souvent effrayante des poussées sexuelles. Une nouvelle puissance se fait jour en lui après quelques années d'une fin d'enfance calme et heureuse. Le jeune être est assailli et entraîné dans la lutte contre ces tendances montantes. À mi-chemin de la croissance, le jeune moi doit faire face à la puissante réalité de son être ; celui-ci fait irruption dans son âme juvénile par vagues sourdes que propage le processus de maturation physiologique. Le nouvel état ne semble plus conserver de rapport avec l'heureuse période prépubertaire. Bien que les exigences de la société deviennent plus soutenues, notamment par une instruction plus sévère à l'école et certaines tâches dans la vie quotidienne, le jeune être devient plus primitif, plus impulsif. Il oscille entre l'anxiété et la brutalité, entre la pudeur, la tendresse et une attitude de rébellion souvent effrontée. Les garçons sont à beaucoup d'égards « à ne pas toucher avec des pincettes » ; ils ont autant de difficultés que les jeunes filles à s'accepter durant cette période agitée.

D'ailleurs tout ceci est attesté par les rêves. Ils montrent très tôt déjà ce qui va se passer, puisque généralement l'inconscient éprouve les événements avant que la conscience en fasse l'expérience.

Comme il s'agit d'un événement naturel, les rêves de la puberté et ceux qui la précèdent parlent un langage symbolique. Mais comme d'autre part l'adolescent entrant dans la phase d'adulte doit réaliser un détachement de sa famille et qu'il doit aussi se plier aux exigences du milieu, soit dans l'apprentissage, soit au moyen d'une instruction plus poussée, ses rêves contiennent bon nombre de motifs et d'objets qui appartiennent au monde quotidien. Il est à remarquer que certains jeunes cherchent à se rapprocher, à se réfugier chez un de leurs parents devant cet orage incompréhensible, cette agitation apparemment sans but.

Les rêves se rapportent essentiellement au motif parental ; tantôt ils les montrent tels qu'ils sont, tantôt ils expriment d'une façon générale les « principes » paternel et maternel. Les objets et les événements quotidiens se mêlent à des symboles très généraux dans lesquels prend forme ce que les impulsions sexuelles ont à la fois d'aveugle et de créateur. Mais avant tout les rêves expriment les tourments d'une oppression, d'un besoin, qui sont les aspects sous lesquels est surtout éprouvée cette irruption de la nature. D'où les nombreux rêves où il s'agit d'un train qui fonce sur le rêveur dans une atmosphère ténébreuse, de monstres qui veulent le dévorer, etc. ; tout semble donner à croire que le jeune moi à peine constitué est déjà appelé à disparaître dans les profondeurs de l'inconscient.

Le renforcement des impulsions instinctives se fait parallèlement à une prise de conscience progressive, celle qui accompagne l'intelligence pratique des choses, c'est-à-dire des nombreuses possibilités et manifestations de la vie courante. Cette tendance de la conscience se reconnaît également dans les rêves. Le rêveur se situe lui-même entre les puissances de la lumière et celles, obscures, de sa sexualité qui tend à monter au jour. Les exigences de cette dernière peuvent s'exprimer au moyen de symboles qui ont été de tout temps clairement interprétés. Il est d'ailleurs significatif que le premier rêve soumis à une interprétation poussée par Freud ait été le rêve sexuel d'une jeune femme. Freud l'intitulait : « Irma et son injection ». De tels rêves dont l'interprétation ne pose pas de problèmes sont fréquents chez des jeunes filles ; mais ils ne sont ordinairement pas livrés au cours d'un traitement médical. Le rêve suivant a été fait par une jeune fille au moment où celle-ci passait du stade de l'enfance à celui de la maturité sexuelle : elle jouait sur une belle prairie verte. Une tour s'élève avec une plate-forme sur laquelle jouent des garçons. Un beau bateau brun s'approche de la côte. Un monsieur d'un certain âge, très gentil, que la rêveuse connaissait, fait allusion aux nombreux animaux en peluche de l'époque d'enfance de la jeune personne. Elle-même doit inventer un cri de guerre. L'interprétation est aisée : les côtés masculin et féminin sont représentés par la tour et le bateau. Le monde des impulsions est encore présenté sous forme de jouets, il n'est pas encore actif. Mais ce qui en elle est vieux et expérimenté y fait allusion. Par contre, il lui incombe de trouver l'expression exacte dans la lutte avec les puissances qui vont bientôt s'éveiller (le cri). Alors les animaux en peluche perdront leur caractère inoffensif !

Très fréquemment, jeunes hommes et jeunes filles rêvent de serpents ; mais la signification n'est pas tout à fait la même pour les uns et les autres. Chez le jeune homme, le serpent est en même temps le symbole de son propre organe. En tout cas, dans la période pubertaire le serpent a une signification sexuelle. Dans les rêves de l'adolescent et encore pendant les années qui suivent, la puissance virile et le désir obscur et inexorable traversent les pacages de l'inconscient sous forme de taureau solitaire, de troupeau de bœufs ou de buffles. Le jeune individu doit souvent manger des fruits dont la forme phallique indique bien ce dont il s'agit. Il peut aussi s'agir de petits pains qui ont depuis toujours reproduit les organes mâle et femelle. Les rêves d'incendie sont également fréquents. Ils signifient ce qu'il y a d'agressif, de dévorant, mais également ce qu'il y a de chaud et de communicatif dans les sentiments nouveaux de l'amour. Certains font des rêves où ils se sentent mis à l'écart, d'autres ont à dompter des chevaux, ou doivent traverser des rivières ou des fleuves. La transition entre l'enfance et l'état d'adulte est parfois particulièrement soulignée par un habillement original ou insuffisant.

L'opposition entre les exigences de la nature et celles de la société crée naturellement beaucoup de troubles et de tourments que les rêves de puberté expriment clairement. Mais ils manifestent aussi la tentative par le psychisme de surmonter ces oppositions, bien que l'accent porte surtout sur les buts naturels que le jeune individu devra atteindre. Sa conscience élargie s'emploiera, par voie de compensation, à mettre ces forces récemment acquises au service d'un perfectionnement personnel et de relations humaines plus intenses. Les petits rêves de cette période témoignent de cet effort.

Les rêves de puberté s'expliquent par eux-mêmes. Ils n'ont normalement pas besoin d'être interprétés.

Rêves d'individuation

Dans la littérature et la pratique de la psychologie complexe, le phénomène de l'individuation et ses rêves jouent un rôle des plus important. Comme nous devons renoncer à présenter cette psychologie et son problème central ici indiqué, nous ferons uniquement les remarques suivantes concernant ces rêves. Il est apparemment un fait psychologique que l'individu ayant dépassé le milieu de son existence retire peu à peu les énergies investies dans le monde extérieur pour les mettre au service d'un processus psychique qui a pour but de développer la personnalité pour en faire une totalité. « L'individuation a pour but de faire de l'homme un être unique et authentique, c'est-à-dire une individualité ; et si par individualité nous entendons notre ultime, notre incomparable unicité, celle qui nous est la plus intime, son but est de faire de l'homme son propre soi » (Jung). Il y a par conséquent chez les êtres d'une certaine densité vitale la tendance à se concentrer, à se trouver, à être ce qu'ils sont vraiment, à vivre pleinement à partir de leur intérieur. Nous avons le sentiment — l'expérience religieuse et celle de la psychologie de l'inconscient le confirment — qu'il y a en nous une personnalité qui règne comme une force à la fois préformée et dynamique ; elle ne naît pas dans le moi, elle n'est pas englobée mais englobe plutôt celui-ci. On ne peut parler de ce maître qui nous domine de l'intérieur qu'en termes allégoriques ; c'est ce que font les rêves. Après que l'homme mûri ait assez expérimenté le monde extérieur, après qu'il l'ait dans une certaine mesure formé au niveau de son propre entourage par sa volonté et après y avoir pris conscience, le chemin de ce milieu intérieur constitue par conséquent une rencontre avec soi-même. Mais avant que cette rencontre puisse avoir lieu, l'homme apprend à connaître les composantes de sa personnalité, les figures symboliques qui incarnent les attitudes et les forces de l'âme. Une analyse des rêves scrupuleusement menée, et s'étendant sur une assez longue période avec l'aide d'un interprète expérimenté, permettra seule de donner les explications nécessaires à la compréhension de ces figures.

Dans une première région, il s'agit de figures symboliques de même sexe qui ont le plus souvent un caractère mineur. Réunis dans le concept d'*ombre*, ils feront l'objet d'explications dans le catalogue des symboles et dans le chapitre « L'interprétation sur le plan subjectif ». (L'auteur a traité plus amplement le problème de l'ombre dans son ouvrage *Lebenskonflikte* [*Les conflits de l'existence*] ; de même d'ailleurs pour les figures symboliques des régions suivantes.) Au niveau de cette « ombre », l'homme placé sous le signe de l'individuation acquiert la véritable relation avec la sombre altérité qui est en lui et qui a volontiers été passée sous silence.

En pénétrant plus avant l'espace psychique, on rencontre les forces sexuelles opposées, désignées sous le vocable *anima* chez l'homme et *animus* chez la femme. Si, dans un rêve d'individuation, l'*anima* prend chez l'homme la figure de la belle jeune fille, de la femme douce ou rebelle, de la mère, de la sorcière, de la prostituée ou de la déesse, les figures de l'*animus* dans le psychisme féminin se présentent par contre sous l'aspect d'hommes qui appartiennent à tous les niveaux de la nature et de la civilisation, personnifiant toujours ce qu'il y a *encore* dans la femme. À une nature plutôt polygame de l'homme correspond une attitude inconsciente plus volontiers monogame ; l'*anima* est presque toujours unique, tout au plus se présente-t-elle sous un aspect sombre ou sous un aspect clair. La nature consciemment plus monogame de la femme trouve son complément dans la variété de ses rêves masculins. Le lecteur rencontrera ces personnages dans les exemples cités au cours de cet ouvrage. La figure du sage est rare, par contre celle de la grande mère terrestre se rencontre plus fréquemment, tous deux habitant des régions encore plus profondes de l'inconscient.

L'incessant processus d'individuation, qui est la maturation de la personnalité, est représenté par l'image de la grande migration ou encore par celle du procédé alchimique ; nous fournirons ultérieurement des documents à ce sujet. Dans les rêves qui s'y rapportent apparaissent des symboles qui ne possèdent plus de rapport conscient avec la vie du rêveur. Ils font d'une façon tout à fait autonome allusion à son évolution intérieure actionnée par une force centripète. Ce centre que l'évolution essaie d'atteindre peut être représenté dans les rêves comme le centre d'un jardin clôturé ; c'est alors souvent un arbre, l'arbre de la vie, ou une source qui coule dans les quatre directions. Parfois même c'est une magnifique fleur que les Chinois appellent la « fleur d'or ». Cette entité, ce « centre », peut aussi être figurée par une tour, un château, une ville céleste. Elle peut même se présenter sous forme d'un bâtiment central situé sur une île qui surgit de l'immense océan de l'inconscient collectif. Le chemin qui y mène, ce « retour » au sens propre du mot, n'est pas sans difficultés. Le héros, cette personnalité dirigée qui est en nous, doit souvent surmonter de grands dangers. Il descend aux enfers comme Dante, dont la *Divina Commedia* est un poème de l'individuation, il traverse la mer nocturne de l'inconscient conduit par un ami, un sage ou une figure *anima*. Dans l'œuvre de Dante, ce sont Virgile et Béatrice qui accompagnent le poète. Partant d'une situation de vie consciente mais de plus en plus restreinte, on doit atteindre l'autre rive. Mais le passage au milieu de l'âme est étroit, et tous n'arrivent pas jusqu'à ce lieu intime.

Le rêve suivant, d'un homme occupant une haute situation, contient toute une série de symboles d'individuation. Même le lecteur non initié en sentira toute l'importance pour le rêveur : avec un ancien camarade d'école depuis lors devenu une personnalité connue, le rêveur monte vers le château qui domine si merveilleusement sa ville natale. Arrivés à mi-hauteur, les deux amis se voient tout d'un coup placés sur une piste étroite au pied d'un rocher abrupt. À leurs pieds s'étend soudain une immense mer. Le chemin ne continue plus. Mais eux veulent et doivent arriver au château. Le seul escalier qui y mène se trouve sur l'autre versant de la montagne. Il leur faut par conséquent contourner celle-ci. L'ami se précipite dans les flots et commence à faire le tour de la montagne en nageant avec énergie et calme. Le rêveur le suit dans son uniforme d'officier supérieur. Il sent alors tout d'un coup qu'il va perdre ses éperons et les prend à la main. Ils arrivent enfin à cet escalier étroit, tout trempés. Ils se reposent un instant sur les marches qui mènent au château, le « Repos de la Montagne ». Le rêveur se tourne vers son ami, mais celui-ci a disparu. Lui-même est mouillé comme un nouveau-né.

Rêves de mort

Ce ne sont pas des personnes bien portantes qui ont des rêves de mort, c'est-à-dire qui rêvent de morts ou de la mort en général, mais des personnes gravement malades dont l'état s'est approché de celui de la mort. Dans de telles circonstances de crise, l'inconscient monte des profondeurs en vagues puissantes. Ce sont des souvenirs de jeunesse, des choses depuis longtemps oubliées et enterrées ; ceux qui apprennent qu'ils ont de justesse échappé à la mort dans un accident entendent souvent alors une musique merveilleuse. Ce peut aussi être une lumière exagérée qui inonde étrangement le malade, ou encore de grandes silhouettes qui stationnent devant la porte ; certains entendent des voix. Le présent et le passé se fondent en un tout nouveau. Il y a des aspects qui ressemblent à ceux des rêves de fiévreux, mais en plus grand, plus important, plus déterminé.

Quand un ami allemand vint rendre visite à Gottfried Keller peu de semaines avant la mort de celui-ci, le mourant lui raconta comment « deux chevaliers aux armures d'or magnifiquement forgées se tenaient toute la nuit immobiles devant le buffet entre les deux fenêtres et ne cessaient de le regarder »... Il revenait toujours à cette apparition au cours de la conversation et parlait sans cesse de cet état merveilleux.

Lorsque la conscience est menacée de dissolution, il y a beaucoup d'yeux qui regardent le moribond. On est tenté d'évoquer les mille yeux du dieu Siva qui représente la multiplicité de la vie.

Il est souvent fait allusion à une étrange silhouette qui se tient près de la porte ou dans un coin de la pièce pendant que les images des souvenirs traversent celle-ci. On appelle cet étranger Mongol, ou Tibétain : c'est parfois aussi un homme de peau foncée à la face immobile qui sous des cheveux d'un noir profond nous regarde fixement ; quelques-uns voient même sur sa tête une parure sacerdotale. Il n'est ni vieux ni jeune et on peut l'interpréter comme étant l'incarnation de la perpétuelle vie terrestre, la nature humaine préformée, indifférente à la vie et à la mort, se tenant toutefois au chevet du mourant avec une certaine noblesse. Parfois même cette figure est désignée comme le grand « médecin des yeux ».

De grands paysages, des éclaircies traversant de

sombres et sauvages rochers s'ouvrent au malade, il entend des voix venant de profondeurs jamais entrevues, voit de magnifiques châteaux sur des montagnes brillamment éclairées ; quelqu'un l'exhorte à passer un fleuve ou une mer, figure qui a probablement donné lieu à celle de Charon.

S'il faut en croire ceux qui ont frôlé la mort, les rêves de mort sont terribles aussi bien que merveilleux et, à mesure que la fin approche, ils acquièrent même une « beauté supra-terrestre », selon l'expression de certains. Il semble que des images grandioses conduisent le mourant dans cette autre vie dont la mort physique est l'amère condition.

De tous les rêves faits par de grands malades que l'auteur a connus, en voici un qui est d'une incontestable beauté. Après cinq jours de crise, voici ce que le rêveur a noté : « Les cinq jours étaient un flot d'images grandioses. Je me trouvais sur un étroit sentier qui se faufilait entre des montagnes sauvages d'un bleu foncé. J'étais fréquemment obligé d'enjamber le bord d'un haut plateau et de descendre le verseau abrupt pour passer le précipice pas à pas. Puis je me retrouvais dans un paysage automnal. Sur des fleuves descendant vers le sud se trouvaient d'antiques ponts hautement cintrés. Tout d'un coup je suis au bord de la mer et vois le soleil rougeoyant descendre vers moi. Entre cette énorme boule et moi se trouvent de fines plantes vertes ayant des fleurs rouge tendre.

« Je me trouve sur une plage, à un endroit que je connais bien, de grands poissons se dressent dans l'eau et penchent leur tête sur la digue ; sans cesse ils remontent en mouvements brusques comme s'ils voulaient m'attraper.

« Puis je me trouve de nouveau au bord d'une rivière, en automne. Une magnifique vache ou biche bleuâtre sort la tête d'un rocher par-dessus des arbres dorés et tend le cou vers l'eau, boit lentement, puis le cou et la tête rentrent dans le rocher. Je dis en rêve :

voilà la vache des rochers ! Sortant d'une belle terre brune et grumeleuse, je vois s'élever la tête et le dos puissants d'un énorme éléphant. Sur les endroits de sa peau bleu acier qui sont restés libres, il ne reste pas une miette de terre. Je suis dans le paysage d'un grand parc. Sortant des fleurs et des branches, des yeux me regardent fixement et avec indifférence. Sur la paroi d'un rocher se dessine le visage mort d'une femme dont la beauté est saisissante, et qui me regarde par-dessus la rivière. C'est probablement le visage d'une femme aimée et morte, mais ici elle est blonde et son visage couleur de marbre doré.

« Je me trouve au milieu d'une grande enceinte et dans un coin de celle-ci se tient le Mongol, immobile, avec ses épaules puissantes. Sa face est jaune terre, et au-dessus, une calotte de cheveux noirs se termine nette et droite dans le front. Ses yeux gris et cruels sont surmontés de sourcils en forme de faucille. Il disparaît ; puis à nouveau sur les animaux et les plantes, des yeux me regardent ; chaque pavé de la rue porte un œil. Cela dure trois jours. J'ai l'impression de devenir fou. Je m'écrie alors : "Assez !" À ce moment je me trouve dans une belle salle. Au-dessus de moi s'étend un plafond clair avec des dessins bruns de graffite ; l'orientation des lignes est dirigée vers le centre du plafond où rayonne alors un seul œil immense d'un bleu-violet, froid et tout de même cordial, sérieux mais aussi gai, l'œil d'un dieu ou d'une vierge. Puis cette fantasmagorie prit fin ; c'était aussi la fin de la crise. »

CHAPITRE V

Rêves favorables et rêves défavorables

Jakob Burckhardt remarque dans son célèbre traité *Glück und Unglück in der Weltgeschichte* : « Notre profond amour de nous-mêmes, ridicule au plus haut point, fait que nous considérons comme heureuses les époques qui ont une quelconque ressemblance avec notre être. Il nous fait admirer les forces et les hommes dont l'activité semble être à la base de notre existence et de notre relatif bien-être, tout comme si le monde et son histoire n'étaient là que pour nous. Car chacun considère son temps comme l'accomplissement de tous les temps et non comme une époque succédant à d'autres époques. Tout ce qui dans ce monde est particulier... y compris notre propre personne, n'a pas de but en soi, mais existe eu égard à tout le passé et à tout l'avenir. »

Partant d'une telle conception, nous poserons la question du rêve favorable et du rêve défavorable. Car le rêve également n'existe pas seulement pour notre bien-être momentané, il n'est pas l'expression nécessaire d'un moi satisfait et assuré dans son existence. Il s'agit beaucoup plus de l'épanouissement d'un tout dans lequel est contenu le destin de l'homme et de la communauté pour laquelle il est en partie responsable.

Dans la pratique de l'interprétation, à peine le rêveur a-t-il terminé le récit de son rêve qu'il pose déjà la question : « Est-ce que c'est un rêve favorable ou un rêve défavorable ? » S'appuyant sur un détail quelconque, le rêveur émet un jugement qui ne peut d'ailleurs ressortir que d'une série de rêves et affirme selon son humeur avoir eu un rêve heureux ou un de ceux qui d'habitude lui annoncent un malheur. Il fera volontiers le rapprochement entre « bonheur » et « favorable », « malheur » et « défavorable ». Tout le monde ne semble pas pouvoir se rendre compte que le bonheur est le sentiment d'un état, alors que « favorable » est une indication, une orientation vers un but précieux. La question du rêve favorable ou défavorable a de trop profondes racines pour ne pas refléter l'angoisse de l'homme, le sentiment qu'il a d'être sous la coupe d'une fatalité. Même celui qui prétend, à tort, que sa vie est son œuvre personnelle cherchera secrètement à soulever un peu le voile de l'avenir. Car nous croyons avoir droit au bonheur ; c'est la raison pour laquelle nous ne cessons de guetter les symptômes du malheur. Certains acceptent de bonne foi les oracles qui révèlent le plan de la vie et de l'avenir. Il peut alors arriver — on ne sait pas exactement comment — que la manipulation de ces oracles permette d'avoir des vues surprenantes de certains aspects naissants de la destinée individuelle.

On ne peut pas trop en vouloir à l'homme, ce grand persécuté, lorsque, ne dominant jamais qu'un cercle restreint d'événements, et en des temps où la confiance en une bonne étoile menace de l'abandonner, il se tourne angoissé vers tout ce qui est oracle, aussi mince, aussi menu soit-il. Car il est difficile de faire accepter ce grand mot divin : « Mes pensées ne sont pas vos pensées, et mon chemin n'est pas votre chemin. » Alors le rêve, lui, ne sert que trop souvent d'oracle ; et les

ouvrages sur les rêves sont recherchés pour cette raison. Notre livre également ne manquera pas d'être
utilisé dans ce sens. La large diffusion de petits traités
tout à fait élémentaires concernant l'interprétation
des rêves repose sur le fait que chaque symbole,
chaque élément de rêve cité, reçoit au préalable une
signification positive ou négative, qu'il est par conséquent favorable ou défavorable dans un sens absolu.
La polyvalence, c'est-à-dire la très importante constatation que par exemple ce qui permet un destin pro-
pice à l'un peut être un signe fatal pour un autre,
autrement dit la signification individuelle des éléments de rêve, est totalement ignorée. D'après ces
livres, il n'existe que de bons ou de mauvais rêves.
Une telle attitude vis-à-vis de l'existence est très égo-
centrique et sacrifie à une conception du monde qui
ne connaît que le noir et le blanc.

Mais on ne serait évidemment jamais parvenu à
une classification aussi superficielle s'il n'y avait en
réalité certains symboles dont le contenu ne pouvait
donner lieu qu'à une interprétation qui tienne compte
avant tout de leur sens favorable ou défavorable. Il y
a des symboles dans lesquels se sont concentrées de
sombres expériences humaines. L'apparition de ces
symboles indique que cette sombre atmosphère, cette
effrayante constellation est à nouveau actuelle. D'un
autre côté, il existe toute une gamme de symboles qui
manifestement indiquent, font allusion à la bonne
nouvelle, à la puissante persévérance, aux jours heureux de l'avenir. Mais ceci ne nous dispense pas d'étudier les aspects particuliers et multiples de la nature
du psychisme avant de commencer l'interprétation de
rêves entiers.

L'observateur sérieux et consciencieux, et aussi
celui qui vient trouver un interprète expérimenté parce
qu'il veut réaliser une meilleure adaptation à la vie,
ne devront pas rechercher dans les rêves des prédic-
tions toutes faites mais au contraire la réalité d'une

situation psychique actuelle, avec toutes ses conséquences. Cette réalité interne regorge peut-être de
possibilités nouvelles comme elle peut se montrer
vide et pauvre d'espoirs.

Mais il faut savoir que de telles indications ne
couvrent jamais qu'une période déterminée, peut-être
très courte de notre vie. Seuls les grands rêves sont
capables de se prononcer sur de grandes périodes.

Il peut arriver qu'à plusieurs reprises le rêve dise
« non » à un projet qui nous tient particulièrement à
cœur. Il le fera jusqu'à ce que nous soyons devenus
indécis, jusqu'à ce que nous commencions à pressentir les difficultés dans lesquelles nous étions en train
de nous précipiter avec obstination. Est-ce alors un
rêve favorable ou un rêve défavorable ? Il est évidemment désagréable, nous n'en voulons pas ; pourtant c'est un rêve qui nous est favorable.

Nous arborons une joie prématurée et résolue — et
le rêve apportera le cri plaintif de tout ce que nous
avons sacrifié et condamné au nom de cette joie
consciente. Ce rêve aussi aura pour nous une résonance désagréable. Au cours de notre existence, il
arrive que nous hésitions au moment de prendre une
décision importante, nous reculions devant la nouveauté et l'effort ; mais le rêve nous montrera qu'il y
a en nous une petite route étroite et sûre qui monte
lentement. Celui qui est oisif et embarrassé trouvera
dans un rêve favorable un sens à sa vie et la consolation qui lui manquait. Mais quelles faveurs ne
semblent pas nous refuser les rêves qui encouragent à
supporter une relation avec notre conjoint ou notre
partenaire professionnel, nous qui souffrons déjà tant
de toutes ces difficultés, et qui nous dépeignent l'en-
durance comme la seule et la meilleure conduite à
tenir en ce moment-ci !

Le rêve ne nous cache pas le début d'une période
de souffrance qui aura une certaine durée ; l'initié ne
manquera pas de reconnaître les signes et les allu-

sions qui l'annoncent. Est-ce qu'un rêveur, dans un pareil cas, pourra parler de rêve favorable ? Il peut très bien se faire que la meilleure solution du moment consiste pour le rêveur en une bonne souffrance qui renforce et élève sa personnalité. La grâce du destin s'annonce pénible lorsqu'en rêve nous découvrons que nous sommes prisonniers, vagabonds solitaires ou même suppliciés ou mourants. De tels messages, auxquels nous disons « oui » avec combien d'hésitation — on se réveille alors parfois le visage baigné de larmes —, permettent de nous adapter consciemment à ces périodes de transformations internes et douloureuses. Nous acceptons ce qui est inéluctable, et nous prêtons à la destinée nos forces conscientes afin de nous affranchir des déchirements et des tiraillements provoqués par le conflit des grandes intentions du « soi » et l'inlassable et passionnée recherche de bonheur du moi. Dans le *Baghavadgita*, la psychologie inhérente à la vieille culture hindoue s'exprime de la manière suivante : « Ce qui est conforme au Karma — la destinée psychique — tout au long des réincarnations, me porte bonheur. »

Nous avons une excellente occasion d'élargir notre personnalité en regardant de près les contenus qu'apporte l'inconscient et en nous laissant pénétrer de leur vie cachée. Si nous ne le faisons pas, nous perdons un bénéfice. C'est ce que n'a pas voulu comprendre cet homme qui en rêve était continuellement poursuivi par de grandes poupées qui voulaient le rejoindre. Il les a jetées à l'eau ; comme elles revenaient, il essaya de se cacher, mais en vain ; puis il les jeta par-dessus un mur, dans un ravin, sans parvenir à les éliminer. Par contre, alors, elles le quittaient. C'étaient ses propres forces psychiques travesties qui se montraient à lui et qui demandaient à ce qu'il les fît participer à la vie. Cet homme s'est volontairement frustré d'une partie de sa personnalité dont l'inconscient est beaucoup plus large que son moi craintif et vertueux. Ce n'est pas le rêve qui est ici défavorable, mais bien le comportement de l'homme dans le rêve. Ce comportement dénote une dangereuse aversion pour des forces vitales qui auraient dû lui profiter.

Le but que nous poursuivons en nous occupant de ce qui peut être défini par « favorable » et « défavorable » ne sera par conséquent que la bonne attitude psychologique à observer vis-à-vis du tableau clair ou sombre annoncé par le rêve, vis-à-vis de ce qui en nous est prêt à s'épanouir ou de ce qui, en une période de misère intérieure, n'est plus que détresse et solitude.

Les rêves nous parlent d'une telle détresse lorsqu'ils nous montrent un arbre cassé, des plats sans nourriture, des récipients sans boisson ; c'est un puits qui est desséché, on risque de s'enfoncer dans la boue, le chemin s'arrête, la neige commence à tomber interminablement. La situation est grave lorsqu'un enfant inconnu meurt, lorsque nous perdons un bras, une main ou un pied, lorsque les animaux en nous sont battus et détruits, lorsque nous sommes en fuite et n'osons pas faire face à celui qui nous poursuit. La troisième partie de notre livre renferme une série de symboles dont le caractère est nettement négatif.

Mais chacun sait par expérience que les temps les plus durs ont une fin. L'école du destin, avec ses examens de passage si décourageants, nous quitte. On respire ; les énergies qui s'étaient désespérément attachées à vaincre les conflits sont libérées et nous reviennent. Ce sont les rêves favorables qui annoncent un tel changement, à un moment où nous avons l'impression d'être encore en pleine période de tourments. Mais en rêve une porte s'est ouverte, des lits de fleuves desséchés s'emplissent d'eau, des fontaines s'animent, nous avons à nouveau du pain et d'autres aliments, une guerre se termine, un immeuble neuf sort de terre, les jardins s'emplissent de fleurs, etc. Nous pouvons même avoir découvert un trésor à un endroit invraisemblable, nous trouver au début d'un escalier ou voir un enfant qui marche devant nous — toute une série de symboles de renouvellement, de renaissance.

Mais les rêves qui apparemment ne relatent que des difficultés ne sont pas tout à fait défavorables si leur fin contient une certaine solution ou du moins une ébauche de, solution. Leur dernier acte ne s'ouvre pas sur la monotonie, le désespoir ou l'horreur. Et même, il y a solution lorsque le rêveur s'arrache à la terreur par un cri et se sauve dans l'éveil. Ou bien le rêve contient déjà un principe conducteur sous la forme d'un ami qui est à nos côtés, d'un sage dont le visage apparaît vaguement, d'une trace découverte en pleine forêt ou d'un endroit de la montagne où notre pied peut enfin se poser. Il y a enfin salut s'il nous est donné en rêve de lutter contre l'épouvantable. Car il est important que le rêveur éprouve cet aspect horrible comme le concernant également. S'il reste totalement passif en face des événements, il se produit alors une catastrophe en lui à laquelle il ne pourra pas remédier.

Il y a des gens qui n'osent pas s'endormir parce qu'ils craignent des rêves qui reviennent sans cesse les martyriser. L'âme ne cesse de leur montrer le tableau de leur vie erronée, et sans issue, mais ils n'arrivent pas à en saisir le sens et sont profondément tourmentés par toutes ces horreurs. Celui qui craint ses propres rêves fera bien de les raconter à un interprète expérimenté ; et lorsqu'en sa présence il parcourra leur champ effrayant, lorsque dans l'interprétation il pourra les rattacher à la conscience et libérer les forces emprisonnées dans ces images, de faible et tremblant qu'il était, il parviendra à une certaine puissance qui lui permettra de manier ses propres démons. Il y a vraiment des rêves très défavorables qui non seulement annoncent des difficultés insurmontables, mais même l'impossibilité d'une transformation dans la destinée du rêveur. Mais ils sont plus rares qu'on a tendance à le croire. Si un lecteur inquiet et méfiant pense que c'est son cas, il se trompe probablement car la vie est plus créatrice, la grâce divine plus grande que ne le pourraient concevoir le cœur le plus aigri, le plus angoissé, et le cerveau le plus sceptique. La puissance de l'existence va bien au-delà du destin et de son cours particulier qui ne sont probablement qu'une phase dans un ensemble beaucoup plus important. Mais cette phase présente, les rêves la dépeignent souvent comme largement défavorable ; il ne semble pas qu'il puisse y avoir guérison ; et pourtant lorsque de tels rêves se répètent, ils contiennent déjà le germe d'une vie nouvelle.

Néanmoins, il y a des rêves vraiment défavorables. Ils sont à tel point chargés de malheur — d'ailleurs ils ne s'expriment jamais par des symboles funèbres — que l'interprète à qui on les raconte préfère se taire. Il doit le faire s'il ne peut pas compter sur une maturation suffisante du rêveur dont le manque de courage et de compréhension l'empêcherait de supporter une peine aussi grave. Mais il est évident qu'on doit se garder de tirer des conclusions aussi noires à partir d'un seul rêve. Ce qui importe si on veut se faire une opinion, c'est de constater si tout au long d'une série de rêves il n'existe pas une dénivellation positive, une ébauche de solution.

Voici, raconté par une femme, un rêve nettement défavorable qui annonce souffrance et inhibition pour les mois à venir : « J'arrive trop tard au départ de mon train, je le vois partir ; j'essaie alors de sauter sur le marchepied du dernier wagon et arrive sur la première marche. Mais la vitesse du train est déjà si élevée que je sens me manquer l'équilibre nécessaire pour parvenir à la marche supérieure. À ce moment-là le conducteur arrive et veut m'aider, mais je tombe si malencontreusement que les roues me coupent les deux jambes. »

La rêveuse est tombée sous les roues de la vie. Elle

a perdu les jambes, ce qui veut dire qu'elle ne pourra de sitôt reprendre ses activités. Mais il n'est pas exclu que d'ici quelques mois elle revienne guérie avec des rêves qui parlent d'un premier voyage heureux. Voici par contre un rêve plus favorable : « [...] puis il fallait tout à coup que je prenne le train. Je savais l'heure à laquelle il partait et tenais absolument à ne pas le manquer. Mais j'étais étonnée d'avoir d'abord à grimper une côte puis à dévaler la pente opposée. Je courais de plus en plus, préoccupée par la pensée de prendre le train. Lorsque j'arrivai en haut, je me rendis compte que je n'avais pas mon sac à main, ce qui m'obligeait à revenir malgré le retard que cela occasionnerait. Mais tout à coup je me trouvai en bas, dans la petite station, toute rayonnante de savoir que le train allait entrer en gare. Je n'étais donc pas arrivée en retard. Combien j'étais heureuse ! »

Ce n'est pas sans une certaine émotion qu'on apprend dans les rêves de petits enfants l'avenir particulièrement pénible que le destin leur réserve. C. G. Jung de même que F. G. Wickes ont fait quelques communications à ce sujet. Il n'est pas besoin de commenter le fait que ces rêves ne devront pas faire l'objet d'une discussion avec l'enfant. Mais, chez l'enfant aussi, ces rêves annonciateurs de malheur sont rares. On observera alors de graves désordres dans le développement de l'individu avec la puberté naissante. D'ailleurs les conflits en général sont annoncés longtemps avant qu'ils ne deviennent effectifs, au moyen du langage symbolique. Souvent toute une vie de peines et de misères s'annonce dans un seul grand rêve d'enfant qui se reconnaît à son tracé général et à sa sombre atmosphère.

Il a souvent été utile qu'un interprète averti donne certains conseils aux parents pour améliorer l'évolution de l'enfant. Car il ne faut pas oublier que de grands et pénibles rêves d'enfant, respirant l'angoisse et semblant être totalement défavorables, reflètent le plus souvent les conflits parentaux. Si les parents se mettent à résoudre le plus convenablement possible leur propre antagonisme, il est certain que les enfants seront libérés de ces rêves défavorables.

DEUXIÈME PARTIE

L'interprétation des rêves

INTRODUCTION

Les hommes ont toujours essayé de deviner le sujet de leurs rêves, leur signification. Ils ont toujours fait preuve d'une compréhension intuitive mais étaient incapables d'expliquer convenablement ce sur quoi celle-ci fondait son mode de connaissance. Pourtant même celui qui n'a pas acquis l'art d'interpréter les rêves en a retiré et en retire un bénéfice.

Il suffit de pressentir un sens, d'en trouver une indication esquissée, pour regarder le rêve comme un phénomène digne d'attention. Mais les moyens manqueront pour approfondir, pour préciser le sens pressenti. Le danger, pour l'amateur, est avant tout celui de prendre son rêve *au mot*, comme s'il donnait des indications claires au sujet d'événements réels ; ainsi il pensera que le voyage du rêve prédit réellement un voyage, que l'accident se réalisera vraiment, ou que n'importe quel petit épisode onirique se transformera bientôt en événement authentique. On peut penser à ce qu'a dit le sociologue Lévy-Bruhl au sujet d'une tribu d'Indiens. Ceux-ci regardent comme un ordre impérieux le fait de réaliser jusque dans les moindres détails le contenu de leurs rêves. S'ils ne le faisaient pas, l'esprit protecteur de la tribu, qui est à l'origine de ces rêves, pourrait se sentir offensé et songer à appliquer des punitions mortelles. On sait également que certains malades mentaux sont obsédés par l'idée de mettre en pratique leurs fantaisies morbides, même si elles sont criminelles.

Celui qui n'est ni sauvage ni fou utilisera ses rêves d'une manière plus paisible. Pourtant, en opérant souvent toutes sortes de petites modifications, il donnera au rêve la signification qu'il lui plaît de lui donner sur le moment. Il l'interprétera dans le sens de ses désirs, de ses craintes et de ses intentions. Mais les rêves sont presque toujours d'une tout autre inspiration, ils parlent de choses dont on est loin de se douter et conduisent à un monde intérieur pratiquement insoupçonné.

Aujourd'hui beaucoup de gens ont la certitude que leurs rêves sont capables de leur indiquer beaucoup de choses. Ils s'efforcent de comprendre leur langage non seulement dans les grandes lignes, mais même dans les plus petits détails ; pourtant il leur manque le plus souvent l'indispensable connaissance des principales données psychologiques.

Chaque époque de la civilisation humaine possède sa propre façon de concevoir les phénomènes de la vie, phénomènes auxquels appartient également le rêve. La valeur accordée au rêve et à son interprétation dépend essentiellement de la manière dont sont appréciés les phénomènes psychiques en général. Là où l'inconscient a la prééminence devant une conscience encore embryonnaire, comme chez les peuplades primitives, le rêve nocturne peut représenter une réalité plus grande et plus puissante que les événements du jour. Lorsque la nuit et le jour sont équivalents, les phénomènes conscients et inconscients, c'est-à-dire aussi le rêve, ont des droits analogues.

Dans la haute Antiquité, les rêves, leur narration et leur interprétation jouissaient d'un grand crédit. Il y avait des interprètes de métier. Certains étaient évidemment des charlatans ou des ignorants. Ce qu'on pouvait exiger de ces interprètes, la célèbre histoire du prophète Daniel en donne une idée. Nabuchodonosor, le grand souverain de l'Empire assyrien, demande à ses magiciens qu'ils procèdent à l'interprétation d'un de ses rêves qu'il avait oublié, rêve qui annonçait un malheur. Il exige d'eux qu'ils le ramènent et qu'ils l'interprètent ensuite. Le roi est catégorique parce que ce rêve, comme tous les grands rêves, l'inquiète, le tourmente. Daniel en devine alors le contenu et explique la saisissante image du colosse aux pieds d'argile comme étant l'annonce du déclin du grand empire. La Bible fait encore état de plusieurs rêves qui contiennent un avertissement. Le dévot en comprend le sens et agit d'après le commandement de Dieu qui lui est ainsi parvenu. Un tel commandement a été adressé à Joseph et permit à l'enfant divin d'être emmené en Égypte avant l'arrivée des sbires d'Hérode.

À Rome, chacun pouvait communiquer au sénat un rêve qui lui paraissait être d'importance pour le destin de la patrie. Qui oserait encore faire de telles communications à son gouvernement aujourd'hui ! Pourtant l'on était d'avis autrefois — avec raison croyons-nous — qu'il pouvait également y avoir des rêves destinés à la collectivité dont on fait partie et qui possèdent une signification utile à celle-ci. Remarquons à ce propos que ceux qui ont eu l'occasion, avant et pendant la dernière guerre, de connaître des rêves à contenu politique, étaient en mesure de prévoir de nombreux événements. L'interprétation des rêves d'hommes présidant à la destinée des pays, pendant cette dernière période, était extrêmement significative. Il s'est avéré que les grands de ce monde ne peuvent rester au pouvoir qu'aussi longtemps qu'ils sont portés par l'inconscient des peuples dont l'âme s'exprime également dans les rêves.

Après les conceptions de vie collective propres au Moyen Âge, l'accent vital de la civilisation européenne, depuis la Renaissance jusqu'aux premières décennies du XXe siècle, portait principalement, et en premier lieu, sur le moi. Aux exigences totalitaires de ce moi conscient, ce *cogito ergo sum*, correspondait une aussi radicale dépréciation de l'inconscient. Celui-ci a tenté de se soulever avec le romantisme, soulèvement inefficace parce que seulement esthétique. Plus tard, lorsque culminaient le réalisme et le matérialisme du XIXe siècle, à part quelques esprits digressifs, peu nombreux étaient ceux qui voulaient voir dans le rêve autre chose qu'une réaction dont la base est physio-logique : digestion insuffisante, pression urinaire, impressions auditives, chaleur et même simple changement dans la position du dormeur. Il faut en arriver à Freud qui, utilisant l'expérience de quelques psychiatres de l'époque, réhabilite le rêve en tant qu'auxiliaire du traitement médical. Sa grande œuvre, aboutissant d'ailleurs rapidement à une conception du rêve très unilatérale et dogmatique, est à l'origine du phénomène culturel appelé *psychanalyse*.

CHAPITRE PREMIER

La psychanalyse de Sigmund Freud

Au début de ce siècle, et après une période d'indifférence ou de mépris, les études et la pratique du médecin viennois Sigmund Freud ont de nouveau amené dans le champ de la conscience, comme possédant une valeur psychique, le rêve et l'importance particulière que revêt cette manifestation nocturne. Avant lui, ce domaine se caractérisait par ce que Jung appelle opportunément « la nuit et les ténèbres ». Comme c'est le cas chaque fois qu'un aspect important est ramené de l'inconscient, que ce soit dans un but religieux, artistique, social ou scientifique, l'action de Freud a produit une émotion et un retentissement profonds. Partant de cette nouvelle interprétation du rêve, la vie psychique apparaissait sous un jour nouveau. On découvrait d'autres rapports que Freud a puissamment ramassés sur un plan principal, fondus en une explication clé. Il est évident que beaucoup de ce qui jusqu'ici restait incompris, se trouvait par là recevoir une motivation trop étroite.

Celui qui entreprend de s'occuper sérieusement de la signification et de l'interprétation des rêves ne doit pas omettre de considérer l'œuvre de cet éminent savant, qui a aussi le mérite d'avoir formulé ses découvertes avec force.

En traitant les névroses, c'est-à-dire en partant de la pratique médicale, Freud était amené à considérer le rôle spécial que jouait la vie onirique dans les pensées de ses patients. Son génie reconnut qu'il y avait là une fonction essentielle de la vie psychique, qui se manifestait avec hésitation. Il comprit alors, après un malentendu médical et philosophique de près d'un siècle, que le rêve n'était pas un phénomène physiologique mais plutôt une manifestation d'origine essentiellement psychique.

Avec une énergie presque aveugle, mais digne d'admiration, Freud s'est mis à étudier les rapports du rêve et du destin humain, particulièrement dans les rêves pathologiques, et du rêve en tant qu'apparition psychique universelle. Il vit en lui l'extériorisation la plus évidente du côté de l'âme qui baigne dans l'obscurité. C'est à Freud que l'on doit ce mot souvent cité : « L'interprétation des rêves est en vérité la voie royale pour parvenir à la connaissance de l'âme. »

Sa conception trop simplifiée de la nature humaine, de la structure et des fonctions du conscient et de l'inconscient, lui valut beaucoup de résistances avant de recevoir un succès considérable, et même finalement la désapprobation de ses principaux collaborateurs. Cela tient à l'importance démesurément exagérée qu'il accordait à l'instinct sexuel, à la vue trop particulière, trop arbitraire qu'il se faisait de l'essence du destin humain.

Freud reconnaît dans l'homme avant tout deux tendances puissantes et antagonistes : le *principe de plaisir* et le *principe de réalité*. Mais comme il l'avait déjà souligné, il ne faut pas uniquement entendre par « plaisir » le plaisir sexuel. Dans la pratique thérapeutique toutefois, Freud et son « école » se sont principalement attachés à cet aspect de la question.

Cet appétit de *plaisir* se localise en trois zones érogènes du corps humain à chacune desquelles incombe un rôle particulier au cours du développement. Ainsi le petit enfant, pense Freud, commence par le plaisir érotique de la bouche (le plaisir *oral*) qui se montre clairement dans la manière joyeuse dont le nourrisson suce le sein. Ensuite vient le plaisir *anal*, celui de l'anus, de la défécation, qui a une grande importance chez les enfants et les adultes affectivement arriérés. Enfin le plaisir atteint la zone *génitale* par le fonctionnement naturel des organes sexuels à caractère primaire et secondaire. Il est évident que les rêves traduisent cette envie de plaisir ; mais ils en traduisent tous les aspects, même les plus enfantins, et à tous les âges.

D'après Freud, le *principe de réalité* s'oppose à cette puissante force d'origine interne. Il s'agit d'une sorte d'organe psychique qui réclame l'adaptation à la réalité, à l'ordre moral, et qui travaille sous l'impulsion de l'instinct de conservation. Il exige la renonciation à la partie du plaisir sexuel qui blesserait l'ordre moral par un dépassement de la mesure et mettrait ainsi l'individu en danger. C'est cette limitation du plaisir — toujours d'après Freud — qui en coûterait le plus à l'individu. Il est ainsi jeté dans le conflit où s'opposent son instinct de conservation, la reconnaissance des lois morales universelles et son instinct sexuel illimité.

Cet instinct d'ailleurs possède une orientation particulière. Normalement, le plaisir érotique, d'après la conception psychanalytique que nous ne partageons pas, prend au début la forme d'une vive attirance envers les parents. Le désir du garçon et de la fille est par conséquent fixé au parent de sexe opposé, situation qui chez les névrosés dure jusqu'à l'âge adulte. Ce qui constitue certainement une des dernières préoccupations de l'enfant, à savoir l'amour sexuel, ou une haine camouflée en amour, lui est attribué comme un souci immédiat : le jeune fils a le profond désir de posséder sexuellement la mère et souhaite une mort symbolique du père qui est un obstacle à ce désir. À l'inverse, la petite fille hait la mère qui empêche l'amour avec le père. La constatation courante, selon laquelle, de par la constitution de leurs natures psychiques, les fils ont plus de liens avec la mère et les filles avec le père, donne lieu, dans la pratique thérapeutique freudienne, à des absurdités qui conduisent à une mortelle uniformité.

Freud croyait avoir trouvé une confirmation éclatante de sa théorie dans la légende d'Œdipe, dont voici le saisissant récit : Laïos, roi de Thèbes, et Jocaste, la reine, avertis par un oracle de la mort du roi et du mariage de la reine avec son fils, exposèrent ce dernier dès sa naissance. Mais des bergers le recueillirent et amenèrent l'enfant trouvé à la cour d'un royaume voisin. Il y est élevé sans qu'on s'enquière de son origine. On lui fait la même prédiction, mais dans son erreur, le jeune homme en rapporte actuellement les effets sur ses parents adoptifs. Il les quitte et part en voyage. Arrivé dans un étroit défilé, il rencontre un homme de condition d'un certain âge, avec lequel il commence une vive querelle. Au cours de cette dispute, il est amené à tuer ce dernier qui est en réalité son père Laïos. Rencontrant ensuite le Sphinx, le jeune et intelligent héros résout l'énigme qui lui est posée par cet étrange animal et libère ainsi Thèbes de ce monstre dévorant. La reine, sa mère alors veuve, lui offre sa main en guise de reconnaissance ; l'oracle est de ce fait réalisé. La suite relate avec saisissement les conséquences désastreuses qui suivirent cet événement, aussi bien pour son pays que pour son propre destin.

C'est ce mythe qui apparut à Freud comme le symbole fondamental des relations du fils avec la mère. Mais à notre avis Freud a passé sous silence, a refoulé, pour employer son langage, le motif principal du mythe, c'est-à-dire la question du Sphinx sur l'homme, cet être qui au matin de sa vie marche sur quatre pattes, sur deux pattes à midi et, au soir de sa vie, s'aidant d'une canne, sur trois pattes. Par contre, il fait jouer à la sexualité un rôle de premier plan dans la psychologie des différents âges. Le fils désire sa mère, et dans son inconscient, qui se traduit dans les rêves, il tue son père. Freud — et surtout ses élèves — ont puissamment étayé le motif de l'inceste et en ont fait une théorie. Celle-ci est une des bases fondamentales sur lesquelles Freud fait reposer l'interprétation des rêves. Il surcharge ainsi le problème enfant-parents en faisant des complexes maternel et paternel les complexes principaux, capables de provoquer de grands dérangements dans la vie de l'enfant et des adultes. Un jeune homme normalement élevé a certainement très peu le désir de tuer son père (c'est-à-dire de l'éliminer) et de rester affectivement attaché à la mère : un des premiers dogmes de la psychanalyse a même été de considérer cet attachement comme directement intime. Jung dit : « L'inceste n'existe que pour certains cerveaux. Dans ce domaine, j'ai toujours défendu le point de vue que l'inceste, s'il se rencontre à l'occasion, ne prouve aucunement l'existence d'une tendance généralisée à l'inceste, aussi peu d'ailleurs que les meurtres révèlent une passion génératrice de conflits qui conduirait au meurtre... » Par ailleurs Jung fait remarquer que l'attirance s'exerce plutôt en sens inverse, c'est-à-dire des parents vers leurs enfants qu'ils voient grandir. Le complexe d'Œdipe, mis à la page par Freud, a créé une grande confusion ; il a empoisonné mainte relation de famille normale auparavant.

La sexualité toute-puissante, refoulée dans l'inconscient, cherche alors à se frayer un passage dans le rêve. Ce phénomène forme en quelque sorte la toile de fond même du rêve. C'est pourquoi Freud fait la différence entre le contenu manifeste et le contenu latent. Ce qui est manifeste, c'est le récit onirique, il

constitue ce que Freud appelle la « *façade du rêve* ».
Celui qui ne fait que raconter son rêve en révèle donc
la partie manifeste. Mais celle-ci constitue un substi-
tut déformé de la véritable « pensée du rêve » qui est
inconsciente et répugne à se montrer au grand jour.

Cette déformation, ce camouflage sont nécessaires
pour que le moi ne rencontre pas le véritable contenu
qui est asocial et immoral et dont les appétits puissants s'exercent dans un sens interdit.

C'est grâce à un poste spécial de transformation et
d'adaptation que le rêve doit de paraître en images
décentes et avec des mots relativement convenables.
Entre les deux contenus du rêve, affirme Freud, se
place un relais doué de sens critique. Il empêche que
les contenus de l'inconscient que la conscience estime
et taxe de fâcheux, par exemple les désirs sexuels, les
pensées de vengeance et de mort envers les gens qui
nous gênent, fassent leur apparition dans le champ de
cette conscience. C'est une censure comparable à la
censure de la presse et qui protège avec précaution le
monde des idées et de la volonté contre les exigences
démesurées des impulsions et des désirs incestueux.
Ainsi donc le véritable inconscient, « l'inconscient
effectif », arrive à transparaître dans les rêves et son
contenu est dégagé par le travail d'interprétation de
la méthode psychanalytique, en même temps que la
résistance à la censure est reportée sur le thérapeute.

Nous ne savons jamais au juste si cette censure
freudienne sert les desseins trompeurs et subtils de
l'inconscient qui revêt le masque du rêve manifeste, si
elle est le moralisateur à tout faire de la conscience ou
si, en fin de compte, partie intégrante d'une âme passablement corrompue, elle empoche les pots-de-vin
qui lui viennent des deux côtés !

Mentionnons aussi en passant que le « subconscient »
possède un droit de libre passage de l'inconscient vers
la conscience ; il s'agit des événements quotidiens tom-

bés dans l'oubli, qui peuvent réapparaître autant qu'il ne s'agit pas de souvenirs désagréables.

Rank, qui devint par la suite un des plus rudes adversaires du maître, s'exprimait de la manière suivante : « Le symbole est un moyen d'expression de l'inconscient qui convient particulièrement pour représenter le côté refoulé et le faire admettre par la conscience, aussi bien dans le rêve que dans le mythe. » Dans la conception de Freud également, mais uniquement dans un but de dissimulation et non comme un langage onirique en soi, le rêve « revient sur les étapes de notre développement intellectuel que nous avons depuis longtemps dépassées, fait allusion au langage imagé, aux rapports symboliques, peut-être même à des situations antérieures au développement de notre langage ». Par ses indications et ses recherches, Freud a fait faire de grands pas à l'étude de ces expressions archaïques ; il a donné l'essor à des travaux culturels considérables.

Le rêve, tel que le voit Freud, accomplit un important travail en transformant les désirs en images. Il « condense » la pensée de l'objet désiré et son déroulement interne en un symbole ou une action symbolique, que ce soit un oiseau, un moulin, un serpent ou une maison, une petite boîte ou un sabre — tous ces objets étant des expressions déguisées pour les organes sexuels mâles et femelles et pour leur fonction naturelle. Pour ne pas faire scandale, le désir peut se cacher encore plus profondément dans une histoire très banale, il peut procéder aux déplacements, aux changements les plus invraisemblables et pourtant toujours signifier la même chose.

Dès à présent on peut dire que la conception psychologique que Freud se faisait de l'inconscient et en particulier du rêve prend sa source dans une surestimation de la conscience. D'après cette conception, l'inconscient semble sans cesse se poser la question : « Comment vais-je le dire à mon maître ? » Admettre que le travail nocturne du rêve consiste à exécuter adroitement un illusoire arrangement auquel la censure donne sa bénédiction, n'est-ce pas incroyablement surestimer le moi et son horizon limité ?

Il convient aussi de faire allusion à la conception qui attribue au rêve une fonction hygiénique. À la question de savoir pourquoi le rêve tient tant à camoufler et à atténuer les convoitises de l'inconscient, Freud répond : « Il se met ainsi au service du sommeil. Le rêve calme la fougue des impulsions instinctives qui provoqueraient l'éveil ; il leur crée une issue dans le symbole. Mais comme les cauchemars sont capables d'interrompre le sommeil, il convient de les laisser en dehors de la théorie du désir ainsi généralisée. Ce schéma du désir, qui a son origine dans le langage de la conscience, est alors manifestement insuffisant. »

Pour interpréter le matériel amené dans le rêve, Freud se sert de la *libre association*. Le patient, après avoir raconté le rêve, manifeste, fait part au psychanalyste de tout ce qui lui vient à l'esprit au sujet de ce rêve. La représentation du début, par exemple tel placard où les parents rangeaient leurs outils, devra toujours être présente à la mémoire, bien que ce ne soit pas une obligation. Le patient peut continuer à faire des associations autant qu'il lui plaira. Tous les analystes connaissent les larmes et le vide terrible qui peuvent se produire chez leur client lorsqu'il recherche avec angoisse ce qu'il peut encore avoir à dire ; et ce dernier a l'impression de s'éloigner de plus en plus du véritable objet de sa consultation. On n'est plus seulement à la recherche du contenu du rêve ; on met en même temps à nu toute l'interminable cohorte des complexes. Qui ne risquerait alors de sombrer encore davantage ? et d'autant plus que certains psychanalystes ne parlent pas, laissant le patient se débattre seul avec toutes ces puissances. — Il est évident que, dans ce cas, les complexes ont presque le devoir d'être de nature sexuelle. Le fait qu'ils s'expriment sous forme de fantasmes machiavéliques, de pensées de destruction, le fait que le rêveur cherche alors désespérément à fuir tout ce monde de souffrances pour se rejeter dans le courant contraire du plaisir, c'est-à-dire dans l'*instinct de mort*, ne fera encore que renforcer davantage la détresse du rêve. Mais cette attitude n'est pas obligatoire. Car certains rêveurs acceptent ce qui leur montre la partie instinctive de leur nature ; ils peuvent ainsi parvenir à un rapport meilleur entre cette nature et l'ordre moral qui est celui de leur vie. Peut-être même pressentent-ils que la profondeur obscure qu'ils ont découverte en eux signifie encore autre chose que du sexuel, se rendent-ils compte que les symboles interprétés sexuellement ont probablement aussi un autre sens, symboles dont la polyvalence même est le gage de contenus plus larges.

Lorsque le rêveur en arrive là, il a dépassé la conception trop unilatérale que Freud se faisait de la nature humaine. Mais il reconnaîtra en Freud, si ses écrits lui sont connus, une personnalité absolument intègre, mue par la seule passion du chercheur. Il verra aussi, s'il possède une culture assez vaste pour apercevoir les événements dans leur perspective historique, que le maître ne faisait que traduire une Europe, celle de son époque, au plus haut point érotisée ; il suffisait alors de gratter légèrement la couche qui sépare pour ainsi dire le conscient de l'inconscient pour découvrir une sexualité uniquement acceptée sous condition et par conséquent cachée et indifférenciée. On pensait alors que celle-ci constituait le seul contenu de l'inconscient.

Quand on connaît l'attitude intellectuelle et extravertie qui était celle de l'Europe et de l'Amérique durant le XIXe siècle, on peut essayer de deviner le sens profond du mythe du père et de la mère dans la théorie de Freud. Celle-ci sentait l'excès, dans la civilisation occidentale, de la puissance intellectuelle masculine qui, par compensation, appelait toute la nostalgie, tout le désir d'une vraie nature féminine, au sens large du mot ; et ce désir était très près de la surface des choses. Un courant contraire commença alors à se faire sentir. L'intellectualisme avait desséché l'âme. Celle-ci prépara la révolte contre le père qui avait renoncé à la spiritualité et chercha passionnément un chemin vers les puissances maternelles de la terre. Les rêves de cette époque, dans la perspective des destins individuels, exprimaient ces préoccupations de retour vers la chaleur terrestre. Celui qui savait pénétrer encore plus profondément le langage et les images de ces rêves y découvrait un commencement d'union entre les principes mâle et femelle, les premières indications d'un produit humain supérieur. Le tragique chez Freud est qu'il ne vit pas cette terre promise, cette humanité enfin arrivée à maturité, que nous non plus d'ailleurs n'avons pas atteinte, et qu'il s'en tint uniquement à la parabole sexuelle.

CHAPITRE II

Le rêve dans la psychologie
individuelle d'Adler

Si Freud place la situation érotique au centre de la destinée de l'homme et y rattache aussi les relations avec les membres de la famille, la psychologie d'Alfred Adler reconnaît dans presque tous les agissements de l'individu une affirmation de puissance et la lutte des exigences asociales de son moi. Là où Freud[1] — combien son nom paraît significatif ! — montre l'homme dans le va-et-vient de ses convoitises, Adler[2] — son nom aussi reflète l'essentiel de sa théorie ! — le place dans les vicissitudes de son amour-propre, d'une domination à tout prix, même à celui de la névrose. Si Freud analyse les puissantes fixations érotiques du passé individuel et explique toutes les difficultés d'une façon causale, Adler, non sans l'appui de nombreuses preuves, reconnaît dans l'activité humaine une *finalité*, une orientation vers un but à atteindre. Ce but est et reste pour l'homme le sujet d'un sentiment de supériorité, il a l'impression de « surnager » même alors que la communauté humaine exige son

---

1. En allemand, *Freude*: joie, plaisir. *(N.d.T.)*
2. *Adler*: aigle. *(N.d.T.)*

incorporation. Toutes les autres aspirations, affirme Adler, se rangent à ce but principal, surtout s'il est question de compenser un sentiment d'infériorité qui exige la réalisation de son contraire. Au besoin on « s'arrange » pour créer une situation personnelle désespérée ou une maladie, pour se mettre au centre des préoccupations de son entourage. C'est au moyen d'une « protestation virile », comme l'appelle malencontreusement Adler, méconnaissant en cela la véritable nature masculine, que le névrosé maintient et conserve tout ce qui peut le signaler à l'attention de ceux qui l'entourent, principalement de sa famille.

Aussi bien chez les malades que chez les bienportants, ce savant reconnaît le même « arrangement », pour employer son expression favorite, destiné à mener l'homme dans la situation qui lui donne le plus d'importance. Chaque insuccès est alors fondu dans un tel arrangement et sert à passer sur l'activité quotidienne qui, depuis l'enfance, exige adaptation, modestie et sacrifice personnel. L'individu assujetti au « principe de puissance » ne pèche pas contre la moralité conventionnelle mais contre le sentiment de solidarité. D'après cette conception, qui a surtout une importance pédagogique, la guérison ne peut intervenir qu'en dégageant tous ces désirs de puissance de leurs déguisements tantôt prétentieux, tantôt touchants, en les surmontant par de la compréhension, de la volonté et un sacrifice librement consenti.

Autant les exigences éthiques de l'éducation font de l'homme un être social, autant il apparaît qu'Adler considère les origines de cet homme d'une manière essentiellement négative. Si déjà la conscience sur laquelle porte l'accent principal de cette psychologie se comporte d'une façon assez diminuée, l'inconscient apparaît comme un serviteur encore plus diminué de cette conscience. Car cet inconscient a reçu le rôle un peu équivoque de servir de cachette aux exigences de puissance jusqu'au moment où celles-ci jugent opportun de faire irruption. Pour Adler, l'inconscient aussi est un arrangement, un artifice de la psyché. Le rêve, la manifestation la plus évidente de cet inconscient, se met alors parfaitement au service de ces exigences de puissance.

Nous savons que le rêve peut rappeler à l'homme son insignifiance, la difficulté de ses entreprises, le péril dans lequel il se trouve. D'après notre conception, il donne ainsi à l'homme la possibilité de s'orienter, de trouver un équilibre à la fois interne et externe. Chez Adler, le rêve justifie son existence par le fait que le rêveur trouve avec le récit angoissant qu'il en fait une excuse pour ne pas accomplir la tâche qu'on lui demande, rêve qui lui sert en quelque sorte de bulletin de maladie. La conscience peut alors s'appuyer sur les dires du rêve qui lui recommande de ne rien risquer, de se dépenser le moins possible. Toujours d'après Adler, la tendance de l'individu à éviter la réalité et celle, consécutive, de s'illusionner sur son propre sort sont encore renforcées par les rêves.

« Chaque rêve a l'obligation de créer l'ambiance la plus favorable pour l'accomplissement du but lointain. » Et ailleurs : « On remarque en particulier deux facteurs dans le rêve, ne serait-ce qu'à l'état embryonnaire, qui influencent aussi le rêveur dans sa prise de position vis-à-vis de la réalité : le sentiment de solidarité et l'aspiration à la puissance. » Comme Adler semble sans cesse en avoir fait l'observation dans la pratique, le but naturel de l'homme est la volonté de puissance. « Le rêve, le caractère, la sensation, l'affectivité et le symptôme nerveux sont arrangés » par ce but final. (On nous pardonnera la répétition de l'idée principale en des termes identiques lorsqu'on prendra en considération que de telles répétitions emplissaient des volumes entiers chez Adler.) Parce que le problème de l'auto-affirmation se pose assez précocement, c'est-à-dire dès l'enfance et en particulier dans les relations avec les membres de la famille, le rêve aime à s'exprimer au moyen de situations de jeunesse et fait jouer à l'homme son rôle pas tout à fait honnête dans un décor juvénile.

Finalement, il apparaît qu'Adler a dit peu de choses, et de peu de valeur, sur le rôle du rêve dans la vie psychique en général. L'étroitesse de ses vues concernant le rêve se montre déjà dans l'affirmation selon laquelle « ce qui se trame pendant le sommeil en des formes si particulières dans le monde de nos pensées n'est rien d'autre que le pont qui relie la veille au jour qui suit ».

À la proposition qui affirme que les rêves se mettent au service de la conscience et se réfèrent aux revendications infantiles, il convient d'opposer ce qui a été dit dans d'autres chapitres au sujet du rôle éthique du rêve. Car c'est précisément dans le rêve que les exigences excessives du moi sont réduites, que ce moi doit faire l'aveu de son insignifiance. Le rêve malmène passablement la renommée du moi en montrant toute la foule de ses aspects obscurs. Il juge en audience publique les rengorgements du fat et du vaniteux. Il arrive souvent que l'on soit obligé de dire à ceux qui se sentent offusqués par leurs propres rêves : « C'est vous-même qui avez fait ce rêve. Il semble qu'il y ait également en vous cette autre opinion sur vos activités. » Il est évident que le rêveur ou la rêveuse qui savent tourner à leur avantage un jugement défavorable sont exposés à toutes sortes de dangers lorsqu'ils interprètent eux-mêmes leurs rêves. Il est évident aussi que les rêves ne sont pas responsables des résultats de cette mauvaise interprétation.

Nous ferons suivre cet exposé trop bref de la psychologie adlérienne, ainsi que l'explication incidente qu'elle donne de la fonction du rêve, de l'interprétation d'un rêve de l'Antiquité auquel se réfère Adler pour justifier sa théorie :

« Le poète Simonide, rencontrant un jour sur sa route le cadavre d'un inconnu et ayant veillé à ce qu'on fît à ce dernier des funérailles décentes, reçut plus tard, au moment d'entreprendre un voyage en mer, un avertissement de la part du mort reconnaissant. S'il partait en mer, disait cet inconnu en rêve, il laisserait sa vie dans un naufrage. Il resta donc à terre et tous les autres périrent dans la tempête. » Adler dit à ce sujet : « Il est probable que les naufrages étaient fréquents à cette époque et que par conséquent nombreux étaient ceux qui rêvaient qu'ils feraient mieux de ne pas entreprendre de voyage. Alors la coïncidence du rêve et de la réalité a particulièrement frappé le monde des survivants. Voici comment nous comprenons le rêve : soucieux de son bien-être cor-porel, notre poète n'a probablement jamais montré d'empressement particulier pour ce voyage en mer. Et lorsque approcha l'heure décisive, il eut recours à un renfort. Il fit venir le mort qui ne pouvait manquer de se montrer reconnaissant envers lui. On comprend alors que dans l'humeur qu'il avait lui-même engendrée, il préféra rester à terre. »

Adler admet par conséquent que l'individu peut faire appel aux rêves pour que ceux-ci soutiennent ses visées dans les meilleures conditions possibles. Il ne semble pas s'être aperçu qu'on ne peut produire les rêves consciemment et que l'inconscient, en tout état de cause, n'a aucunement le dessein de se soumettre aux désirs de justification et d'affirmation de la conscience.

CHAPITRE III

La méthode d'interprétation
dans la psychologie complexe de Jung

La psychologie de C. G. Jung a mis sur pied une certaine méthode d'interprétation qui prend naturellement sa source dans la connaissance qu'elle s'est faite de l'inconscient et de ses rapports avec la conscience. Beaucoup plus que dans les psychologies de Freud et d'Adler, elle respecte le fait de l'existence de l'énergie psychique, des lois de celle-ci.

Notre exposé a fait comprendre au lecteur, au moyen de nombreuses remarques et de quelques exemples de rêves cités à d'autres propos, quelle pouvait être la méthode d'interprétation dans la psychologie de Jung, psychologie à l'intérieur de laquelle l'auteur de ce livre travaille d'une façon autonome.

Il convient pourtant de donner quelques explications au sujet de certains contenus, de certains principes d'interprétation et de difficultés pratiques qu'un interprète se doit de ne pas passer sous silence.

Lorsqu'un rêve est présenté, il faut avant tout et toujours commencer par ignorer son sens. On l'aborde évidemment avec les instruments de notre savoir et de nos expériences, mais il faut bannir les préjugés. Il s'agit d'une formation psychique qui possède un

langage caractéristique, c'est-à-dire celui qui est approprié à l'expression de l'inconscient. C'est ce langage,
ses images et ses symboles, qu'il faut comprendre lors
de l'interprétation, de même qu'il s'agit de transposer le déroulement apparemment illogique des événements oniriques dans le langage de la conscience,
d'en faire un ensemble de relations causales.

Au début de l'interprétation, le rêve constitue un
texte inconnu, dont le contenu et le sens sont également inconnus, rédigé en une langue imagée que nous
ne connaissons qu'en partie. Seuls les faits de notre
propre expérience nous sont accessibles, bien que leur
enchaînement soit souvent loin d'être clair ; d'ailleurs,
tout comme celles de la vie en général, ces réalités ont
un caractère très polyvalent.

L'interprétation commence avec les éléments du
rêve qui nous sont connus, c'est-à-dire qu'elle se
tourne vers les endroits qui nous semblent posséder
une certaine signification en comparaison des événements de notre propre vie.

Il en est de même de certains symboles faciles à
interpréter comme le jardin, la guerre, le pont, l'examen ou l'animal sauvage. C'est à partir de ces « îles »
qu'on essaiera d'éclairer les côtés encore incompris du
texte.

Chaque fois qu'on est arrivé à un certain degré
d'interprétation, il faut savoir qu'il ne s'agit jamais là
que d'une *supposition* qui est en train de prendre
corps. Certains chapitres du rêve sont devenus plus
compréhensibles et éclairent les points obscurs. On
avance quelquefois comme lorsqu'on cherche la solution d'une équation à plusieurs inconnues. On pose
tout d'abord *une* valeur inconnue, x, on la cherche et
après l'avoir trouvée, on l'insère dans les opérations.
On peut procéder d'une façon analogue avec le texte
du rêve ; par exemple, après avoir reconnu un personnage on considère toute l'interprétation en fonction
de ce nouveau facteur. Après avoir déterminé x, le

mathématicien cherche *y*, et après avoir opéré des réductions successives il obtient les valeurs de toutes les inconnues les unes après les autres en faisant les remplacements nécessaires. Finalement il arrive à un résultat qui n'est plus douteux.

Il en est de même pour les rêves ; l'interprète en arrive à *un* certain sens du rêve. Si ensuite il travaille intelligemment et si avec l'aide du rêveur il joint au rêve proprement dit ce qui revient au *contexte* et à l'*amplification*, il en arrivera peut-être même au sens principal.

Il faut particulièrement porter son attention sur les rapports réciproques et l'agencement des différents éléments du rêve. On sent en général sur quoi porte l'accent principal du rêve ; mais il convient aussi de ne pas oublier que le moindre détail peut exprimer un tournant décisif, peut devenir un point de départ dans l'interprétation et lui ouvrir d'autres perspectives. Ce qu'il faut avant tout observer, c'est la succession particulière des événements ; car l'un de ceux-ci est peut-être la condition de ce qui va suivre. Par exemple, parce qu'un rêveur a sorti dans l'autobus l'image d'une femme aimée, voilà la voiture qui s'arrête ! Lorsqu'en rêve un vent se lève, l'on peut être sûr que quelque chose d'important va se produire. Il y a ainsi toute une catégorie de figures liminaires, d'images qui annoncent certains événements. Il peut encore se faire qu'on soit obligé d'accepter quelque chose avant qu'une autre chose se réalise. Ainsi, parce qu'une rêveuse se refusait à accepter le misérable pain de seigle qu'un paysan lui tendait, elle ne trouvait plus la clé de sa maison.

Il importe également de bien observer ce qui résulte de l'arrivée de nouvelles personnes, car elles apportent toujours un changement à la situation. Les rêves que l'on se rappelle comme un tout possèdent souvent une étonnante *construction*. Ils comportent les mêmes divisions qu'une pièce de théâtre, qu'un drame séparé en actes. C'est ainsi que nous constatons, comme pour l'étude d'une pièce, le *temps*, le *lieu* et les *personnages* du rêve. Le premier acte expose la situation et noue l'intrigue du rêve ; après cette exposition un nouvel événement survient qui entraîne une orientation particulière de l'action ; celle-ci aboutit alors au point culminant qui est assez souvent souligné par un moment de danger. Ensuite l'action baisse pour se terminer par une finale bonne ou mauvaise.

Voici un exemple très simple pour illustrer ce qui vient d'être dit : le rêveur est assis dans une sorte de char antique. Il descend l'avenue principale en direction de la clinique où il est médecin. Tout d'un coup, sur la petite plate-forme de sa voiture se trouve une magnifique jeune fille qui saisit avec résolution les rênes des chevaux et conduit l'attelage. La voiture a déjà pris une grande vitesse et doit contourner la clinique. Le rêveur fait observer à la conductrice que la voiture risque de se renverser. Elle se retourne vers lui et lui dit en riant avec éclat : « Tout va très bien ! » Ils arrivent ainsi, après cette merveilleuse équipée, sur la place centrale de la ville.

Le lieu : la ville du rêveur. Le temps : probablement un début d'après-midi. Les personnages : le médecin et cette jeune femme, celle-ci étant manifestement son *anima* qui prend désormais la direction de sa vie. La situation au début : le rêveur se trouve sur le chemin de son travail. Quelque chose de nouveau survient : la belle jeune fille. Et voici le danger : le tournant de la rue. Le rêveur doit tourner le lieu qui a jusqu'ici absorbé toutes ses énergies s'il veut retrouver le chemin de la vie. La troisième partie contient le petit dialogue. Enfin le quatrième acte amène le rêveur sur la place principale de la ville qui représente son centre intérieur. Le rêve est favorable parce que la fin amène un dénouement clair et heureux.

Certains rêves sont construits avec trois ou avec cinq actes. Il faut admettre, même si on respecte le développement proprement historique du théâtre, que la division classique des pièces en trois, quatre ou cinq actes a sa source dans l'organisation onirique qui obéit à une très vieille loi psychique.

La fin du rêve est de la plus haute importance. L'expression « tout est bien qui finit bien » vaut également pour lui. Mais une fin heureuse n'est pas obligatoire ; le rêve peut très bien donner sur une catastrophe. Comme il exprime la réalité et la vérité intérieures, il ne se permettra jamais de présenter un arrangement *in extremis*, un *happy end*, car il n'est pas sous la coupe du spectateur qui est ici le rêveur.

Pourtant, quelle que soit la fin, il ne faut jamais interpréter un rêve isolé d'une manière définitive. Le sens heureux ou fâcheux qui s'en dégage n'a de fondement que lorsqu'il provient de l'interprétation d'une série de rêves possédant une certaine homogénéité.

L'interprétation d'un groupe de rêves

C'est une des règles capitales d'une analyse onirique méthodique que de ne pas considérer les rêves séparément, mais d'en examiner tout un groupe, choisis chronologiquement, afin d'en analyser les motifs et le sens. Car il est prouvé que les rêves d'une même période sont inspirés par un même sujet, cependant que les images et leur déroulement peuvent différer d'un rêve à l'autre. Ces images se groupent autour des intérêts les plus actuels, autour d'un complexe ou d'un conflit qui sont mûrs pour recevoir une solution et passer à l'état de conscience.

Si les rêves se produisent et se racontent d'une manière successive, on a toutefois l'impression qu'ils sont là, tous ensemble, se rapportant à un même groupe d'événements personnels, ayant un intérêt analogue, mais n'arrivant au niveau de la conscience que les uns après les autres.

La série de rêves contient des messages dont la tonalité et l'accent changent mais qui se rapportent toujours au même problème de base ainsi exposé sous des aspects différents, problème dont les éléments principaux sont tour à tour examinés et soupesés. On s'étonne, en tant qu'interprète, de la science et du soin que met l'instance intérieure du rêveur à lui faire comprendre les différents aspects de sa situation. Elle ne se lasse pas de lui montrer la complexité de son problème. La série de rêves présente le pour et le contre d'une entreprise. Un des rêves traduit l'hésitation d'ailleurs justifiée du rêveur, mais presque simultanément un autre rêve montre qu'il est grand temps de ne plus reculer le moment de l'action. Il peut se faire aussi que la série, au moyen d'actions oniriques très variées, signifie et indique la même solution ; dans ce cas, un rêve en renforce un autre et tous possèdent la même orientation.

Mais même le rêveur dont la sensibilité n'est pas très différenciée remarque, après que l'analyse lui a à nouveau révélé la valeur des images, que les rêves « de ces derniers temps » parlent de la même chose.

D'ailleurs, il *faut* que le même sujet soit à l'ordre du jour puisqu'une évolution quelconque aura pour condition la résolution du problème actuel. Il apparaît souvent que l'inconscient s'est attaché au même thème et exige impitoyablement que l'individu s'occupe d'une même, de cette même affaire. En faisant le récit de ses rêves, il arrive fréquemment que le rêveur s'écrie : « Quand ces rêves vont-ils enfin cesser de rabâcher constamment la même chose ? » Mais l'expérience prouve que les rêves rabâchent la même chose jusqu'au moment où le rêveur daigne s'en occuper sérieusement, ou jusqu'à ce que l'inconscient, persuadé de la vanité de ses efforts, se retire, résigné.

Comme dans une même époque les rêves s'inspirent du même sujet et que d'autre part chaque rêve en apporte un aspect particulier, les rêves s'éclairent mutuellement ; ils servent de contexte les uns aux autres.

L'interprète qui a à étudier une série de rêves ne risquera pas de se tromper si, en interprétant l'un de ceux-ci, il garde présents à la mémoire les symboles et les processus propres aux autres rêves. Le rêveur aussi tirera profit d'une vue d'ensemble de ses phénomènes psychiques. Il sera plus facilement amené à prendre des décisions, sa volonté et sa conscience seront mises en harmonie avec l'orientation générale de sa vie inconsciente. Si un seul rêve est opposé au moi, il y a là comme une partie nulle. Par contre, la majorité possède, avec juste raison, la vertu de persuader.

Les grands rêves évidemment, par leur puissant particularisme, sont à eux seuls suffisants pour ne pas avoir besoin d'être complétés ; mais ces phénomènes sont rares et isolés.

Celui qui possède une certaine expérience d'interprète voit immédiatement si un thème nouveau est à l'ordre du jour, il s'aperçoit lorsque l'âme fait effort pour réaliser une évolution qui ne s'accomplit d'ailleurs pas forcément dans le bon sens. Cette évolution a lieu lorsque les problèmes qui formaient précédemment la matière d'une série de rêves sont touchés dans leur essence par l'interprétation, qu'ils sont rapprochés de la conscience et matérialisés par une attitude psychique nouvelle.

Voici comment se passeraient les choses si on les représentait d'une manière simpliste : l'âme, au moyen des rêves, envoie à la conscience les motifs les uns après les autres, contenus dont on peut au moins extraire un certain problème. Pour ce faire, elle utilise un ordre qui lui est propre. Le rêveur peut rétrospectivement reconnaître cet ordre s'il a pris la bonne habitude de tenir un cahier où il inscrit ses rêves. Dans ce cas, il verra alors nettement se détacher les différents motifs de sa vie en autant de séries de rêves. Il revivra sa propre évolution par la lecture de ces groupes de rêves qui traduisent ses changeantes préoccupations vitales, d'autant plus qu'il y aura adjoint l'interprétation donnée en cours d'analyse. Et à notre grande surprise, cette lecture montrera souvent que l'évolution apparaît comme un cercle se refermant autour des quelques réalités fondamentales qui incluent les problèmes importants de notre personnalité.

Le rêveur

On ne doit pas, et d'ailleurs on ne peut pas, interpréter un rêve sans connaître le rêveur ; qui plus est, on ne pourra parvenir à un résultat de valeur sans sa collaboration. Les grands rêves font dans une certaine mesure exception parce que nous n'avons pas besoin de connaître la situation du rêveur qui est reflétée au moyen d'un symbolisme universel, sauf toutefois son âge et son sexe.

Hommes et femmes peuvent avoir des rêves très analogues. Mais souvent ils ne signifient pas la même chose. Ceci est d'ailleurs clair si l'on veut se rendre compte que le rêve ramène avant tout les éléments étrangers au moi, ceux qu'il ne possède pas, comme par exemple les possibilités latentes du sexe opposé.

Lorsqu'une rêveuse voit apparaître une femme inconnue, celle-ci n'est pas très étrangère à son moi féminin. Il s'agit pour la rêveuse de ce que nous appelons l'ombre, la silhouette de fond de même sexe. Mais lorsque cette image féminine inconnue apparaît dans le rêve d'un homme, elle a une tout autre signification ; c'est un être d'« au-delà », c'est-à-dire appartenant à des couches très profondes de l'âme. Il a fait la rencontre de l'image féminine de son psychisme, l'*anima*, dont l'apparition revêt une importance particulière.

À l'inverse, l'homme qui rêve d'un ami en donnera une interprétation différente que la femme qui s'est vue en rêve en compagnie d'un étranger avec lequel elle sentait exister un certain lien.

Il est nécessaire de connaître l'âge du rêveur. Car chaque étape de la vie a son problème capital qui se traduit dans les rêves. Ce qui a sa raison d'être dans le rêve d'un adolescent ne l'a plus dans celui d'un homme d'un certain âge. Lorsque ce dernier fait des rêves d'amour ou de caractère sexuel, ils peuvent en effet posséder cette signification, mais ceci n'est pas une obligation. Il peut s'agir d'un autre événement psychique, simplement traduit par le symbolisme sexuel. Lorsqu'un enfant fait de grands rêves, c'est le signe qu'il ne se sent pas encore bien à son aise dans notre réalité quotidienne. Mais lorsque ces rêves se multiplient, ils peuvent être l'indication d'un grand danger.

L'homme et la femme qui ont dépassé le milieu de leur vie se trouvent dans la période où dominent les événements culturels ; il leur incombe, si le destin a eu la clémence de protéger et de conserver leurs acquisitions, de réaliser leur pleine personnalité après avoir rempli les obligations naturelles dans une mesure satisfaisante. Le rêve les renseigne utilement sur les progrès qu'ils accomplissent dans cette réalisation, sur le chemin parcouru en direction d'une maturité croissante. Un tel rêve sera nécessairement d'une autre catégorie qu'un rêve de jeunesse, même si son langage est analogue.

En voici un petit exemple typique : une femme d'une quarantaine d'années était très irritée de ce que plusieurs rêves lui signifiaient de mettre un enfant au monde. Elle ajouta mélancoliquement : « Quand j'étais jeune, attendant le mariage et la maternité, un tel rêve aurait été pour moi un présage favorable, l'accomplissement d'un désir ardent. Lorsque j'approchai de la limite d'âge du mariage, je fis la connaissance d'un homme marié dont je souhaitais en secret avoir un enfant. Mais nous ne nous sommes même pas permis ce bonheur douloureux, et voici maintenant ces rêves qui n'ont plus aucun sens ! » Cette femme qui a souffert, mais que la vie n'a pas encore mûrie, attend toujours un enfant ; mais en fait d'enfant, il s'agit de sa maturité intérieure, d'une vie spirituelle et sentimentale qui n'a plus d'attaches avec la nature. Peut-être est-ce sa propre personnalité qui veut être enfantée dans la douleur. Un tel rêve est évidemment beaucoup plus simple à interpréter lorsqu'il s'agit d'une femme jeune. Mais un homme peut aussi avoir de tels rêves, à son grand étonnement ; c'est alors souvent un enfantement qui a rapport avec la gorge, la tête ou la poitrine.

Chaque rêveur a sa manière d'être psychologique particulière. Lorsqu'un extraverti rêve que sa vie est encore trop pauvre, le sens qu'il faut donner à son rêve est tout différent de ce qu'il serait avec un introverti, par exemple un poète qui se sent manquer d'action et d'aventures. Le monde des rêves est souvent extrêmement animé tandis que le monde des faits est pauvre, même en événements de très petite importance. Le même rêve n'a par conséquent pas la même signification chez l'introverti que chez l'extraverti. Il est également très important que l'interprète connaisse le type fonctionnel auquel appartient le rêveur. Il comprendra alors que les rêves de fleurs, de couleurs, de femmes se rapportent chez le type « penseur » à son plan sentimental négligé et qui est resté inconscient. On comprendra également mieux, à partir de ce schéma fonctionnel, ce que signifient les rêves souvent très crus de ceux qu'on peut ranger dans le type intuitif, leurs fantasmes financiers. Certains rêves ne peuvent se concevoir sans l'expérience physique, corporelle, du rêveur, sans son manque d'expérience même.

Il n'est pas sans importance de connaître la position sociale du rêveur. Celui-ci sera rapidement amené, pendant le commentaire de ses rêves, à parler de ses problèmes professionnels, de sa situation économique, de ses ambitions. Mais il est évident que certains rêves ne peuvent être compris qu'en fonction de sa situation sexuelle, par exemple des détails de la vie conjugale.

L'interprète possédant une certaine intuition reconnaîtra bientôt au cours de la conversation avec le rêveur ce qui importe à celui-ci, ce qui lui tient particulièrement à cœur. C'est ainsi qu'on ne peut comprendre certains symboles provenant du domaine religieux qu'en connaissant l'attitude consciente du rêveur, sa position philosophique notamment, s'il y a lieu.

Il convient de remarquer que ce n'est pas la qualité de l'intelligence qui détermine la fréquence des rêves ; de même le fait qu'il existe des individus peu cultivés dont la vie extérieure est très simple n'est pas un argument qui permettrait à l'inconscient d'attribuer les rêves symboliques uniquement aux personnes qui ont ce qu'on appelle une certaine culture.

Par contre, l'interprétation et en particulier l'interprète devront respecter la faculté d'assimilation du rêveur. Il est également peu recommandé, lorsque l'individu n'est pas très bien ancré dans sa conscience, de pénétrer toujours plus avant dans un inconscient au cours du traitement analytique. Un esprit peu évolué ne pourra souvent pas saisir la multitude des choses que lui apportent les rêves. Il est inondé par l'inconscient, ce qui l'expose à des troubles mentaux. Il convient de mentionner aussi qu'au cours d'une analyse onirique approfondie, les premiers rêves indiquent très souvent le développement du traitement ; si celui-ci est dangereux, ces rêves ne manqueront pas d'y faire allusion.

Voici également une réponse à la question : qui doit s'occuper de l'interprétation de ses rêves ?

En tout cas pas l'enfant. Il a vraiment autre chose à faire ! Un conseiller psychologique ne devra jamais entraîner dans une analyse intensive un enfant ou une personne encore jeune, à moins que ce ne soit pour dégager la route vers les buts les plus immédiats du monde extérieur. Car le danger est surtout grand pour les enfants d'être à nouveau plongés dans l'inconscience, alors que l'une des tâches essentielles de leur jeune existence consiste justement à les en dégager. On laissera tranquillement les enfants raconter leurs rêves, on s'étonnera avec eux de ce qu'il peut y avoir là de bizarre et d'original, puis on les remettra vite au contact de la fraîcheur de leur jeune conscience.

Il en est de même de l'adolescent qui prendra rapidement connaissance du contenu de ses rêves. On ne peut évidemment pas se passer du concours des rêves si cet adolescent a des difficultés psychiques pour résoudre le problème que lui pose la vie à l'époque de son âge. Mais lors d'un traitement, on ne commencera jamais par une analyse onirique ; on débutera par la discussion de problèmes conscients, on posera des questions sur ce que la jeune fille ou le jeune homme ont vu ou pensé. Ce n'est qu'ensuite qu'on les interrogera sur leurs rêves. Si ceux-ci sont pâles et insignifiants, on s'en tiendra là. On commettrait une erreur de métier en insistant pour avoir des renseignements plus précis au sujet de ces rêves. Mais on pourra, à partir de ces derniers, passer à des problèmes plus actuels, aux conflits du jour. Si alors cet adolescent a des rêves normaux, on peut être certain qu'il est dans la bonne voie. À la fin de la conversation, tout comme chez les adultes d'ailleurs, on fera allusion aux buts et préoccupations des jours suivants. D'ailleurs, le plus souvent, le sens des rêves qui s'est dégagé à l'analyse mènera tout naturellement vers les problèmes actuels de la vie du rêveur.

À l'adulte d'âge moyen, on demandera d'observer ses rêves plus en détail. Il ne devra pas passer sur eux rapidement. Mais ce n'est pas parce qu'il tient à s'en occuper sérieusement qu'il devra délaisser ses obligations quotidiennes ; au contraire, il devra encore mieux les remplir qu'auparavant pour créer un contrepoids lorsqu'il sera en présence de son inconscient.

Il ne suffit pas de faire ainsi la rencontre de l'inconscient ; il faut encore en accepter les enseignements. Nous reviendrons sur cet aspect de la question.

L'interprète

L'interprétation des rêves est un travail à la fois difficile et qui satisfait l'esprit, même si on a beaucoup d'expérience, même si on a parcouru dans la compagnie du rêveur le sens de centaines, de milliers de rêves, leurs possibilités d'expression, leurs symboles. Il est difficile, parce que le matériel personnel que le rêveur présente est si polyvalent dans sa détermination qu'il paraît souvent impossible à saisir, que la profondeur et la multiplicité des significations symboliques sont inépuisables. Mais c'est un travail qui satisfait parce qu'on touche aux sources mêmes de la vie et qu'on y rencontre le sens de la destinée humaine.

Lorsqu'on s'analyse soi-même, l'interprétation constitue un travail de collaboration entre le moi et l'inconscient ; il se fait entre l'interprète, le rêveur, l'inconscient du rêveur et les puissances collectives de la vie qui surgissent des rêves, lorsqu'on fait interpréter ceux-ci par un homme de métier.

Qu'il soit médecin, conseiller psychologique ou qu'il se recrute parmi les quelques rares directeurs de conscience qui ont acquis la connaissance de la psychologie des profondeurs, chaque interprète fait fonction d'accoucheur ; et l'enfant accouché est le sens du rêve. Par un travail consciencieux, l'interprète et le rêveur cherchent alors à comprendre un troisième élément qui est le message de l'âme.

Voici quelques remarques au sujet de la personnalité de l'interprète. Il doit répondre aux mêmes exigences que celui qui se sent la vocation ou dont le

métier consiste à venir en aide aux autres. Il est bon
que l'interprète possède une personnalité marquée,
qu'il ait des connaissances étendues ; rien de ce qui
est humain ne doit lui être étranger. Celui qui n'a pour
lui que l'intuition sera souvent attiré par le domaine
de la pratique psychologique, qui requiert non seulement les qualités d'un esprit mobile et intuitif, mais
également celles d'un caractère solide. Ces intuitifs
manquent souvent de cette solidité et auraient eux-
mêmes besoin de réconfort et d'ordre. Un interprète
qui ne veut pas seulement se confier à des succès
occasionnels devra auparavant atteindre à une plénitude intérieure. Albert le Grand, savant religieux du
Moyen Âge, exige de l'interprète une vie intérieure
pure et indépendante. Nous sommes d'avis, et pour
en rester à la comparaison de l'accoucheur moderne,
que l'interprète doit d'abord s'être psychiquement
« aseptisé ». On est en droit d'exiger de lui qu'il ait
passé par une explication approfondie, une rencontre
féconde avec sa propre personne, ce qui ne peut se
faire que par une analyse. Il doit connaître sa structure intime et les difficultés psychiques de son caractère afin de ne pas infecter le rêveur par ses propres
faiblesses, par son côté « impur ». Cette connaissance,
et aussi celle de ses rêves, le gardera d'attribuer aux
rêves d'autrui les désirs et les intentions nés dans son
psychisme, elle le gardera de projeter sur son client ce
dont il a lui-même besoin.

Il doit patiemment attendre pour percevoir le sens
qui cherche à s'exprimer dans les rêves d'un autre. Il
ne lui est pas permis de se précipiter sur eux ; il doit en
approcher avec soin, tout comme un bon éducateur
qui n'a pas vis-à-vis des enfants l'attitude d'un oiseau
de proie, ou le médecin qui se gardera de se jeter sur le
malade, sitôt franchi le seuil de la chambre. Il doit
aussi s'interdire toute spéculation sur les rêves à venir.
Le mot suivant de Paracelse vaut pour le rêveur aussi
bien que pour l'interprète : « Celui qui veut prendre

ses rêves au sérieux, les interpréter et en tirer des conclusions pour sa conduite, doit avoir des connaissances sidérales (spirituelles) en accord avec les lumières de la nature dont il aura reçu la bénédiction, il ne devra pas suivre son imagination, ne pas prendre une attitude hautaine car elle n'aboutirait à rien. »

Il faut surtout se garder d'extorquer les rêves de force pour en soutirer des secrets et ainsi blesser le rapport établi avec son semblable. Il ne faut jamais obliger une personne à raconter un rêve. L'intérêt de l'interprète doit évidemment porter sur les rêves, mais cet intérêt ne doit jamais dégénérer en curiosité qui risque de détruire la trame subtile de ce chef-d'œuvre de l'âme nommé rêve.

L'interprète restera attaché à quelques règles fondamentales. C'est ainsi qu'il n'essaiera pas de savoir à l'avance ce que le rêve va vouloir dire, qu'il devra aborder la question sans préjugés, sans avoir au préalable apprêté son matériel scientifique pour opérer cette section appelée analyse, sans catégories mentales et autres brillants bistouris dialectiques ; il devra écouter simplement ce qu'on lui dit, avec ce respect et cette intelligence naturelle qui président ordinairement à la rencontre consciente des autres phénomènes vitaux. On attend évidemment qu'un sens se définisse ; mais ce sens ne viendra, l'expérience le prouve, qu'à celui qui est prêt à le trouver, dans les rêves comme dans la vie psychique en général. Il faut donc posséder une certaine disposition qui permette de percevoir clairement ce que le rêve veut dire.

L'interprète peut se comporter d'une façon très naturelle ; dans la mesure où il est savant, qu'il relègue carrément cette science au second plan pour mieux pouvoir écouter. Et en écoutant, il fera travailler son imagination, sa puissance de représentation, pour se faire une image vivante de ce qu'on lui raconte ; il pénétrera le phénomène du rêve tous sens éveillés. C'est ainsi qu'il laissera affluer ses propres souvenirs qui ont trait au rêve, mais il les tiendra en réserve pour ne rien déranger. Lorsqu'il ne comprend pas très bien ou lorsque le rêveur n'est pas très clair, il fera faire à ce dernier un petit croquis au sujet de tel croisement de route ou passage à niveau, de la disposition des convives autour d'une certaine table ou encore de l'assemblage coloré d'une série de dalles qui couvraient le sol. Il devra accepter que certaines parties des rêves restent obscures, que le rêveur mette l'accent sur un tout autre aspect que celui qu'il croyait deviner. Jung va jusqu'à dire que lorsque le sens attendu et le sens découvert en cours d'analyse sont identiques, on a de justes raisons de se méfier.

Dans une consultation psychologique qui utilise l'analyse onirique, les premiers rêves communiqués sont d'une importance toute spéciale. Il faut attentivement écouter ces rêves du début, sans évidemment pour cela donner au client l'impression qu'on lui arrache quelque chose. Ils indiquent le plus souvent le problème psychique essentiel du rêveur, et qui plus est, ils contiennent d'une façon schématique tout le chemin que devra parcourir le travail analytique. Ils disent en images relativement faciles à comprendre par le praticien quelles seront les difficultés qui se rencontreront au cours du traitement et dans quel sens il faut rechercher le bon résultat. Jung dit qu'il est toujours au plus haut point curieux de connaître l'avis du « vieux », c'est-à-dire de ce grand sage qui apparaît quelquefois en rêve.

Pourtant, chaque rêve constitue une terre inexplorée qu'il s'agit de parcourir ensemble avec le rêveur. Souvent d'ailleurs le rêveur lui-même peut nous instruire ; sans s'en rendre compte exactement, il possède un flair très sûr pour savoir si l'interprète est sur la bonne voie. Si c'est le cas, l'interprétation s'accompagne d'un sentiment de bien-être. Mais si on se trompe, si on devient dogmatique et si même on affirme qu'il doit y avoir certaines données à la base du rêve, le rêveur vous suit mais avec l'impression qu'il s'agit d'une manipulation technique qui ne le concerne pas, précisément parce qu'elle ne touche pas le fond de l'âme.

Par contre, si l'on est revenu sur la vraie piste, le client recommencera à seconder l'interprétation de toutes ses forces. Cela est important puisqu'il s'agit de la reconnaissance d'un enfant qui vient de lui. L'on se retrouve au contact de l'objectivité propre à l'inconscient et ceci a toujours un effet libérateur. Par un moyen qui semble un détour, le rêve, on est parvenu au centre créateur du psychisme du rêveur.

Paul Bjerre fait remarquer qu'au cours de la consultation, « il est beaucoup plus facile de s'entretenir d'une chose qui a un précédent dans le rêve que lorsqu'on l'aborde directement ». L'excellent psychiatre suédois ajoute : « La pire forme de collaboration qui puisse exister entre le médecin et le patient me semble être celle de la psychanalyse — c'est-à-dire la méthode de Freud : le patient est allongé sur un canapé et fait des associations interminables, pendant que le médecin est assis derrière lui et tient éventuellement un procès-verbal de ces associations. Avec cela, il est strictement défendu de prendre la direction des opérations et d'influer d'une façon quelconque sur le comportement de l'analysé. » Nous connaissons des cas où les patients racontent leurs rêves pendant toute la séance, projettent sans arrêt ce qui leur vient à l'esprit, sans que le médecin intercale la moindre conversation. Nous connaissons également le vide effrayant qui suit chez le patient un traitement de plusieurs mois, voire de plusieurs années.

L'interprétation des rêves est un travail collectif. L'expérience prouve que le moyen le plus fécond en résultats est une conversation approfondie ; conversation qui suit de près le texte du rêve et les explications qui s'y rattachent, puis les associations que fait le rêveur à partir du texte et de ces explications. Bien que réservé et ne tombant jamais dans une attitude didactique, le rôle de l'interprète est capital dans la mesure où il a une grande connaissance des rêves ainsi qu'une expérience personnelle de la psychologie des profondeurs et de ses méthodes. Il devrait encore posséder un savoir étendu se rapportant à la mythologie, aux contes et légendes qui sont les réceptacles merveilleux de symboles humains éternellement jeunes. Un interprète doit d'autre part s'intéresser au moins à un des arts pratiqués couramment. Comme le rêve utilise un matériel universel, l'interprète devra se sentir à l'aise dans la plupart des domaines des sciences naturelles, de la technique, des conditions sociales et culturelles. Il est en outre nécessaire qu'il participe à une vie spirituelle riche et intense. Il ne saura jamais trop de choses, n'aura probablement jamais trop d'expérience. À ce savoir appartient aussi la connaissance des phénomènes religieux, des cultes, des rites. Mais ce qui est bien plus important que la connaissance de la foi par les paroles, les images et les actions religieuses, c'est la possession d'un amour humain, c'est-à-dire, pour mieux l'exprimer, d'une expérience religieuse authentique et originale.

Lorsque par contre au cours de ses préoccupations qui l'auront amené au contact des rêves et de leur signification, l'interprète n'éprouvera pas avec émotion et surprise la certitude d'un ordre des choses à la fois grandiose et vivant, il lui sera à la longue impossible de se consacrer à un travail d'assistance efficace parce que les mobiles les plus profonds de cet ordre vivant l'auront laissé insensible et qu'il n'aura donc pas été touché par leur grâce.

L'auto-interprétation

Notre exposé a certainement communiqué le sentiment que le fait d'interpréter soi-même les rêves est une entreprise particulièrement difficile. La plupart des individus ont une connaissance très insuffisante d'eux-mêmes, contrairement à ce qu'ils peuvent affirmer à l'occasion ; car l'expérience de la vie est telle que la rencontre avec soi-même ne se produit qu'en tout dernier lieu. L'histoire prouve que dans leur effort d'explication, les peuples ont commencé par ce qu'il y a de plus éloigné, c'est-à-dire les astres. Au cours de recherches et de réflexions qui ont duré des millénaires, l'homme s'est lentement rapproché de sa propre nature. Nous nous trouvons actuellement sous le signe de la conquête de cette psyché et de ses manifestations.

L'homme d'une culture générale moyenne, qui n'a pas entrepris la douloureuse analyse de sa personnalité en rencontrant et en s'expliquant avec les éléments conscients et inconscients, ignore la plus grande partie de cette personnalité ; il voudrait pourtant soi-même analyser ses rêves. Il est possible qu'il ait peu à peu appris à connaître son caractère, directement et dans les réactions de ses semblables. D'ailleurs, plus il est âgé et plus il aura eu l'occasion de faire sa propre rencontre. Peut-être même qu'une étude scientifique de son écriture lui aura confirmé certains aspects de son attitude introvertie ou extravertie et lui aura fait connaître la nature de sa fonction psychologique principale ; il existe d'ailleurs bien d'autres méthodes d'analyse qui sont révélatrices. Il aura acquis ainsi une certaine base pour l'interprétation de ses rêves. Le fait d'autre part de ne pas s'être trop identifié avec son rôle sexuel masculin ou féminin lui sera également d'un certain secours. Il aura peut-être encore une certaine connaissance de ce qui caractérise chaque étape de vie, de ce qui est particulier à chaque palier de l'évolution d'une personne. En tout cas, celui qui veut réellement approcher le sens de ses rêves se doit de connaître les résultats de la psychologie complexe moderne qui sont en passe de devenir le patrimoine général de tout homme réellement cultivé. Tous ces facteurs lui permettront de tenter en toute modestie une analyse de ses rêves. Car actuellement, peu nombreux sont ceux qui ont la possibilité de présenter leurs rêves à un psychologue.

L'interprète amateur sera naturellement facilité dans sa tâche s'il possède une imagination disciplinée, un sens développé pour les rapprochements symboliques et une intuition rapide lui permettant de saisir les rapports cachés des choses. Il devra acquérir peu à peu une certaine familiarité avec les contenus des symboles humains universels. La troisième partie de notre livre se donne pour but de lui être utile à ce sujet.

Certains rêves lui seront plus accessibles que d'autres. Il sentira assez vite quel peut être le sens des rêves de danger et d'avertissement. Les rêves qui parlent de bains se comprennent par eux-mêmes, cependant que ceux qui évoquent la prison et les punitions paraissent d'abord inexplicables. Le sens signifié par les rêves où il est question de toutes sortes de véhicules à terre, sur l'eau ou dans les airs, est déjà plus facile à comprendre. Les rêves d'écolier provoquent un certain étonnement ; mais dès que l'on en possède la clé, l'insuffisance dans l'école de la vie nous apparaît alors comme l'explication qui éclaire amèrement cette allégorie onirique. Les rêves où il est question d'orientation sont faciles à saisir. De même, lorsque la vanité morale n'y oppose pas de résistance, l'importance des rêves d'animaux est rapidement reconnue. Bref, il y a toute une série d'éléments et de rêves entiers qui livrent assez vite leur sens et la relation qu'ils possèdent avec la personnalité du rêveur, si celui-ci se donne la peine de les découvrir. Par contre, les rêves qui ont trait au processus d'individuation sont étranges et pratiquement inaccessibles pour la personne qui n'a pas les connaissances psychologiques requises. Ils apparaissent avant même que la conscience se soit rendu compte qu'un deuxième chemin, interne, vient de se constituer.

En somme, il faut à la fois un esprit vif et intelligent, une certaine perspicacité qui aide à découvrir les rapports entre conscient et inconscient, mais également, à côté d'une culture artistique assez étendue, la connaissance des grandes représentations religieuses et des images mentales créées par la foi et la pensée, pour pouvoir récolter avec surprise et gratitude les fruits que l'âme aura dispensés, même s'il n'est pas possible d'explorer tous les contenus du rêve sans une intervention étrangère.

Le texte du rêve

Le récit du rêve constitue évidemment la base de l'interprétation. Ce texte ne doit contenir que le matériel même du rêve. Il constitue pour nous un texte premier, archaïque, de l'âme inconsciente.

Il y a des personnes qui traitent leurs rêves avec la même insouciance que les autres événements de leur existence. Mais celui qui cherche dans les rêves une réponse à sa situation doit se rappeler exactement ce qu'il a perçu pendant la nuit et non pas en faire une description approximative seulement. Car chaque élément de cette vie psychique condensée que nous appelons rêve a sa place qui lui revient et son aspect particulier ; il ne peut pas être remplacé par quelque chose d'approchant. Car ce que nous aurions devant nous ne serait pas l'original du rêve, mais une reproduction mauvaise et indistincte.

Il ne s'agissait par exemple pas simplement d'une maison devant laquelle discutaient deux hommes, mais d'un bâtiment de telle rue avec un bureau de tabac au rez-de-chaussée et un orme dépéri dans le jardin de la cour. Ce n'était d'ailleurs pas deux hommes quelconques, mais un jeune et un autre, bien plus âgé.

Dans cet autre rêve, ce n'était pas n'importe quelle robe qui se trouvait brusquement sur le lit, mais une très belle robe de soirée avec une petite rose en or. On ne se trouvait pas sur un pont quelconque, mais c'était le pont sur la Tamise au voisinage duquel on habitait autrefois. On n'était pas simplement malade, mais on avait une blessure en forme de lune sur la hanche... Par ailleurs, le serpent qui nous menaçait n'était pas un serpent indifférent mais un animal rouge foncé au ventre vert et à la tête bleue. La voix qui nous interpella en rêve ne nous disait pas n'importe quoi mais nous appela par notre nom en y ajoutant un mot comme « Leso » ou « Ledo ». La pièce d'Ibsen qui se jouait au théâtre n'était pas une pièce quelconque mais *Solness le constructeur*, et l'on s'étonnait en rêve que cette pièce était encore moderne, surtout de l'influence qu'une jeune fille pouvait avoir sur un homme d'âge mûr.

Il faut, lorsqu'on rédige un rêve, accorder un soin spécial au petit détail, aux petits riens qui accompagnent l'action principale solidement ancrée dans la mémoire. Ce sont justement ces bagatelles qui sont les indices dévoilant le sens de faits plus importants. Il ne faut jamais oublier, lorsqu'on reproduit le rêve, que le texte de celui-ci n'est pas donné par écrit. Ce sont la volonté et la conscience qui transposent les événements muets en langage parlé ou écrit, qui constitue le médium sur lequel se livre le travail d'interprétation. Il peut arriver que le narrateur du rêve possède l'ambition, déplacée dans ce cas, de façonner, de styliser le texte de son rêve et de montrer ses talents d'écrivain sur ce produit naturel qui provient de l'âme. Mais cela nuit au rêve et à l'interprétation. C'est précisément le naturel qui confère son effet au rêve. L'interprète reconnaît souvent dès le début si un rêve a été inventé de toutes pièces, c'est-à-dire confectionné d'une façon littéraire — bien que ce matériel que condense souvent une imagination pauvre provienne en majeure partie de l'inconscient.

Il peut arriver que l'on demande au rêveur de compléter le rêve à l'aide d'associations imaginatives ; il y a souvent de grands trous entre les différentes parties du rêve. « Il s'est passé quelque chose mais je ne peux pas m'en souvenir. » Si l'on veut bien se rendre compte que ce remplissage constitue également le produit d'une rêvasserie dont la source réside plus ou moins dans l'inconscient où s'agitent les problèmes essentiels, on trouvera une utilité à ces liaisons que l'on a intentionnellement provoquées chez le rêveur.

Comme on y a déjà fait allusion, le narrateur prend souvent l'initiative de faire un petit croquis pour appuyer ses dires. Ces précisions sont d'une grande utilité. On ne comprend parfois le déroulement onirique qu'après avoir pris connaissance d'un tel dessin. La facilité est encore plus grande lorsqu'un important épisode onirique est fixé par des images détaillées et colorées. Une telle illustration reproduit le rêve avec une particulière intensité ; mais le rêveur devra renoncer à tout enjolivement et faire abstraction de ses ambitions artistiques, s'il y a lieu. Le plus modeste dessin de couleur produit alors une impression heureuse, parce qu'il constitue en même temps un don de la volonté à l'inconscient, en reconnaissance de celui du rêve.

Commentaires et associations

Le rêveur ajoute souvent quelques explications à la communication de son rêve ; il donne les éclaircissements nécessaires à la partie des rêves qui concerne les personnes, les choses se rapportant à sa vie actuelle ou passée, ou à des événements qui lui sont connus. Dans ce *contexte*, il apportera tout ce qui est susceptible de rendre plus claire la représentation des personnes dont il a été question en rêve ; il constate ce qu'elles ont été pour lui, ou ce qu'elles sont encore, dans quel rapport elles se trouvent avec leur entourage qui lui est connu. Quant aux choses, le rêveur en donnera peut-être une description, dira comment il est entré en leur possession ou à qui elles appartiennent. On sera parfois très étonné que certains objets de la première enfance depuis longtemps oubliés fassent leur apparition. La description d'endroits et de paysages devra être faite avec une complaisance particulière lorsqu'il y a un rapport avec l'endroit du rêve. Comme certains rêves ont la faculté de réveiller de vifs souvenirs, le strict contexte dégénère souvent, spécialement dans le récit oral, en une longue suite d'événements personnels qui ont soudain acquis une certaine importance.

Le rêve est par conséquent entouré d'une couronne d'éléments conscients qui peuvent aider à déterminer et à interpréter son contenu. On fera bien de ne jamais oublier que ce qui constitue un à-côté pour la vie consciente peut avoir une importance décisive dans le rêve, et inversement.

Il a déjà été fait mention plus haut de cette instance intérieure qui crée et construit le rêve et qui dispose en maître incontesté de tout ce qui a jusqu'ici constitué le contenu de notre existence. Nous la comparions au directeur des archives qui aurait à sa disposition, en plus des reproductions de tout l'univers sensible et des événements des temps les plus reculés, toute notre expérience personnelle, oubliée ou non, y compris celle de notre vie actuelle.

C'est à ce matériel personnel que se rapporte le contexte. Il accomplit ce faisant un chemin inverse à celui du créateur de nos rêves. Celui-ci a puisé dans la vie du rêveur tout ce qui pouvait faire allusion à la situation intérieure de son « patron ». Il a en même temps ajouté à la formation du rêve l'atmosphère propre à ces événements. Le contexte, lui, reprend en quelque sorte l'événement en question et le replace consciemment dans la relativité de la vie actuelle. La signification de cet événement rappelé par le rêve est clairement comprise puis reportée dans le déroulement du rêve. C'est de cette façon qu'apparaissent certains « îlots » dans le texte du rêve, à partir desquels tout le reste se trouve peu à peu éclairé. La coordination des trois éléments : rêve, contexte et situation actuelle du rêveur, donne un quatrième élément : le *sens du rêve.*

Voici un exemple d'un petit rêve dont le genre est assez courant : un homme rêve qu'il marche sur une route alpestre qui semble interminable ; enfin il atteint le col. Mais il doit décliner son identité en présence d'officiers de la douane ; il s'aperçoit alors qu'il a laissé, sans y prendre garde, une partie de ses bagages dans le dernier quart de sa course. Il doit attendre en haut jusqu'à ce que ses bagages lui soient parvenus. Voici le contexte : il y a bientôt huit ans, lorsque j'étais en Suisse, je faisais une excursion sur le San Bernardino dont j'avais l'impression qu'elle était sans fin. Arrivé sur le col, j'étais très étonné qu'on y parle l'italien. Quant à la situation actuelle du rêveur, elle se résume pour lui dans le fait qu'il sent le succès proche après une période de longs et pénibles efforts. Il semble d'ailleurs qu'il ait pleinement mérité ce succès. Pourtant, ces derniers temps, il a fait preuve d'une certaine négligence, a souvent précipité son travail et s'est même laissé aller à un certain manque d'égards envers ses semblables. Rêve, contexte et situation actuelle signifient qu'il sera bientôt arrivé en « haut » mais qu'il aura alors à prouver sa personnalité qui est actuellement susceptible d'être menacée et critiquée. Ils signifient d'autre part qu'il ne pourra avancer dans le nouveau genre de vie (il s'agissait d'un poste scientifique à l'université) que lorsqu'il aura rattrapé ce qu'il a délaissé dans la lutte pour la dernière partie de l'ascension. Le sens du rêve donne : le succès est proche — il a d'ailleurs eu lieu —, mais il convient de se méfier d'un certain comportement nuisible durant ce dernier épisode de l'ascension professionnelle.

Le contexte devra aussi chaque fois comporter la description de la tonalité du rêve. Elle se compose ici de la joie de ce qui a été obtenu, d'une légère angoisse à la pensée de l'examen de la personnalité (dans l'exemple, les officiers de la douane) et de l'attente impatiente des choses qui sont restées en cours de route ; il y a aussi le fait de savoir qu'il faudra parler dorénavant un langage un peu différent.

Nous ne donnons ici qu'une seule explication du rêve, celle qui est la plus proche de la conscience. Comme ce rêve fait partie d'une série, certains autres aspects ayant rapport au travail et à des problèmes philosophiques du rêveur se sont encore ajoutés à l'interprétation principale. Sa fonction sentimentale indifférenciée a également eu voix au chapitre. Une partie du contexte ainsi que certains rêves de la même série avaient un caractère d'avertissement. Il s'est avéré que ce technicien scientifique n'a pas pu gagner les hauteurs sans fournir un effort continu.

Chaque rêve comporte plusieurs couches ; il est par conséquent passible de plusieurs explications. Mais un contexte détaillé, des associations et le sens qui se dégage d'autres rêves de la même série laissent présumer le sens essentiel, le problème qui préoccupe avant tout le rêveur.

Il existe un certain danger au cours de la consultation psychothérapeutique : le narrateur, en présentant le rêve et le contexte, s'en éloigne de plus en plus et finit par « raconter sa vie ». Il oublie le point de départ et enchaîne jusqu'à ce que ses récits n'aient plus rien à voir avec le rêve. Ces « épanchements » sont évidemment intéressants à leur manière. Mais comme seul le rêve — ou la série de rêves — traduit les problèmes actuellement importants, on se doit de toujours revenir au rêve et à son contexte. Pendant trop longtemps, la méthode psychanalytique de Freud a permis indéfiniment à une association de faire suite à une autre, mettant l'accent sur les complexes et les caractères les plus invraisemblables du rêveur ; mais les raisons pour lesquelles ce dernier a cherché une conduite de vie consciente sont ainsi restées insuffisamment explorées. Il faut évidemment faire remarquer que cette psychologie est d'avis qu'il s'agit probablement toujours de la question sexuelle ; d'ailleurs on se meut encore à l'intérieur du seul problème qui semble être la préoccupation de cette école.

On ne doit cependant pas rejeter les associations qui peuvent se faire à l'occasion du rêve et de son commentaire. Elles affinent et renforcent les relations qui existent entre le monde quotidien du rêveur et son rêve. Lorsque le rêveur déclare à l'interprète que tel ou tel détail est certainement insignifiant, qu'il ajoute ne pas comprendre pourquoi il lui vient à l'esprit alors qu'il semble n'y avoir aucun rapport avec ce qui précède, on peut supposer que l'on se trouve en présence d'un élément particulièrement important du problème onirique.

Voici le contexte et certaines associations concernant un rêve très long que le lecteur essaiera de coordonner. Le rêveur déclare : « Le monsieur que je rencontrai dans la salle des guichets d'une banque était mon premier chef, alors que je travaillais comme stagiaire à Bruxelles. Les rapports que j'avais avec lui étaient bons ; mais il voulait toujours que je devienne un peu plus sociable — il faut vivre aussi ! disait-il sans cesse. » Voilà donc à nouveau ce chef qui apparaît en rêve, et cela dans la salle d'une grande banque, c'est-à-dire en un lieu de concentration énergétique. « La gare à laquelle s'arrêtait le train du rêve, parce que la locomotive faisait son plein d'eau, bien que ce fût un train électrique, me rappelait la petite station le long du lac Léman. Je passais là mes vacances avant mon baccalauréat ; j'y fis connaissance d'Yvonne, fille d'un médecin ; un jour, nous prenions ensemble le train pour Genève ; je n'ai malheureusement pas osé l'inviter à une tasse de thé ou à une promenade. Je pensais souvent à elle ces derniers temps, elle avait le même âge que moi. [...] Je ne comprends pas cette histoire d'argent que je voyais en rêve dans mon tiroir ; il y a peut-être un rapport avec un article de journal où il était question d'un coffre-fort avec des écus frappés à l'effigie de Marie-Thérèse d'Autriche qui avait été trouvé au cours d'une reconstruction de bâtiment. » Le rêveur ajoutait : « C'est parce que ces écus étaient en argent qu'ils avaient encore de la valeur, l'argent reste pareil à lui-même. [...] Je ne me rappelle pas l'adresse que je cherchais dans mon carnet, à part une partie du nom de la rue et le numéro de la maison. La rue portait le nom d'un général et le numéro était probablement 39. Ceci s'explique facilement car je pensais assez souvent ces derniers jours que j'allais maintenant entrer dans la quarantaine. J'ai réfléchi en rêve au sujet du 3 et du 9 et j'ai trouvé qu'ils allaient ensemble. Les baigneurs me rappellent à nouveau le séjour sur le lac Léman. J'y rencontrai un jour la fille de ce médecin, elle allait à la plage en vélo et emmenait son costume de bain. Elle me demanda : « Vous venez avec moi ? » Je disais que je viendrais plus tard mais je me suis arrangé pour être retenu à la maison par une question de correspondance. Il y a peut-être là un rapport avec la lettre du rêve. Si j'ai déjà été à la mer, comme en rêve ? Oui, assez souvent, mais le paysage du rêve était tout autre que les plages de Hollande ou de Suède où me conduisaient de fréquents voyages d'affaires. Il s'agissait d'une mer méridionale avec beaucoup de soleil. Il y avait des garçons bronzés, ils ressemblaient à des Nègres, mais c'étaient des éclaireurs. À ce propos, une image datant de ma jeunesse me vient à l'esprit, sur laquelle des Noirs transportaient un homme blanc, malade, vers le rivage. » Ce contexte faisait presque honte au rêveur, il en était visiblement ému ; probablement y avait-il également en lui un homme qu'on amenait de la brousse de l'inconscient vers des rivages plus clairs. C'est seulement après quelques commentaires au sujet de la rue qui portait le nom d'un général, que notre rêveur vit brusquement, peut-être en rapport avec la guerre de Sécession, un tableau du peintre Frank Buchser : *The Song of Mary Blane*. Il y avait probablement à cette époque chez le rêveur deux images psychiques, un rapprochement vers l'*anima* claire et l'*anima* obscure qui étaient en lui. Peut-être existait-il en lui une sorte de guerre de Sécession entre les États du Nord et ceux du Sud. La remarque au sujet de l'article qui relatait l'histoire de la maison démolie donnait lieu, chez le rêveur, à une autre remarque au sujet de son propre affaiblissement actuel. Quant aux écus d'argent portant l'effigie d'une tête de femme, il ne savait qu'en faire, et pourtant c'était de l'argent féminin qui lui revenait lors de la reconstruction de son propre édifice psychique. Au sujet de la fille du médecin, il affirme qu'il peut s'être trompé sur la profession du père ; mais chaque fois qu'il pense à elle, c'est la fille du médecin. Elle a manifestement un rôle médical et semble lui être envoyée des profondeurs de l'âme à des fins salutaires, sorte de Nausicaa sur la plage dont la rencontre facilitera le retour à sa pleine personnalité.

Il s'agit ici d'un homme d'une quarantaine d'années, plutôt tourné vers l'intérieur, qui s'est créé subsidiairement un caractère extraverti, sans avoir bien résolu son conflit éthique et pour qui la féminité est restée inconsciente, aussi bien en lui qu'au-dehors de lui. C'est alors qu'il est devenu une sorte d'éclaireur, il entendait le chant des Négresses qui ne formaient pas encore une unité autour de Mary Blane, l'appel de l'*anima* noire ; il cherchait dans le rêve et dans le contexte à se rapprocher des eaux plus claires de sa nature interne, d'une *anima* déjà formée.

Le contexte et les associations qu'il provoque

tendent à enrichir et à élargir chaque élément du rêve pour le rendre plus conscient. Scientifiquement nous appelons cet élargissement *amplification*. Une pareille amplification par exemple ajoute non seulement à la silhouette indistincte du frère ce qui pour ce dernier est particulièrement significatif au point de vue physique, elle ne se contente pas de relater les rapports qu'on entretenait avec ce compagnon de jeunesse, mais elle fait encore allusion à ce que chacun des frères, en lui-même, peut représenter pour l'autre. On le reconnaît alors comme un contraire interne, et les oppositions, les aspects complémentaires deviennent ainsi l'expression de ce qui en nous-mêmes est opposition, aspect complémentaire.

Des *personnages historiques* apparaissent souvent dans les rêves. Le contexte consiste alors rarement en expériences personnelles et il s'agira plutôt de constater ce que le rêveur a pu savoir au sujet de ces personnages. Ces quelque cent ou deux cents figures de l'histoire dont la trace se trouve dans la mémoire des hommes, par exemple les promoteurs de philosophies nouvelles, les conquérants, les quelques très grands savants et les artistes dont chacun sait au moins quelque chose, représentent, lorsqu'ils apparaissent en rêve, un aspect typique, universellement humain. Leur image se forme à l'école et dans les jugements portés sur les événements historiques. Ils sont sans cesse évoqués par les écrits et les paroles.

Le rêveur et l'interprète doivent évidemment se poser la question : à quels contenus psychiques du rêveur ces figures font-elles allusion ? Lorsqu'il s'agit du nom d'un grand homme dont le rêveur sait fort peu de choses, il convient de lire ce qu'en dit le dictionnaire ; il s'apercevra alors qu'il en savait plus long que ce qui lui était simplement conscient, que cette figure lui a été dictée par l'inconscient.

Il y a des rêves dont le contenu est pauvre ; il y en a

aussi qui, sans être de grands rêves, utilisent à leur construction très peu de matériel biographique.

« J'étais à la montagne, j'avançais le long d'une pente, un peu plus haut je vis un officier supérieur dans une position très dangereuse. Puis j'avais entre les mains un journal qui appartenait à une femme qui s'appelle Édith. À part cela, je ne me rappelle rien. Pourtant si, je vis la lune, bien que cela se passât en plein jour ; plus exactement, il était trois heures moins le quart. On craignait, je ne sais pas qui, le danger d'une inondation. »

La rêveuse ne connaissait pas d'Édith, excepté une amie qui est une petite fille mal élevée ; mais à son avis, cette dernière est beaucoup trop petite pour avoir une importance. Tous les autres éléments du rêve doivent être complétés par des associations. La rêveuse doit se demander ce que signifie « être le long d'une pente ». À part cela elle avoue ne pas connaître d'officier supérieur ; il s'agit manifestement d'un aspect intérieur ; des associations devront préciser l'aspect de cette figure ainsi que le lieu de son apparition. Elle reconnaîtra d'autre part que les journaux apportent les nouvelles mais sont riches aussi en événements scandaleux. L'officier peut représenter une fonction *animus* en elle, une valeur masculine, peut-être une attitude d'esprit jusqu'à présent conventionnelle. En outre, il s'est passé quelque chose ; le journal intérieur l'annonce comme une nouvelle. Il y a un rapport entre la petite fille mal élevée, sa propre personne marchant le long d'une pente, et la fonction supérieure qu'incarne l'officier — il se trouve en haut dans le rêve. Au sujet de la lune qui luit en plein jour, la rêveuse observe que son enfant lui avait fait remarquer avec étonnement que l'on pouvait voir la lune même s'il fait soleil. Mais elle ne savait pas dans quelles conditions cela se passe. Il s'agit probablement d'une lune croissante, d'une féminité inconsciente qui augmente, et ceci en plein jour. Cette explication l'amenait d'ailleurs à concevoir un rapport entre la lune et la phase lunaire de la physiologie féminine. Le symbolisme de la lune évoque de nouveaux aspects et de nouvelles considérations. Il y a très probablement un rapport entre sa nature féminine et la lune, entre l'officier supérieur menacé et le soleil. Trois heures de l'après-midi : cela lui rappelle les invitations, les visites, l'enfant qui doit aller à l'école ; c'est à trois heures l'autre jour qu'elle était particulièrement fatiguée ; mais l'impression d'une interprétation convenable ne se fait pas sentir. La rêveuse insiste néanmoins sur le fait qu'il était trois heures moins le quart. L'interprète remarque alors, d'une manière amplificative, qu'il arrive fréquemment de faire des rêves où il est question d'heures analogues lorsqu'il se produit quelque chose d'important, lorsqu'il s'agit d'une transition, souvent d'un premier début du soir. Il était d'autre part clair qu'une inondation représente toujours un danger ; le fait qu'une inondation peut aussi provenir des profondeurs de l'âme, et ce que cela pouvait signifier, n'était pas reconnu par la rêveuse sans une certaine inquiétude. C'était le danger du crépuscule tombant, la menace par une féminité accusée, une situation qui semblait mettre en doute des valeurs précieuses.

L'interprétation sur le plan objectif

On reproche à la psychologie, qui recommande aussi à l'homme de s'occuper de ses rêves, de le détourner de ses obligations professionnelles et sociales, d'augmenter par contre son comportement autiste ; elle l'amènerait à s'accorder trop d'importance. Même si on ne veut pas comprendre que le fait de s'intéresser aux manifestations psychiques amène le moi, au-delà de ses propres limites, vers une plus complète réalisation de la personnalité totale, il convient de remarquer en réponse à d'éventuelles objections : rien n'est plus nécessaire, plus précieux pour l'individu, et pour la collectivité dont il fait partie, que le plein développement de toutes ses aptitudes. Il est par lui-même une contribution à la vie sociale ; il se réalise sur les plans interne et externe parce que telle est l'obligation que le Dieu de la vie lui a imposée par le fait même qu'il l'a créé. De même que l'homme doit accorder de l'importance à soi-même et au monde qui l'entoure, de même l'âme considère avec un sérieux particulier l'homme dont elle est le plan de réalisation, l'entéléchie, le centre vital. Cet effort semble s'accomplir pour elle dans le cadre d'une mission élevée.

Notre exposé a jusqu'ici assez clairement montré que pour se faire entendre par la conscience, l'âme se sert le plus librement possible de tous les phénomènes de la vie. Il est évident qu'elle utilisera les silhouettes de notre entourage, les choses et les événements de la vie extérieure lorsqu'il s'agit effectivement de ce monde extérieur, d'amis ou d'ennemis, de profession ou de tous autres intérêts. Le rêve qui parle de ces choses semble d'abord vouloir éclairer la réalité qui nous entoure et le rapport que nous conservons vis-à-vis d'elle dans la mesure uniquement où cette dernière échappe à la conscience. Dans l'interprétation, il convient alors de rapporter ces contenus familiers aux données de notre vie quotidienne ; ce faisant, on interprète le rêve sur un plan *objectif*.

Ceci apparaîtra à la plupart comme l'évidence même. Une personne dont la psychologie est simple admettra sans plus que lorsqu'elle rêve de son enfant, de son conjoint, voisin ou supérieur, il s'agit effectivement, concrètement de ces gens qui lui sont liés par un même destin. Elle sera tout au plus étonnée que ces gens agissent si différemment en rêve et en réalité, qu'elle se trouve avec eux dans une situation quelquefois impossible. En ce qui concerne l'interprétation sur le plan objectif, il convient de dire : il s'agit en fait de ces personnes dont il a été question en rêve. Mais il faut aussitôt ajouter, et cela réduit la portée de la première affirmation : à part quelques cas rares où les personnages du rêve sont l'exacte correspondance de la réalité, il ne s'agit pas véritablement de ces derniers, de leurs actions, mais bien plutôt de la *relation* extérieure envers ces personnes qui nous est représentée par l'image et par le déroulement de l'action onirique. À chaque interprétation sur le plan objectif, il faut donc se demander : est-ce que les personnes connues dont il est question en rêve sont vraiment telles que les décrit ce rêve ? Est-ce qu'il ne nous est pas donné ainsi d'apprendre autre chose au sujet de nos semblables afin que nous puissions mieux les connaître et mieux nous adapter ? Lorsqu'un rêveur voit son supérieur ou son préposé, lorsqu'une rêveuse reconnaît une collègue ou une amie, il faut alors insister pour obtenir une description précise et détaillée de ces personnes au cours des explications qui accompagnent l'interprétation. L'image onirique doit être soigneusement comparée à la réalité ; on constatera alors que l'inconscient avait de ces autres personnes une connaissance meilleure que celle qu'aurait pu se faire le moi le plus observateur. Après s'être fait une opinion fondée à la fois sur l'image du rêve et sur le savoir conscient, une foule de petites associations surgit tout à coup ; le rêveur commence à voir clair ; il aperçoit ses semblables sous toutes sortes de rapports nouveaux alors que son attitude était jusqu'ici plutôt influencée par des complexes. Il pourra dorénavant se faire une conception plus appropriée à la réalité ; il sera plus équitable, ce qui constitue un bienfait incontestable qu'il retire des rêves. Tout ceci vaut naturellement pour notre activité extérieure en général.

Considérés sur le plan objectif, le frère du rêveur est vraiment son frère, M. Dupré est vraiment M. Dupré, le médecin est bien ce médecin connu de nous, et même cette personne peu importante que nous connaissons à peine, dont l'apparition en rêve ne nous convient pas, pourrait à la rigueur être cet individu sale qui traîne dans le quartier, avec lequel nous avions eu un jour une scène si désagréable. Mais ces personnes ont en rêve des traits que nous ne leur connaissons pas. Vues de près, elles sont quelque peu différentes. Il y a même parfois un aspect, une expression qui appartiennent à une tout autre personne, rappelant quelqu'un qui leur est totalement étranger. Le rêveur arrive peu à peu à la conclusion, après avoir vu par exemple un ami dans une situation désavantageuse, qu'en fin de compte il ne s'agit pas de son ami, mais bien de l'amitié entre eux deux, c'est-à-dire de la relation avec l'autre, pas de l'autre en lui-même. Un jeune homme rêvant que sa fiancée était malade est arrivé à une conclusion analogue, bien à contrecœur d'ailleurs. En réalité, elle avait avant tout besoin d'amour et de confiance de la part de son bien-aimé. Les sentiments de ce dernier s'étaient brouillés à la suite de son incapacité à se libérer d'une aventure érotique antérieure. Les sentiments pour sa fiancée souffraient d'un malaise, d'une affection due à un « refroidissement ». Pour lui, elle était donc véritablement malade. De son côté, elle avait eu comme par hasard un rêve analogue, mais il s'agissait en l'occurrence d'une éruption cutanée sur les mains et la figure de son fiancé. Elle se demandait en rêve s'il est permis de se marier en de telles conditions.

Dans les rêves où il est question de personnes connues, il faut considérer avec un soin particulier les rapports de grandeur, l'habillement et l'activité typique de ces personnes. Lorsque le rêveur reçoit un cadeau — alors qu'en réalité une telle éventualité est impensable —, c'est que la relation interne avec cet autre s'est enrichie et a gagné en force et profondeur. Le rapetissement, question qui a été examinée plus haut, peut correspondre à une surestimation dans la réalité et qui demande à être corrigée. Mais ce rapetissement peut également signifier que la relation a perdu de son importance. Le deuil que portait en rêve la silhouette de la bien-aimée nous indique qu'il y a en nous comme un deuil pour cette femme ; nous n'avions pas encore remarqué ce nouveau sentiment ; pourtant cette expression est probablement la seule qui corresponde à la réalité interne.

Toutes les circonstances du rêve, y compris les personnages, donnent à celui-ci le caractère, l'impression qu'il veut faire parvenir à la conscience. Lorsque le monde extérieur est encore l'objet et le but principal des énergies psychiques, il convient d'interpréter les rêves sur un plan objectif. Ceci a lieu chez les personnes jeunes, à la conquête du monde qui les entoure, mais aussi chez les adultes qui n'ont pas encore trouvé la « place » qui leur revient. On recherchera en second lieu seulement ce qui intéresse le côté psychique, strictement interne.

Au sujet de l'interprétation sur le plan objectif, il faut savoir en résumé que ce n'est pas l'objet dont on rêve qui est signifié, mais la *relation* personnelle avec cet objet.

L'interprétation sur le plan subjectif

Chez beaucoup de rêveurs, le fait de rapporter le contenu de leurs rêves à la vie extérieure, par exemple aux relations avec telles ou telles personnes, ne donne aucun résultat satisfaisant. Car le récit du rêve n'a pas de rapports avec notre activité et les événements quotidiens ; il en est manifestement ni un reflet, ni un aspect complémentaire. Les personnes de notre connaissance qui font leur apparition sur la scène nocturne se comportent tout différemment qu'en réalité. Certes, lorsqu'un homme rêve que son enfant se fait écraser par un train s'élançant sur des voies inconnues, il est en droit de se demander si son enfant ne court pas

réellement un grand danger. Il méditera soigneusement cette éventualité. Mais il aura en même temps
l'impression qu'il ne s'agit pas de son enfant, mais bien
de lui-même ; il traverse justement une période psychiquement dangereuse. En cela, son enfant devient un
aspect essentiel de son âme à lui. S'il parvient d'une
façon instinctive à une telle explication de son rêve, il
aura interprété celui-ci sur le plan subjectif. L'impossibilité, lorsqu'il est question de parents, d'amis, de voi-
sins ou même de gens très peu connus, d'interpréter les
rêves sur un plan constamment *objectif* a fait naître
l'hypothèse que ces personnes étaient une allusion à
certains aspects personnels. Ceci est particulièrement
clair lorsqu'il s'agit de personnages de théâtre, de
roman ou même de ceux qui appartiennent à la scène
politique étrangère. Le fameux : « Voilà ce que tu es »
de la philosophie hindoue vaut pour la conception selon
laquelle les personnages du rêve doivent être rapportés
à des éléments internes de la personnalité du rêveur.
Sur le plan subjectif, tout exprime la réalité de ce psychisme interne. Les personnes, mais aussi les êtres du
monde animal et végétal qui peuplent nos rêves sont
des incarnations, des manifestations de certains traits
de notre être intime ; l'action du rêve devient l'expression de nos fonctions et de notre évolution psychiques.

Sur le plan subjectif, nous sommes ce faisceau d'éléments distincts que le moi maintient réunis dans la
conscience, dans la mesure où nous ne sommes pas
atteints par une affection mentale ou une obsession
quelconque. Ces éléments de notre personnalité, dont
le rêve brise l'intégrité, sont ordinairement projetés
sur des personnes de notre entourage. Aussi longtemps
que les différents aspects de notre caractère nous sont
inconscients, nous les voyons, nous les éprouvons sur
celui d'autres individus. Nous subissons sur eux ce
qui n'est pas suffisamment considéré en nous, nous
les haïssons dans la mesure ou ils reproduisent notre
propre infériorité. Un attachement incompréhensible,

un amour démesuré qui estime ne plus pouvoir se passer du « toi » — parce que ce toi incarne une partie de notre âme —, obéissent aussi bien à la loi de la projection qu'une répulsion sans fondement. Tout ce qui est inconscient, et n'est pas reconnu tel, est projeté. La psychologie complexe ne se lasse pas de le répéter. On trouvera dans l'œuvre de Jung, de même que dans les exposés de sa psychologie par d'autres auteurs, de nombreux passages qui abondent dans ce sens et insistent sur l'importance de ces processus psychiques pour la vie des hommes. (L'auteur se permet ici de faire allusion à trois chapitres de son livre *Lebenskonflikte* : « Von der seelischen Projektion » [« La projection psychique »], « Der dunkle Bruder » [« Le frère obscur »], « Glück und Gefahr des Seelenbildes » [« Bonheur et danger de l'image psychique »].)

Une fois que la projection ainsi discernée est retirée et qu'il ne reste plus qu'une projection affinée portant sur des aspects intérieurs, chacune des personnes dont nous rêvons pourra être reconnue sous la dénomination d'une allégorie qui définit un aspect de notre comportement interne. Pour employer un langage allégorique également : la combinaison « chimique » de notre personnalité se résout en ses éléments premiers lors de l'analyse onirique. Ces éléments portent encore le nom de personnes connues et conservent à peu près leur apparence, ou alors ils prennent l'allure de concepts plus généraux comme « l'enfant », « le frère », « la sœur », « le paysan », « l'officier », « la jeune fille », « le vieux sage », etc. Il faudra ramasser autour de ces figures le matériel provenant de la vie consciente, au moment de l'étude du contexte, afin de voir ce que ces allégories et ces allusions peuvent bien vouloir signifier. Lorsqu'à plusieurs reprises un commerçant dont nous savons peu de choses apparaît en rêve, commerçant qui passe pour avoir honorablement remonté son affaire après une faillite, le rêve ne dit rien au sujet de cet homme ou de notre attitude envers lui ; mais il indique qu'il existe en nous des forces capables de trouver une issue pour sortir d'une situation grave et périlleuse. Si nous voyons en rêve une collègue se caractériser plusieurs fois par une attitude particulièrement rusée dans la façon de délaisser des obligations essentielles au profit de plaisirs d'un mauvais goût, il faudra admettre qu'une telle collègue, obsédée par une conception de vie aussi peu fertile au point de vue humain, existe effectivement en nous. Nous rencontrerons également notre *ombre*, qu'il faudra affronter et surmonter si nous attachons de l'importance à réaliser une personnalité authentique. Nous désignons par *ombre*, sorte de silhouette d'arrière-plan, ceux des traits de notre personnalité auxquels nous ne pouvons donner une place suffisante dans notre vie consciente pour un plus ample développement. Les ombres ont des propriétés que nous n'avons pas reconnues mais qui dès lors ne se confirment inconsciemment que davantage dans les relations avec nos semblables. Au lieu de souffrir en nous et de mûrir par la souffrance de ce côté obscur, nous vivons ces caractères sur les autres, nous les combattons — par exemple l'avarice — en la personne d'autrui. Et voilà que ces autres apparaissent en rêve comme une part de nous-mêmes, comme par exemple notre propre avarice. Toni Wolff dit à ce propos : « Sur le plan subjectif, toutes les figures et situations oniriques sont interprétées symboliquement, c'est-à-dire comme des images de situations et de facteurs qui appartiennent au rêveur. »

Les rêves de personnes jeunes doivent d'abord être interprétés sur le plan objectif parce que celles-ci sont naturellement tournées vers le monde des objets ; pour-tant on y trouve déjà des éléments qu'on ne peut comprendre que par l'interprétation sur un plan subjectif. Il s'agit particulièrement de ces figures oniriques qui, par le truchement de silhouettes familières, notamment de camarades, sont l'expression de cette ombre ; de même les animaux, qui donnent simplement des indications sur la nature de l'intensité des instincts, doivent être interprétés sur ce plan. Plus l'individu vieillit et plus il convient d'interpréter ses rêves sur le plan subjectif. Lorsqu'il est vieux, toute sa conduite se réduit à une affaire subjective, compte tenu de l'adaptation nécessaire aux exigences encore justifiées du monde ambiant. Alors les figures et les actions traduisent le riche symbolisme de l'évolution interne, lorsqu'elle est acceptée ; elles traduisent un symbolisme dont le contenu est effrayant lorsque l'individu se soustrait aux exigences de sa maturation interne. Les silhouettes humaines sont quelquefois expressément désignées comme des parents proches ; ils sont précisément du même sang. Il est dès lors facile d'expliquer au rêveur que cet autre est en effet très proche de lui.

On rencontre quelquefois des images archaïques qui traduisent les valeurs appartenant à l'autre sexe qui est en nous ; il s'agit alors de l'*anima* et de l'*animus*, qui revêtent d'ailleurs rarement la silhouette d'une personne connue. Ils sont simplement « la belle jeune fille », « la superbe », « la femme sévère », « la femme fatale » ; ou bien en ce qui concerne les rêves féminins : « le bel adolescent », « l'officier », « le médecin », ou bien « le prêtre », « le grand chanteur », « un vieux sage ». Mais il peut également se faire que ce soit une jeune fille de notre connaissance, ou encore une femme qui a fait sur nous une grande impression, qui soient utilisées pour figurer l'image psychique, l'*anima*. Il reste encore à examiner dans ce cas s'il s'agit uniquement de notre relation psychique avec cette femme véritable, ou s'il est question de la rencontre en nous avec notre nature féminine inconsciente. En ce qui concerne le rêve d'un homme ayant atteint un certain âge, il convient d'examiner l'importance de cette femme réelle dont parlait le rêve, d'une manière assez rapide pour insister davantage sur le plan subjectif ; on aide ainsi le rêveur à dégager l'accès vers les richesses intimes de son être.

Il en est de même pour les hommes qui font leur apparition dans les rêves de femmes d'âge mûr. Il sera de plus en plus question d'hommes inconnus qui traduisent les différents degrés d'évolution psychique de la rêveuse.

Il y a des formes, des figures, qui expriment des plans encore plus enfouis de notre âme ; ils se situent dans le voisinage de cette dernière instance qui est le principe directeur même de notre vie. C'est à partir de là que la totalité de notre moi est dirigée, compte tenu d'une liberté d'action relative de la volonté. Le rêve ne peut alors s'exprimer qu'au moyen d'un langage allégorique qu'il convient d'interpréter uniquement sur le plan subjectif. Ce langage se sert des symboles du soi comme le roi, un grand prêtre ; il peut encore s'exprimer d'une façon plus actuelle avec un général en chef ou un dictateur, auxquels fait face le « grand homme » qui n'est d'aucun temps ; parmi les femmes, il s'agit des Parques, ces femmes qui filent ou tissent le destin des hommes. Mais, là aussi, l'allégorie est changeante ; ce centre intérieur peut également être figuré par la source, la pierre précieuse, la fleur d'or, ou plus abstraitement par une circonférence avec son centre, par un serpent si l'allégorie est tirée du monde animal. Parfois même son visage divin fait son apparition dans le rêve.

Des indications de lieu et de temps peuvent naturellement aussi donner lieu à une interprétation du type subjectif. En nous c'est la guerre ; les contrariétés psychiques se reflètent au moyen d'images franchement sexuelles ; en nous-mêmes, il arrive que nous sortions du dédale des forêts sur une route claire et droite, de puissants fleuves grondent dans notre paysage interne ; ou bien encore nous sommes prisonniers de nous-mêmes. Cette dernière situation a été notamment exprimée dans le rêve d'un homme qui se vit condamné à six mois de prison parce qu'il avait dépensé ses forces psychiques dans une mauvaise direction. Et, dans le rêve, il cumulait les fonctions du malheureux prisonnier, du médecin de prison bienveillant mais froid et du sévère directeur. Le rêve disait : « Tu es tout ceci, voilà ta situation subjective. » Seule l'indication de temps correspondait à la réalité objective : exactement après six mois d'oppressante introversion, le rêveur commençait une période admirablement productive.

En conclusion de ce qui précède se dégage la notion suivante : le monde objectif qui nous entoure aussi bien que le monde objectif de l'inconscient collectif qui est en nous se trouvent en constante relation avec l'âme dont l'expérience se forme au contact de ces deux domaines. Ceux-ci sont nécessaires pour matérialiser d'une façon symbolique sa nature, son activité, son présent et son avenir par l'intermédiaire des images du rêve. Si notre accent vital porte sur la vie extérieure, alors les rêves seront emplis par le matériel expérimental de cet extérieur. Il faut donc les interpréter sur un plan objectif. Si l'accent repose sur l'évolution interne, le matériel onirique se compose d'allégories qui empruntent uniquement l'enveloppe de cet « extérieur », et d'images archaïques symboliques. Il convient d'interpréter ces rêves sur le plan subjectif. Entre ces deux grands mondes externe et interne habite notre âme individuelle ; elle leur emprunte l'image de phénomènes pour parvenir à une figuration d'elle-même.

Après l'interprétation

L'interprétation achevée a transposé dans le clair langage de la conscience le récit onirique de l'inconscient, qui n'était tout d'abord pas bien compris à cause de son caractère symbolique et prélogique. Le texte étrange provenant du pays obscur de l'inconscient a peu à peu été déchiffré et a donné le *sens* du rêve, même si parfois certains passages n'ont pu être bien éclairés ou si la polyvalence des symboles n'a pu être parfaitement élucidée. Nous avons pu acquérir dans cette interprétation l'opinion de notre être intime au sujet des problèmes conscients et inconscients de notre existence. Il nous appartient dès lors d'en tirer les conclusions et de faire fructifier le résultat de l'interprétation. Dans son intelligent petit ouvrage sur les rêves, Binswanger constate : « L'interprétation scientifique du rêve doit forcément s'accompagner d'un examen de conscience. » On peut ajouter : celui qui tient à s'occuper de ses rêves d'une manière sérieuse, qui attache de l'importance à en dégager une explication, doit être prêt à intégrer le sens des rêves dans une conception de vie désormais plus large et une activité plus consciente. Le résultat, le sens élaboré par l'interprétation, peut amener l'individu à faire un retour sur soi qui est précisément, d'après le mot de Jung, « ce qu'il y a de plus difficile et de plus répugnant à l'homme en majeure partie inconscient ». Accepter le rêve, c'est-à-dire accepter sa propre ordonnance psychologique, signifie s'en remettre au risque de suivre la voie de l'action qui rapproche notre vie de son véritable but, qui conduit notre personnalité vers sa réalisation. Mais accepter le sens qui se dégage des rêves et réaliser ce résultat dans la vie pratique font deux. Combien de fois nous aimerions ne pas prendre en considération l'explication ainsi obtenue, par exemple celle qui nous démontre le caractère nuisible de certains rapports avec l'entourage, notamment avec des personnes ou des entreprises auxquelles nous étions attachés par peur de les perdre. Nous voudrions fermer les yeux sur notre méchanceté, sur nos basses intentions que nous venons de reconnaître ; il est temps que nous nous occupions réellement de ce frère pas très estimable qui est en nous.

Nous ne voulons pas admettre qu'il y ait en nous, à l'état brut, autant de dynamisme et autant d'animalité. Nous ne voulons pas accepter, nous ne voulons pas même entendre l'ordre sévère du rêve, habitués que nous sommes à reculer devant les obligations du monde et de la société, qui nous enjoint de pénétrer dans cet univers à la fois craint et déprécié. Le rêve en appelle à notre conscience et celle-ci devra répondre à la voix des profondeurs qui lui dit : si les choses en sont là pour toi, que feras-tu désormais pour changer ces choses et te changer toi-même, instruit que tu es par les rêves ?

Nous apprenons que nous avons joui de la vie, que nous sommes restés presque trop longtemps à sa table et que l'heure du jeûne, du sacrifice pour autrui, a sonné. Quelle est notre réponse ? Que dirons-nous en apprenant avec émotion que le conflit actuel, ce fardeau dont il ne nous est presque plus possible de venir à bout, a pour unique signification de nous amener au travers d'une lente agonie vers une renaissance interne ?

Il est déjà assez difficile pour un individu de suivre la voix de la raison, de faire ce qui au fond se comprend tout seul. Mais combien il sera tenté d'éviter encore davantage ce qu'exige de lui une voix aussi étrange que celle du rêve. Il objectera que dans le fond les rêves peuvent vouloir dire tant de choses, qu'il ne s'agit pas forcément de celles qui font découler pour lui toutes ces obligations. Cette affirmation peut provenir d'un moi habité par l'intelligence la plus vaste, mais auquel manquera encore cet esprit qui vient des profondeurs, de ce que l'on serait tenté d'appeler la conscience de l'inconscient. Il suffit qu'il soit question de la plus légère difficulté, du plus petit sacrifice, telle une valeur nouvelle qu'il faut accorder à son partenaire de vie ou un combat qu'il faut mener contre les conventions morales d'une société bornée, pour qu'aussitôt le moi fasse appel à son libre arbitre, à sa prétendue autonomie. Il arrive très fréquemment que l'interprète soit obligé de dire au rêveur que celui-ci est en effet libre d'accepter le sens d'un rêve ou de ne pas l'accepter lorsqu'il se défend contre les obligations nouvelles ou lorsqu'il se sent blessé dans son amour-propre. Il peut naturellement se faire aussi que cette résistance soit reportée sur l'interprète qui a fait part au rêveur de ces résultats psychologiques. Dans ces cas, l'interprète se voit souvent obligé de souligner le fait que ce n'est pas lui, mais bien le rêveur, qui a eu ce rêve pénible. Cependant, si ce dernier a la volonté de reconnaître clairement le chemin à suivre et s'il est décidé à faire de son mieux, même lorsqu'il existe des résistances, alors la lutte avec les exigences de l'inconscient aura un résultat fructueux ; la réponse donnée au compte rendu de l'âme est finalement une réponse courageuse.

Mais tout le monde n'y réussit pas. Le rêveur est quelquefois en présence d'une signification psychique précise que lui fournissent plusieurs rêves. Chaque nouveau rêve, éclairant le problème de côtés différents, exprime la même nécessité d'agir. Et pourtant l'individu faible paraît échapper à l'inexorable devoir ; car la vie laisse à l'individu la liberté du choix, mais elle ne l'affranchit pas des conséquences de cette liberté.

Si nous ne pouvons pas accepter ce que l'âme nous propose, si nous nous fermons à ses grandes intentions, la direction de notre vie consciente et de notre vie inconsciente se scinde, se morcelle, nous entrons dans un conflit qui dévore le plus clair de nos énergies. Beaucoup de gens se trouvent dans une telle situation sans pouvoir se rendre compte de quel côté est la bonne voie. Mais celui qui sait lire dans ses rêves les intentions de l'inconscient est doublement coupable lorsque, pour reprendre une formule ancienne, « il sait le bien mais ne le fait pas ». Souvent le « bien » a alors une tout autre allure que ce qui est prescrit par les exigences morales.

D'ailleurs, l'âme n'est pas injuste dans ses prétentions ; elle sait ce dont l'homme est capable. On est
sans cesse surpris, dans la pratique psychologique, par
l'équité, par la largesse de vues avec lesquelles elle
partage les charges de la vie, par l'impartialité dont
elle use pour s'orienter d'après les grandes lois et les
grandes valeurs existentielles. Celui qui a pu se rendre
compte de cette réalité aura beaucoup plus de facili-
tés pour accepter ce que le rêve exige de lui.

Cette acceptation entraîne d'ailleurs la libération
d'une foule d'énergies psychiques qui se trouvent du
même coup régénérées. Quand on a dit oui à l'âme,
elle se montre reconnaissante. Le rêveur a déjà pu
sentir un commencement de cet afflux d'énergies au
moment où l'interprétation dégageait peu à peu le
sens du rêve. On sait que ce moment énergétique provient du champ de force appartenant au symbole et
qu'il nous revient au moment où la conscience prend
connaissance du contenu du rêve. Nous avons déjà
insisté sur le fait que ce sont des forces psychiques
collectives qui ont formé le symbole humain universel. Elles se sont en même temps ramassées dans ces
images qu'elles ont créées et qui forment comme un
récipient dont le contenu est de l'énergie psychique
condensée ; en usant d'un langage technique, on
pourrait dire qu'il s'agit d'un puissant accumulateur.
Les symboles seraient en même temps des transformateurs de cette énergie psychique capables de nous
fournir en force. Lorsque le symbole est bien interprété, l'événement archétypique décomposé en ses
éléments et l'action onirique correctement analysée,
et lorsqu'en même temps la conscience est mise en
présence de la signification du rêve, ce dernier libère
les énergies qui en ont formé les différents aspects ;
elles reviennent à la conscience du rêveur.

On est sans cesse témoin dans la pratique psychologique de la reconnaissance éprouvée pour cette instance supérieure qui nous habite — la psychologie

complexe l'appelle le « *soi* » —, participant à notre vie mieux que nous ne pourrions le faire, travaillant à sa réussite, faisant, au moyen du rêve, le point de la situation afin de mieux éclairer nos insuffisances, montrant ce qui nous menace et les buts qu'il s'agit d'atteindre. Par la confiance récompensée que l'homme place en la connaissance de son soi, par l'expérience de forces nouvelles, il atteint à un calme inconnu jusqu'alors. Il sait que chaque fois que se présenteront des problèmes nouveaux, que le règlement de ses conflits marque le pas ou que l'heure est venue de faire un retour objectif et approfondi, de mener la grande lutte avec ses propres puissances, l'âme l'en instruira au moyen de son symbolisme. Il ne se perdra plus dans la confusion parce qu'il se trouvera sous le signe d'une réalité plus profonde et plus large, parce qu'il aura acquis une conscience plus élevée ; il vivra certain de toujours trouver un chemin qui le ramène à la maison. Lorsque nous sommes saisis par la profonde signification d'un grand rêve, il nous semble parfois que nous nous trouvons déjà dans cette grande demeure où le maître a aussi recours aux rêves pour que nous restions à ses côtés.

TROISIÈME PARTIE

Les symboles oniriques

INTRODUCTION

Il est nécessaire de faire quelques remarques avant d'exposer ce catalogue de symboles composé de petits textes possédant chacun une certaine unité ; elles se proposent d'éviter qu'il ne soit utilisé de la même manière qu'une quelconque « clé des songes » se recommandant d'origines orientales ou égyptiennes et qui, dans le meilleur des cas, ne représente jamais qu'un résidu incompris de l'interprétation des rêves dans l'Orient et dans l'Antiquité. Comme on sait, ces petits manuels énumèrent des symboles en regard desquels se trouve une signification unique, totalement dénuée de psychologie et qui ne tient compte que du point de vue favorable ou défavorable.

L'emploi de notre classification, qui mentionne les symboles oniriques les plus courants en leur adjoignant la signification la plus communément rencontrée, ne pourra servir le lecteur dans la considération de ses rêves que lorsqu'il aura assimilé les réflexions fondamentales de la première partie du livre. Car, dans ce cas uniquement, il saura combien il est rare de ne pouvoir compter que sur une seule signification symbolique. Il saura aussi, même si le sens général d'un symbole s'est dégagé par l'étude de milliers de rêves dont le contenu symbolique est analogue, qu'il devra pourtant se poser la question : « Que signifie pour moi ce symbole ? Quel est son sens en rapport avec ma situation individuelle du moment ? » Lorsque le rêveur et lecteur sera sans cesse conscient de ce qui fait sa propre caractéristique, il pourra admettre, il reconnaîtra même avec étonnement que celle-ci plonge ses racines dans la réalité humaine la plus générale. Il pourra aussi admettre que les symboles de son rêve ont probablement une signification analogue à ceux de rêves interprétés chez tant d'autres de ses semblables, aussi longtemps que des événements personnels ne contredisent pas cette signification au cours des commentaires. C'est celle-ci que notre exposé essaie de décrire. Mais on devra toujours se rappeler que les symboles et les rêves dans lesquels ils apparaissent sont polyvalents et surdéterminés, c'est-à-dire passibles de plusieurs interprétations. On se trouve d'ailleurs ici devant la question souvent posée, à savoir si une connaissance limitée est plus dangereuse qu'une ignorance totale. Mais est-ce que toute prise de conscience n'a pas commencé avec une explication des choses limitées à un premier plan, avant de parvenir à une connaissance plus grande du rapport des choses en général ?

Le lecteur qui n'éprouve jamais pour ses rêves qu'une vague curiosité trouvera même difficile et déroutante une classification pourtant simplifiée à dessein. L'interprétation d'un rêve est pour lui une énigme indéchiffrable. Par contre, le connaisseur du symbolisme ayant une large culture historique et psychologique pourra nous faire le reproche d'avoir trop simplifié les choses. Nous pouvons l'assurer ne pas être totalement étranger à ce qui fait l'objet de recherches et d'explorations touchant à un monde mythologique encore lointain et mal éclairé. Mais ce livre n'a pas été écrit pour un spécialiste, bien qu'il puisse se défendre honorablement devant les exigences de celui-ci.

Un homme intelligent, ayant l'habitude de réfléchir sur les choses qui jouent un rôle dans ses rêves afin de comprendre ce qu'ils ont depuis toujours signifié pour l'homme, trouvera certaines de nos explications inutiles. D'autres seront amenés par notre rapide étude des contenus symboliques à reconsidérer, à revivre à partir de ces symboles, le monde de leur existence, à se faire une conception de vie nouvelle sur les bases d'une compréhension plus originelle des choses. Bien des aspects leur échapperaient si les résultats d'une psychologie analytique et interprétative des rêves ne leur venait pas en aide. Le catalogue qui suit se propose de fournir une telle aide au lecteur qui, malgré ses efforts, ne voit pas bien comment il convient de prendre un rêve. Il peut se faire alors qu'après avoir inséré dans son rêve le sens du symbole qui est indiqué ici, ce rêve lui apparaisse soudain plein de signification. Il percevra alors quelque chose dont l'âme, continuellement renfermée dans son monologue, n'aura pas voulu priver le spectateur qui se sera montré attentif.

CHAPITRE PREMIER

Personnages connus
et personnages inconnus

L'homme vit avant tout dans le monde des hommes. Il en est également ainsi dans les rêves. Il y rencontre un individu connu ou non, de même qu'il y rencontre la société humaine plus ou moins proche de lui. Et aucun rêveur ne s'étonne de rêver de tel ou tel de ses semblables, appartenant à son entourage ou à ses souvenirs. Il s'étonne tout au plus que cet autre apparaisse dans ses rêves *maintenant*, et il ne comprend pas ce que cette apparition peut vouloir lui indiquer.

Aujourd'hui, tout observateur attentif admettra que les personnages de ses rêves ont tous leur importance. Mais il lui est souvent impossible de déterminer celle-ci. Il lui est particulièrement difficile de mettre en liaison avec son existence cet inconnu qui lui est apparu en rêve. De même cet autre, à peine entrevu et qui n'a jamais joué aucun rôle dans sa vie, il ne le voit pas d'un bon œil faire une apparition en rêve. « Que me veut-il, celui-là ? »

Il a déjà été expliqué en quoi consistent l'interprétation sur un plan objectif et celle qui se pratique sur un plan subjectif. Il convient de rappeler encore une fois que l'interprétation se fait de préférence sur un plan objectif pendant la première moitié de la vie. Alors l'individu de notre connaissance qui est apparu en rêve se rapporte réellement à notre relation avec lui. Le rêve amène celle-ci dans la lumière qui permet de la reconnaître véritablement, son importance est déterminée par la comparaison des jugements conscient et inconscient.

Par contre, sur le plan subjectif, tout fait allusion à notre propre personne. Celle-ci apparaît alors comme l'autre ; et ce qui passe pour être caractéristique de cet autre vaut pour nous.

Involontairement et sans qu'il le sache le plus souvent, chaque individu sert ainsi d'allégorie à un autre afin que cet autre se pénètre et se reconnaisse mieux.

L'apparition de la *mère* est d'une grande importance pour l'humanité, aussi bien comme événement personnel que comme symbole archaïque et universel. Le fait de vivre sous l'influence de notre mère empreint l'aube de notre existence d'une façon considérable et constante. Elle emplit notre enfance. Nous lui appartenons plus qu'à aucune autre femme ; sa silhouette nous accompagne au travers de notre plus ou moins longue existence. Une fois détaché d'elle corporellement, l'homme a encore longtemps continué à se nourrir de sa peine et de son sacrifice, à être impressionné par sa façon de dominer le logis. Il ne faudra donc pas s'étonner que la mère véritable représente une des apparitions les plus importantes du rêve. Il faut toutefois remarquer que lorsque les rapports réciproques entre parents et enfants grandissants sont normaux — dans le cas où les exigences des uns et des autres ne dépassent pas la mesure —, les rêves qui parlent des parents, en particulier de la mère, sont plutôt rares. Ceci est tout à fait normal. Mais lorsque la mère ne se sépare pas de son enfant, l'inconscient, pressentant le danger, la montre sous un aspect négatif en rêve, lui enlevant de la sorte une partie du prestige. Par contre, lorsque le rêveur fait ordinairement bon marché du rang naturel des parents, ces derniers lui apparaissent augmentés d'importance, par voie de compensation. D'un autre côté, l'image maternelle apparaissant en rêve d'une façon répétée laisse supposer que le rêveur n'a pas encore atteint l'autonomie nécessaire dans la vie. Ces sortes de rêves, chez des personnes adultes, demandent que l'on analyse très sérieusement le thème parental.

On peut aussi se demander lequel des caractères de nos parents nous nous devons de cultiver consciemment. Il convient d'indiquer à ce propos que les femmes dont la mère, bonne et dévouée, cherche à les atteindre sans cesse en rêve, feront alors bien de réaliser elles-mêmes la maternité au lieu de vivre celle de leur mère. Quand nous étions petits, les parents nous paraissaient très grands, et nous croyions qu'ils étaient tout-puissants. Nous avions ensuite peu à peu reconnu que cette toute-puissance n'agissait que dans un cercle très restreint ; ainsi, ce fait les « rapetissait » à nos yeux. Les jeunes qui ne veulent pas se rendre compte de cette relativité, ou dont l'attitude prétentieuse des parents les empêche de la reconnaître, apprennent en rêve le vrai rapport des choses. Le père et la mère apparaissent alors petits, ne viennent même pas lorsqu'ils sont appelés. Avec une maturation croissante, le détachement est quelquefois si bien achevé que les images du père et de la mère sont comme englouties par la terre. Mais ces images réapparaissent au moment de périls soudains et de misères. Le sentiment des femmes aspire alors plutôt vers le père, celui des hommes vers la mère. Il serait faux de croire que le père, dont le rapport avec l'entourage est plus suivi et les relations intellectuelles plus intenses, a plus d'importance que la mère. Celle-ci constitue bien une des images archétypiques les plus puissantes. À ce sujet, bien que la profusion des aspects puisse paraître confondante, nous citerons un extrait d'un exposé de C. G. Jung sur l'*archétype maternel*. Il considère les « mères » suivantes : « [...] la mère et la grand-mère personnelles ; n'importe quelle femme avec laquelle on est en relation, la nourrice et la gouvernante aussi ; l'aïeule ; dans un sens élevé et transposé, la déesse, spécialement la mère de Dieu, la Vierge [...], Sophie [...], en tant que but des aspirations à la délivrance [...] ; dans un sens plus large, l'église, l'université, la ville, le pays, le ciel, la terre, la forêt, la mer et l'eau stagnante ; la matière, le monde souterrain ; dans un sens restreint de lieu de procréation et de naissance, le champ, le jardin, le rocher, la grotte, l'arbre, la source [...] ; dans un sens encore plus restreint de matrice, toute forme creuse [...] ; le four, la marmite ; sur le plan animal, la vache et tout animal domestique. Tous ces symboles peuvent avoir un sens positif, favorable, ou négatif, néfaste. » Jung continue son énumération par la déesse du destin, la sorcière, le dragon, tout animal qui enlace, la tombe, les profondeurs aquatiques, le cauchemar et la frayeur féminine de l'enfant ; il ajoute que cette énumération ne prétend pas être complète, qu'elle ne fait que dépeindre les principaux traits de l'archétype maternel. D'une façon générale, ses caractéristiques sont le côté maternel, l'autorité magique de la femme, la sagesse de l'élévation spirituelle au-delà de la raison ; ce qu'il y a de bienveillant et de conservateur, ce qui porte, ce qui dispense la croissance, la nourriture et la fécondité ; le lieu de la transformation magique, de la renaissance [...] ; ce qu'il y a de secret et de caché, l'obscurité, l'abîme, le monde animé des profondeurs souterraines, ce qui engloutit, séduit, empoisonne, ce qui effraie et ne pardonne pas. Le savant formule l'antagonisme des caractères par la représentation de la mère « *aimante* » et de la mère « *terrible* ».

Il existe en effet des rêves hantés par des mères terribles. Elles portent l'accent de cette force parfois si égoïste et si terrible qui attire tout à elle, même les enfants et leur âme. Elles ne lâchent pas, elles exigent constamment et contiennent ce qui plus tard tourmente encore le fils dans l'homme, ce qui éloigne la fille de la mère.

S'y opposent les mères aimantes, bienveillantes, celles qui se résignent et laissent aller l'enfant au nom de son développement, celles qui ne se recherchent pas en lui mais poursuivent une évolution personnelle qui les mènera à la maturité.

Chaque femme possède en elle, dans une mesure limitée à son individualité, ces deux formes essentielles de la « mère ». Laquelle des deux formes a été choisie, ou pouvait être choisie, les rêves des enfants devenus adultes en donneront plus tard l'indication. Car la mère personnelle, même après sa mort, est de la plus grande importance pour l'individu.

Mais ce n'est pas cette femme peut-être aimable, modeste, vivante et spirituelle, au caractère bien personnel, ce ne sont pas ses qualités tristes ou gaies, ce n'est pas non plus cette femme méchante, au cœur rétréci, tourmentée ou dépensière, qui contiennent en elles tout ce que l'on peut comprendre sous la qualification de « mère ». C'est un vaste contenu psychique de l'humanité, cette expérience ancestrale qui englobe ce qu'est et ce qu'a été la mère sous tous les rapports, qui s'est condensé passivement dans l'image de cette créature humaine, hélas mortelle et limitée que nous nommions mère. C'est au travers de cette créature que nous avons rencontré la mère originelle. Peu à peu, nous pouvons séparer ce côté archétypique de la mère qui nous a enfantés. Chaque rencontre que nous faisons en rêve avec ce principe maternel nous délivre des liens qui nous rattachent à la mère corporelle et qui ne lui appartiennent pas. En apprenant à faire cette distinction, le complexe maternel se résout et nous entrons en un rapport plus naturel avec notre propre mère.

Quant à l'autre, le principe, il s'identifie à la vie en général. Il devient la terre à laquelle nous sommes attachés. Il est le contraire du principe paternel dont la forme la plus élevée peut être symbolisée par l'esprit. Les rêves maternels faits par des femmes peuvent amener une prise de conscience de leur féminité. Il s'agit alors d'une relation assez simple avec la mère qui représente la sœur plus âgée et plus expérimentée. Il peut arriver aussi qu'il y ait une confrontation ou au contraire une identification avec la volonté de puissance maternelle.

Le même rêve maternel fait par un homme a plus de poids que lorsqu'il est fait par une femme. La relation entre la mère et le fils est déjà plus profonde du fait que la mère représente le côté intouchable du sexe opposé, elle est ce qui est totalement autre. L'homme pressent que la femme qui le portait dans son sein sera toujours ce grand, cet étrange symbole qui le ramènera sans cesse vers les profondeurs de la vie terrestre et des régions inconscientes du psychisme. Il pressent qu'avant chaque envolée, il devra, tel Faust, redescendre vers les femmes et qu'en fin de course, son corps éreinté sera accueilli dans le sein opaque de notre mère commune. L'Église chrétienne ajoute : afin que l'âme puisse revenir au Père.

L'apparition du *père* a rarement autant d'importance en rêve que l'image de la mère. Cela est peut-être dû au fait que le père est avant tout pour l'enfant grandissant le représentant de la rationalité et des relations avec le monde extérieur. Dans la famille, le père assure les fonctions de la conscience active et de la volonté. Il est censé diriger les événements de la famille et on lui demande de comprendre les choses qui sont extérieures à cette dernière. Le procréateur est moins intimement et moins inconsciemment lié à la croissance de l'enfant, bien que certaines exceptions démentent cette constatation. Dans l'histoire générale de la culture, l'homme a toujours représenté le médiateur des contenus spirituels et rationnels de l'existence ; ce n'est pas par hasard que dans les langues qui connaissent le mot esprit, celui-ci est du masculin.

Un esprit plus simple s'en tiendra ordinairement à la tradition ; c'est pourquoi dans certains rêves le père personnifie le côté traditionnel de la vie, ce qui a rapport au monde de l'éducation et de la vie professionnelle. Il n'est pas étonnant que les jeunes, durant leur période d'instruction, rêvent justement de leur père lorsqu'ils entrent en conflit avec l'autorité, lorsqu'ils se rendent infidèles à l'égard de l'image paternelle qu'ils portent en eux. La lutte qui en résulte peut les amener à rénover leur conception de vie mais peut aussi les précipiter dans un sentiment de culpabilité contre eux-mêmes et la maison paternelle.

Les uns mettront toujours l'accent sur le côté paternel de leur inconscient, les autres sur le côté maternel, tout comme chez les uns le détachement de l'univers paternel et chez les autres l'abandon du fond maternel constituent l'exigence primordiale d'une certaine époque de vie. Tout en sachant évidemment que le « père » représente en rêve un potentiel psychique important de nous-mêmes, une partie essentielle de notre personnalité, il ne faut pas oublier que dans l'interprétation des rêves paternels, la personne physique du père, c'est-à-dire notre père réel, joue un grand rôle. Le contexte fournira à ce sujet les indications nécessaires.

Il faut observer dans ces rêves si le visage et la silhouette de l'homme dont nous pouvions ou dont nous devions devenir l'enfant deviennent vraiment visibles. L'interprétation n'aboutit pas aux mêmes résultats dans le rêve de la jeune fille et de la femme que dans celui du garçon et de l'homme. Le père peut avoir un rôle de dirigeant dans le rêve des garçons et des filles ; on lui donne la main, on marche à ses côtés ; lorsqu'il est présent en rêve, on apprend des choses inconnues. Plus tard, l'apparition du père et aussi de ce qui est « paternel » est remplacée chez les jeunes filles et les femmes par l'image du professeur, du curé ou par l'image d'un camarade plus âgé. Dans le rêve de la jeune fille, le père peut devenir un objet d'amour représentant son *animus*, qui se reportera d'ailleurs peu à peu sur l'image et sur la personne réelle de l'amoureux, du propre époux. D'après ce que prouve l'expérience, le père réapparaît plus tard dans les rêves de la femme lors du processus d'individuation, dans un ménage malheureux ou encore lorsque la vie abandonne tout espoir d'un nouvel amour. L'âme cherche alors en elle-même le contact du monde paternel, traditionnel, de ce qui représente l'esprit. Souvent aussi le père est à nouveau projeté sur un homme âgé et expérimenté, par exemple le médecin, un homme d'une certaine corpulence mais surtout d'une certaine force morale — jusqu'à ce que cette projection soit également retirée et que la rêveuse mûrie incorpore à sa féminité et à sa maternité psychiques non seulement le côté masculin mais également le principe paternel.

Dans le rêve du jeune homme, le père incarne la génération que la vie du fils surmonte et relègue au second plan. La confrontation avec le père est pour cette raison une confrontation des générations. Dans cette lutte entre le passé et le devenir que représente le rêve, on peut pénétrer profondément l'essence intime du monde, des rapports culturels. Il est parfois touchant, dans les rêves d'hommes mûrs, de constater une réconciliation des principes paternel et filial. Celui qui est parvenu à sa forme définitive et qui a rempli les fonctions qui lui incombent peut à son tour laisser s'affirmer le contenu de la forme d'autres générations. C'est ce qu'indiquent certains rêves d'hommes qui ont atteint la quarantaine. Alors le rêveur est empli de ce discret sentiment de bonheur qui caractérise parfois dans la vie de tous les jours certaines relations entre père et fils tout empreintes de retenue et de tendresse.

Les *enfants* qui apparaissent dans les rêves des parents sont en premier lieu l'expression de la réalité, c'est-à-dire de leur rapport mutuel. Les parents devront réfléchir sur leur opinion, leur attitude à l'égard de leurs enfants ; ils seront de la sorte quelquefois mis en présence des difficultés que ces enfants ont pu rencontrer. C'est que leur inconscient est capable de faire des constatations qui ont pu échapper à leur sens des responsabilités, peut-être d'ailleurs très scrupuleux. Lorsqu'un des parents rêve obstinément de l'un de ses enfants, il fera bien d'y regarder de près. Mais un tel rêve d'enfant se rapporte plus souvent à un aspect intérieur au rêveur, à l'enfant qui est en lui ; il convient la plupart des fois de l'interpréter sur un plan subjectif. Certains pères ne cessent de rêver de leurs jeunes fils qui représentent alors ce qui est encore jeune en eux-mêmes. Parfois un de ces enfants, partie inconsciente du père, prend celui-ci par la main pour lui montrer quelque chose qui a une signification particulière, un chemin resté caché, une chose de prix, un animal ou même un danger quelconque.

Les rêves des *frères* et *sœurs* de la famille peuvent très bien se rapporter à une relation objective. Il faut alors examiner notre attitude à leur égard.

Sur le plan interne, le frère et la sœur qui apparaissent simultanément dans le rêve d'un homme expriment les relations entre le moi, l'ombre et l'*anima* ; chez les femmes, la sœur est alors l'ombre mais le frère représente le côté masculin en elle, son *animus*.

La personne de sexe masculin qui n'a qu'une sœur, ou celle, de sexe féminin, n'ayant qu'un frère, ont ainsi une belle occasion d'analyser et d'intégrer leur autre aspect interne, ou bien de le projeter sur un partenaire véritable. Cette dernière éventualité est la cause de maintes disputes.

Dans les rêves masculins, le véritable frère apparaît souvent sous l'aspect de l'ombre, alors qu'en réalité il peut profondément différer du rêveur et même représenter une structure psychique radicalement opposée. En tant qu'ombre, il est la faiblesse, ce qui est tout autre ; il est aussi le côté précieux qui est resté inconscient et représente en tout état de cause ce que nous sommes *encore*. Le même raisonnement vaut pour la sœur de la femme.

Il peut y avoir des rêves où se rencontre l'« *enfant divin* » ; cet enfant divin est la nouveauté qui se fait jour dans l'âme lorsque ce nouvel aspect est en train de conquérir d'une façon douloureuse la place qui lui revient. L'enfant annonciateur d'un nouveau salut, d'une conception de vie plus profonde, constitue une des expériences les plus anciennes de l'humanité aussi bien dans l'Orient que dans l'Occident. Que celui qui ne le comprend pas réfléchisse un instant à l'image de cet enfant divin, couché dans une crèche d'une misérable écurie, dont l'influence considérable est encore sensible dans l'évocation de cette histoire de Noël qui impressionne toujours profondément les hommes. Nous avons déjà fait allusion au rôle de l'enfant inconnu. On souligne quelquefois sa pauvreté, sa détresse, son apparition merveilleuse. Ou bien encore il précède le rêveur sur un chemin inconnu, le prend par la main, attend solitairement qu'il soit disposé à le rejoindre. C'est ainsi que dans un rêve, un enfant merveilleusement beau était étendu à terre, sur de la paille. Il tente de se lever, mais retombe et se casse sa petite tête d'aspect déjà mûr. Le rêveur lui met alors un de ses propres vêtements de dessous. L'enfant lui sourit, et le rêveur apprend ce que tous ces rêves disent au sujet de l'enfant divin : il est petit et abandonné, mais en même temps la pièce où il se trouve (dans l'ombre de laquelle est couchée une femme fiévreuse) est emplie par sa clarté rayonnante. C'est le plus petit et le plus grand des événements. Dans un travail sur l'archétype de l'enfant, Jung observe au sujet de l'interprétation de rêves analogues : « Dans la psychologie de l'individu, de tels moments indiquent toujours une situation intérieure où dominent des conflits douloureux. » La rencontre de cet enfant, qu'il ne faut pas confondre avec ce que nous entendons couramment par ce vocable, peut amener une transformation de l'homme lorsque celui-ci veut bien seconder ce qui en lui essaie de prendre forme ; l'allégorie de l'enfant ne fait alors que représenter le devenir, les possibilités, la proximité des couches créatrices.

La petite apparition qui se montre en rêve sous forme d'« enfant » extraordinaire est, en même temps qu'un début, un contenu qui renferme déjà toute une maturité. Dans certaines religions, les nobles et les sages le considèrent avec vénération. Dans les rêves, cet enfant peut se rencontrer en un endroit ordinairement des plus détestés par un esprit prétentieux ; un homme très intelligent a peur en rêve de passer devant la niche du chien à l'entrée d'une cour de ferme. Un inconnu lui ordonne de regarder l'intérieur. Alors il voit dans cette petite demeure un enfant bien formé, aux grands yeux — c'est-à-dire sur le chemin qui mène vers un genre de vie plus naturel. C'est un enfant sauveur ; il est protégé comme le petit héros des légendes par des animaux, par des instincts. Ce qui notoirement constitue la plus grande menace pour cet enfant est un certain savoir traditionnel, une fierté de puissance, ainsi que l'histoire de Noël y fait déjà allusion.

Si le rêve fait apparaître un enfant abandonné, souffrant, la partie en nous qui est tournée vers l'avenir, celle qui doit apporter le salut à l'âme, se trouve menacée. La situation est encore plus grave lorsque l'on voit l'enfant mort. Pourtant il y a certains rêves dans lesquels l'enfant qu'on croit mort revit à nouveau. Mais cela n'arrive que dans les grands rêves, ceux qui ont une grande importance.

Cet « enfant » n'est ni un garçon ni une fille ; cependant la plupart de ceux qui l'ont vu dans un de ces grands rêves, se trouvant eux-mêmes encore sous la coupe de l'antagonisme des sexes, supposent que c'est un garçon. Mais cet enfant est un être spirituel placé dans la nature, au-delà de tout antagonisme ; il apporte ainsi l'harmonie salvatrice. Dans certains rêves, il s'agit de plusieurs enfants : dans ce cas, l'accord dans le psychisme du rêveur ne s'est pas encore réalisé, les forces créatrices sont encore divergentes.

Lorsque l'enfant divin, l'enfant inconnu, fait son apparition dans le rêve d'un adulte, une nouvelle possibilité de vie monte de l'inconscient dans la conscience surchargée par les conflits. Ce qui permet à Jung de constater : « Pendant que le symbole de l'"enfant" fascine la conscience et l'émeut, l'effet délivrant pénètre cette conscience et amène le détachement de la situation conflictuelle dont elle s'est montrée incapable. Le symbole n'est que l'anticipation d'une situation en passe de devenir consciente. »

Le vieil homme, ou plus simplement le *vieux*, fait partie d'un ordre de choses naturel ; en rêve, il représente l'expérience, il personnifie une longue vie. Le vieux ou la vieille femme inconnus de nos rêves se sont formés au cours des temps, ils sont un produit de ces temps dont ils dépassent la mesure, ils sont l'aspect immémorial de la vie. On devine qu'il y a en eux la connaissance mûrie de tout ce qui touche aux choses de l'existence. Dans certains pays, c'est au conseil des vieux qu'appartient l'ultime décision. On pensait aussi que le vieillard, retiré, à cheval sur le temps et l'éternité, était le mieux placé pour donner des conseils à celui qui est à la recherche d'un peu de terre ferme dans le tourbillon de la jeunesse. Dans la vie moderne actuelle, il est très peu question des vieux d'une façon positive ; on y fait uniquement allusion dans un sens compatissant, on en parle dans un but de pratique administrative et sociale. Nous fraudons en quelque sorte l'existence des vieilles personnes ; elles-mêmes d'ailleurs fraudent et affirment à soixante ans qu'elles se sentent encore comme des jeunes. Elles n'existent qu'en tant qu'habitants d'asiles de vieillards.

Mais en rêve, les vieillards sont réellement vieux. Lorsqu'au cours des événements oniriques, une vieille femme d'allure noble, ou toute ratatinée, assiste au déroulement de l'action, elle est le symbole d'une vie immémoriale. Elle est l'obscure mère terrestre, et sa présence est le gage que ce qui se passe en rêve s'est toujours passé. C'est sous cet angle qu'il faut considérer ce que nous avions pris pour un événement très particulier, qui ne peut arriver qu'à nous. Souvent, même chez des personnes qui n'ont aucune idée de la mythologie, il y a trois femmes — ce sont les trois Parques, qui filent à leur manière la trame des hommes.

Le vieux aux cheveux blancs, au grand visage le plus souvent immobile et terrifiant, peut être la gravité et la sagesse de la vie même ; il peut aussi représenter l'aspect achevé de la force et de l'esprit virils. Lorsqu'il en est ainsi, l'âme du rêveur est au voisinage d'une force grande et pure. Ce vieux est l'esprit des ancêtres, il est le père de beaucoup de générations, le *pater familias*, il est l'archaïque chef de tribu craintivement vénéré. D'après les renseignements que fournissent les récits oniriques, il est aussi le magicien, un être qui a du *mana*, qui tient à sa disposition des forces magiques. Cette dernière éventualité constitue alors un certain danger pour le rêveur. Quelque chose de très archaïque le fascine et pourrait l'entraîner à se donner une importance qu'il n'a pas. Il ne faut jamais s'identifier avec ses personnages oniriques.

Un rêve qui parle du vieux est un rêve important. Quelquefois encore il peut désigner la méchanceté du vieillard n'ayant pas trouvé de sens à sa vie et qui a donné dans un égoïsme sans mesure. Il s'agit alors de la rencontre avec la silhouette du persécuteur, de l'importun, de la sorcière lorsqu'il s'agit d'une femme. Ces personnages peuvent faire allusion à de vieilles personnes méchantes appartenant à notre entourage immédiat. Mais bien plus souvent ils signifient le côté méchant en nous-mêmes, si vieux qu'il paraît héréditaire. Cependant c'est l'aspect du bon vieux et celui de la femme ressemblant vaguement à une Parque qui sont les images les plus fréquentes que les rêves nous donnent des « vieux ».

CHAPITRE II

Personnages professionnels

Certains personnages apparaissent en rêve et nous permettent de savoir avant tout la profession qu'ils exercent. À cause de cette profession, typique ou même symbolique, ces personnages sont devenus des éléments oniriques. Pour une raison quelconque, leur activité peut-être séculaire, leur attitude professionnelle spéciale, sont actuellement éveillées en nous. Car il faut presque toujours interpréter ces personnages professionnels sur un plan subjectif. Il est très rare que l'indication de la profession corresponde à une relation véritable avec des gens qui s'appellent boulanger, marchand ou maréchal.

Chaque type de profession incarne un certain monde, met l'accent sur une certaine tâche de la vie ; il représente un rapport établi parfois depuis des millénaires avec le domaine de la nature, avec l'activité domestique et artisanale, avec ce qui guérit, ce qui instruit, avec le monde de l'art. Le rêve qui parle de profession indique que ce monde particulier est actuellement d'une certaine importance pour nous ; il nous exhorte à faire ce qui pourrait s'exprimer par cette allégorie, il nous conduit vers un secteur de vie qui nous est intérieur. Il faut interpréter la plupart des personnages professionnels d'une manière positive si des souvenirs de jeunesse amenés par le contexte ne donnent pas des indications contraires ; il convient de remarquer que ces personnages également — il s'agit presque toujours d'hommes — ne signifient pas la même chose pour les rêveurs que pour les rêveuses.

Nous ne pourrons faire allusion ici qu'à un nombre restreint de personnages professionnels. Dans le rêve du citadin, le *paysan* est le représentant d'un monde proche de la nature dont il s'est peut-être éloigné, qui est devenu inconscient. Pour se rapprocher de cette nature qui est aussi en lui, le paysan vient le trouver, ou encore le rêveur rencontre ce dernier dans un champ, auprès des animaux, dans la cour de la ferme. Il fait alors la rencontre avec la loi de la nature dont il s'était écarté.

Le rôle du *jardinier* est analogue à celui du paysan. Mais il est plutôt un ordonnateur, un personnage qui cultive soigneusement le monde des végétaux. L'homme au tablier vert est en contact avec ses fleurs, ses couches et ses arbres fruitiers. Dans le rêve, il s'agit de notre jardin psychique qu'il a pour mission de ne pas laisser tomber en friche. C'est la raison pour laquelle une rêveuse était tellement effrayée lorsqu'en rentrant chez elle, son jardin était envahi par les mauvaises herbes, les buissons et les arbres complètement négligés et déformés ; des broussailles recouvraient le chemin et le puits était à sec. On se rappelle peut-être que les femmes désolées allant trouver Jésus mort, à Pâques, le rencontrent en tant que « jardinier ». Pour cette raison et aussi parce qu'il s'agit du jardin de l'âme, le Christ a souvent été représenté sous cet aspect. De tels jardins se trouvent même dans les églises, et le jardinier est alors un religieux ou un personnage divin. D'un autre côté le jardinier peut personnifier quelque chose de très terre à terre. Il se combine alors avec la réalité d'une existence terrestre se concentrant dans le jardin. Lorsqu'un jardinier apparaît en rêve, il y a des éléments psychiques à mettre en ordre ; et lorsqu'on a soi-même en main un instrument de jardinage, il convient d'associer la conscience à ce travail de mise en ordre.

Il arrive assez souvent que l'on soit assis au bord de l'eau en train de *pêcher*. L'eau, symbole de l'esprit encore inconscient, renferme les contenus de l'âme que le pêcheur s'efforce de ramener à la surface, qui devront le nourrir. Le poisson est un animal psychique. Il est devenu une nourriture sacrée ; car il a suffi à Jésus de quelques poissons pour assurer miraculeusement la nourriture à plusieurs milliers de personnes. Successeur de saint Pierre, le pape porte l'anneau des pêcheurs. Quand Parsifal rencontre le roi du Graal, celui-ci est un pêcheur solitaire.

Les poissons les plus étranges sont ramenés du fond obscur et frais de l'inconscient ; chacun d'eux renseigne sur un aspect de l'âme. Il peut s'agir d'un grand et puissant poisson multicolore, et même d'un poisson d'or, qui n'a d'ailleurs rien de commun avec le malheureux petit être vivant dans les aquariums. Le rêveur qui pêche mais qui ne prend pas la peine de détacher le poisson de la ligne, ou de le retirer du filet, est un homme qui ne profite pas de son activité. Un peintre, ayant surmonté sa névrose, ne put reprendre son occupation qu'après avoir pris en rêve un magnifique poisson.

Le *forgeron* a une signification particulière : c'est le maître du fer et du feu. Les deux éléments lui servent dans son travail. Il est le façonneur de ce qui en nous est particulièrement dur et inflexible. Personnage crépusculaire, il se penche sur les lueurs du foyer psychique. Les rêves qui ont trait au forgeron sont des rêves qui indiquent un changement, lorsqu'il n'y a pas de rapports personnels avec ce métier ou des gens portant ce nom. Notre être se trouve dans le feu de la souffrance, et le destin, cette puissance interne qui sait ce qui nous convient le mieux, frappe durement. C'est notre personnalité qui est forgée. Dans son atelier sombre et plein de suie, le forgeron peut avoir l'aspect d'un dieu démoniaque, mais son apparition peut aussi s'apparenter au maître des « feux intérieurs ».

On peut déduire le rôle du *boulanger* de ce qui a été dit ailleurs au sujet du pain.

Le *potier* est rare dans les rêves ; il ne se rencontre guère que dans les rêves très importants. Il suffit d'être familiarisé avec les légendes religieuses pour savoir que Dieu a façonné l'homme à partir de l'argile de la terre. C'est à lui que font allusion les rêves dans lesquels le contenu de notre vie est durci dans la chaleur du four. Si nous sommes nous-mêmes le potier du rêve, nous devons en effet nous former et nous mettre dans le feu des événements.

L'importance du *capitaine* apparaît immédiatement aux yeux du lecteur. Il est ce personnage interne qui conduit notre barque et connaît le but du voyage. Le bateau, qui a le choix des directions, se dirigera dans celle que lui a commandée le capitaine, c'est-à-dire celle de notre destinée. Guide intérieur, ce personnage est très proche du « soi ».

L'*aubergiste* personnifie une nature forte, parfois rude, spécialement si c'est une femme qui apparaît alors comme une mère terrestre et toute-puissante. Tous les deux sont les dispensateurs de la « nourriture terrestre » ; nous sommes intérieurement assis à la table d'une vie simple et forte. L'aubergiste, homme ou femme, est l'allégorie des forces saines et nourricières, et pourtant ce personnage de l'inconscient baigne en même temps dans une ambiance inquiétante et démoniaque. Les contes parlent d'une auberge perdue dans les forêts ; il peut aussi y en avoir une dans l'inconscient, capable d'entretenir des rapports dangereux avec les puissances les plus louches, les plus obscures. Car l'inconscient peut se montrer sous un aspect aussi bien sauvage que bienveillant.

Au niveau de notre civilisation par contre se trouve l'hôtel, qui revient assez souvent dans les rêves. Si nous sommes le client de cet hôtel inconnu, c'est que nous habitons actuellement, au cours de notre voyage sur la terre, un espace tout à fait commun et impersonnel. On nous sert la nourriture courante que « le voyageur » est en droit d'exiger. Et l'*hôtelier* est un guide de moindre importance qui s'occupe de notre bien-être. Souvent cet hôtel possède un aspect douteux, il se trouve par exemple dans une ruelle obscure, et sa qualité renseigne alors sur celle de l'espace psychique à l'intérieur duquel nous nous mouvons actuellement. Les autres clients peuvent représenter des ombres, des aspects peu brillants de notre propre personnalité. Il est important de déterminer exactement, lors de l'interprétation, ces différents éléments intérieurs. Parfois l'hôtel porte un nom courant qui renferme alors d'utiles indications sur notre existence actuelle.

Il arrive souvent qu'en rêve on rencontre le *coiffeur*. Il est temps d'aller le voir, on a pris un rendez-vous. Ceux qui rêvent ainsi ont pourtant tout autre chose à faire le lendemain. Ils sentent manifestement le besoin de soigner leurs cheveux, c'est-à-dire leur nature brute. Il faut dompter les cheveux hirsutes, les mettre en ordre, réduire à la civilisation ce qui d'un côté est trop viril, trop rude, et de l'autre trop féminin, trop délicat. Il faut les adapter à un ordre conventionnel. Chaque fois que dans un rêve il est question de cheveux ou de poils, il s'agit de forces très primitives. Samson était fort aussi longtemps qu'il eut ses longs cheveux. La couleur des cheveux a aussi sa signification. Le coiffeur façonne et discipline dans une certaine mesure l'homme naturel, l'homme « fauve ». Il exerce en nous-mêmes son activité professionnelle.

Le *policier* est le représentant d'un autre genre de discipline. Il traverse les rues de nos rêves, se tient sur les carrefours de l'inconscient et nous indique le chemin à prendre. Dans la vie de tous les jours, l'agent de police ou le gendarme n'est plus actuellement ce personnage redouté, cette terreur des enfants. Il en est de même avec celui que nous voyons en rêve ; il nous veut du bien. Il est de son devoir de veiller à ce que nous nous adaptions aux menues lois de la morale courante. Lorsqu'un tel policier apparaît en rêve, il faut supposer que notre attitude interne ou externe renferme des aspects inconvenants, c'est-à-dire qu'il ne nous appartient pas de prendre. Nous sommes entrés en conflit avec les prescriptions convention-nelles de la vie courante. Il peut aussi arriver que dans les rêves la police soit obligée d'agir contre les cam-brioleurs, les escrocs qui sont en nous, contre cette canaille que nous n'avons pas pris soin d'éduquer et qui absorbe une partie de nos forces. Dans les rêves où il est question de police, on se trouve le plus sou-vent dans le monde de ce qui est défendu, rarement dans celui du crime.

Ceux des personnages en nous qui se voient confier la direction de notre vie à une époque déterminée revêtent naturellement une importance particulière. C'est ainsi qu'il peut nous être adjoint un *guide de montagne* ou même simplement un homme du pays lorsque le chemin de la vie est pénible. Tous les deux ont un caractère positif et sont en cela comparables au pilote dans les rêves des habitants côtiers.

Nous avons également besoin de celui qui nous ins-truit intérieurement, du *professeur* en nous. Certes, celui-ci est rarement une silhouette entièrement in-connue ; elle emprunte bien plutôt sa consistance à un souvenir de jeunesse, mais doit néanmoins être inter-prétée sur un plan subjectif. L'activité du professeur et les examens que nous devons passer seront traités dans le paragraphe des *rêves d'école*. Mais l'appari-tion du professeur peut s'intensifier jusqu'à devenir celle du *sage*. Ce « vieux » est souvent habillé d'une façon un peu bizarre. Il sort d'une grotte, d'une forêt, du portail d'un lieu culturel. Il est déjà tout près de notre centre psychique intime et omniscient. Ce voisinage, ainsi que cette silhouette puissamment symbolique, donnent son importance au rêve du sage. Qu'on l'écoute ! Mais il y a en même temps un certain danger ; car chacun ne supporte pas la vérité, c'est-à-dire la connaissance de sa propre réalité. Et tous ne peuvent pas vraiment accepter les profonds conseils si étrangement formulés que le sage leur fait parvenir en rêve. Car leur conscience et la puissance spirituelle dont ils disposent sont trop faibles à cet effet.

Le personnage *religieux*, par exemple le *curé*, n'appartient pas encore à cette profondeur. Il touche au problème proprement religieux qui se rapporte encore aux formes traditionnelles de la vie religieuse. Dans le rêve des femmes, le curé, ou le prédicateur en général, sont de fréquentes apparitions de l'*animus*. Celui-ci signifie approfondissement religieux ; mais il peut aussi posséder un sens négatif ; il est alors synonyme de vouloir prêcher, moraliser, avoir raison à tout prix, proclamation d'un salut à bon marché. De tels rêves rappellent volontiers ces bons ou ces mauvais directeurs de conscience que nous avons pu rencontrer au cours de la vie.

D'après le diagnostic de notre âme, nous sommes peut-être malades et avons besoin d'un *médecin*. Tant mieux pour nous s'il apparaît en rêve. À la vérité son apparition signifie avant tout que nous n'allons pas bien, mais elle incarne en même temps les forces salutaires de l'âme. Le médecin représente l'aide qui est disponible en nous-mêmes, ce qui pourra amener la guérison. Ces rêves également peuvent se servir d'une silhouette connue, du médecin habituel par exemple, mais c'est le guérisseur en nous qui est visé. L'essentiel est que nous restions conscients du sens de ces rêves pour essayer de trouver une nouvelle attitude correspondant aux problèmes et aux conflits qui nous ont rendus malades. Le psychologue doit constamment faire remarquer à ses clients qui le voient en rêve, et malgré l'importance du phénomène du « transfert », qu'avec l'apparition du psychothérapeute, c'est avant tout de leur guide psychique interne qu'il est question.

Penchée sur le lit d'un malade, voici l'*infirmière*. Sur le plan subjectif elle est chez l'homme, orientée d'une certaine façon, une apparition différenciée de l'*anima*. Dans le rêve de la femme, elle est dans les deux sens du mot une sœur intérieure. Chez l'homme, l'âme de l'infirmière, de la servante ou de la mère, vient à son lit et le soigne. De tels rêves ne se répètent pas longtemps. Toutefois il convient de remarquer que la silhouette de l'infirmière est souvent entourée en rêve d'une atmosphère d'arrière-plan qui peut à l'occasion ne pas être sans danger pour le malade.

CHAPITRE III

Le symbolisme du corps humain

La personne humaine a son symbolisme particulier. On a beaucoup écrit à ce sujet et on a dit des choses fort pertinentes. Nous nous occuperons ici de l'aspect psychique que le rêve met à la portée du rêveur au moyen du « fil conducteur du corps », pour employer une expression de Nietzsche. Avant de suivre ce fil conducteur, il faut répéter que notre corps peut refléter, en rêve, notre comportement d'une manière générale. Nous sommes *comme cela* — petits, grands, prétentieux ou d'aspect misérable. Les *rêves de baignade* en particulier, symboles de purification, dévoilent le corps et ses imperfections, c'est-à-dire notre être psychique avec ses défauts.

Il peut arriver que l'on voie s'en aller certaines parties de son corps ou du corps d'autres personnes qui sont alors notre propre allégorie. Elles ont par exemple perdu une jambe. Il peut même arriver qu'elles soient privées de leur visage, c'est-à-dire de leur personnalité officielle. Une jeune femme non mariée reconnaît que la partie inférieure de son corps se comporte en rêve comme une ombre, ce qui signifie que sa féminité ne s'est pas encore réalisée. Il lui faudra prendre corps à cet endroit, accepter sa nature féminine. Parfois en rêve apparaissent des gens sans tête. S'il n'est pas question d'un changement d'existence, d'une méta-morphose dans laquelle la « tête » avec ses idées est appelée à disparaître pour un certain temps, il peut s'agir là du retour d'une légende de martyre.

Voici, en suivant le « fil conducteur », les *cheveux* qui sont, avec les poils, un produit de notre union avec la nature animale, souvent tout simplement notre nature animale. L'abondance ou l'insuffisance, le fait de soigner les cheveux ou de les laisser en désordre, sont autant d'indications sur cette nature. Nous avons déjà fait allusion à l'histoire de Samson.

L'*œil* est l'organe de la lumière, de la conscience. D'après la mythologie égyptienne, il donne naissance au monde ; celui-ci nous devient perceptible par son truchement, le monde devient réalité. Les rêves où il est question d'yeux se rapportent à cet acte de com-préhension existentielle.

Certains ont besoin d'un instrument supplémen-taire. Ils portent par conséquent des *lunettes*. Il peut alors se faire qu'elles ne soient pas bien ajustées. L'image obtenue est déformée ; elles sont trop fon-cées et le monde aperçu est également trop sombre. On met les lunettes d'un autre alors que l'on devrait utiliser ses propres lunettes. Tout ceci peut nous être représenté en rêve. Celui qui souffre ainsi des yeux comprendra au réveil ce qui ne va pas. Mentionnons en passant que l'œil peut aussi être interprété comme l'organe de la femme. Le cas a déjà été cité de ces yeux à l'expression sévère, ces milliers d'yeux qui regardent gravement le grand malade. L'auteur ne connaît pour ainsi dire pas de *rêves d'oreilles* et les rêves de *nez* sont extrêmement rares. Il en est de même de la *bouche* en tant qu'élément isolé, que l'on mentionne tout au plus au cours de la description du visage. Elle peut pourtant posséder une signification érotique, ou remplir cette fonction.

Les *rêves de dents* ont une signification presque uniquement sexuelle. Lorsqu'il s'agit de dents fortes et saines, il faut y voir un rapport avec la faculté naturelle de saisir et d'écraser les aliments ; l'animal saisit la proie vivante avec les dents. Les envies de mordre dans le comportement érotique sont significatives à ce sujet. On voudrait « manger » l'autre par amour. Les rêves où il est question de la perte des dents — certains rêveurs en ont la main pleine — ont trait au problème de l'impuissance, de même d'ailleurs que le mal de dents. Mais c'est la masturbation qui produit avant tout des rêves dans lesquels tombent les dents, exprimant l'affaiblissement de l'énergie. Dans quelques cas, il semble s'agir aussi du « sacrifice » de l'homme « naturel ».

D'après une conception hindoue de l'être humain, le serpent Kundalini, c'est-à-dire l'énergie vitale, monte de la région sexuelle, traverse la région de la vessie jusqu'au diaphragme, puis arrive à la zone du cœur et de la respiration, repart vers le larynx pour arriver jusqu'au front, siège de l'esprit humain. Après avoir monté en serpentant, il revient à son début en croisant les mêmes endroits. C'est ainsi que se forment des centres vitaux : l'obscure région du fondement, celle de la procréation, la zone de l'eau, puis celle du feu à hauteur du diaphragme, que les Grecs considéraient jadis comme le siège de l'âme parce qu'étant le lieu du sentiment et de la passion, puis en quatrième place la zone respiratoire ; celle d'une première impulsion spirituelle pouvant se transformer en langage au niveau du larynx. Le sixième centre devient visible sur le front. Celui qui vit ces six étages, celui qui les possède *tous* comme un maître de l'existence, sera finalement couronné. Il pourra porter le lotus divin. Il nous semble parfois que le rêve de l'Européen connaît également ces six étages.

C'est ainsi qu'en rêve, quelqu'un n'arrivait plus à parler jusqu'au moment où il remarquait qu'un enfant allait naître de sa gorge. Sans doute un enfant du langage, ce précieux bien de l'humanité. Les douleurs et les blessures dans la région du diaphragme et des lombes sont particulièrement fréquentes en rêve. Il s'agit le plus souvent de douleurs d'origine érotique.

Les rêves de *parties génitales* sont naturellement très fréquents. Elles peuvent être simplement indiquées, ou bien elles peuvent choquer fortement le rêveur au réveil. Leur sens est clair, et pourtant il est moins unilatéral que certains pourraient le croire ; car l'aspect sexuel, dans son fonctionnement organique, est à son tour un symbole général de la vitalité du sujet.

Ce qui se passe derrière notre *dos* est ce que nous ignorons. C'est l'arrière-plan d'où un ennemi peut surgir à tout moment. Le dos se trouve dans l'ombre de la conscience. Tout comme chez Siegfried, il est l'endroit vulnérable où nous guettent les dangers de l'inconscient. Par ailleurs, il est très fréquent que le serpent morde à hauteur de la *cheville* — unissant de cette manière la damnation du paradis avec la légende du talon d'Achille.

Les rêves de la *main* signifient notre activité. Celle-ci peut être fâcheuse et alors notre main est sale. Peut-être sommes-nous aussi impuissants que Lady Macbeth à laver le sang de notre faute. Les animaux, représentant nos impulsions « animales », peuvent nous mordre la main et paralyser de cette façon notre activité pendant un certain temps.

Les *jambes* et les *pieds* sont le symbole de ce qui se rapporte au mouvement de la vie, à notre « marche », à ce qui avance. La signification phallique, c'est-à-dire sexuelle, que la psychanalyse attribue avec raison au symbole du pied, cède pourtant le pas à un symbolisme plus général qui se rapporte aux moyens avec lesquels nous avançons dans la vie.

CHAPITRE IV

Maladies et blessures

On apprend avec étonnement et non sans une certaine inquiétude en rêve que l'on est *malade*. On se trouve peut-être déjà à l'hôpital avec à ses côtés une personne connue qui est « également malade ». En réalité, cet autre est en bonne santé, mais on connaît ses difficultés psychiques ; on peut ainsi faire la constatation de ses propres défauts sur ce compagnon de malheur. Mais il peut se faire aussi que nous nous trouvions au milieu d'une salle d'hôpital, entourés exclusivement de malades inconnus. Alors il n'y a plus de doute qu'en nous bien des choses sont « malades » et nécessitent des soins. On peut aussi nous préparer à une opération ; quelque chose dans notre vie psychique doit être éliminé. Une opération est alors nécessaire, au sens large de ce terme. L'idée d'éloigner un organe dangereux ou simplement en danger est alors prédominante.

Le rêveur apprend fréquemment qu'il est *malade du cœur*. Ce diagnostic est presque toujours psychique. L'inconscient joua un joli tour lorsqu'il présenta un bel as de cœur tout rouge à une rêveuse qui cherchait au microscope les causes de sa maladie. Elle ne fit alors que se rendre compte de ce qui l'inquiétait depuis si longtemps et la rendait malade. Nous sommes vexés par le diagnostic de ce médecin inconnu, qui correspond parfois à la mauvaise humeur que nous éprouvons devant l'indifférence d'un vrai médecin. Par exemple celui qui pense avoir particulièrement du chagrin, et trouve les souffrances de sa vie insupportables, se voit parcourant une belle rue en rêve, sans douleurs et libre de tous soucis. C'est naturellement en rechignant qu'on accepte souvent la correction faite au niveau psychique. Il est d'autre part nécessaire d'avertir sérieusement certaines personnes qu'elles se dépensent dangereusement, qu'elles gaspillent leurs forces. Elles apprennent aussi que telle rencontre apparemment insignifiante a des suites douloureuses en elles, que tel mot un peu dur prononcé par le supérieur ou l'époux les a profondément « blessées », les a rendues « malades ».

L'inconscient se passe très bien du répertoire savant des médecins. Il utilise rarement leur langage gréco-latin, ce charabia probablement nécessaire ; et pourtant son diagnostic est étonnamment sûr ; au moyen de son langage onirique particulier que le contexte, les évocations conscientes du rêveur et l'aide d'un expert arrivent à déchiffrer, il sonde clairement les causes de la souffrance psychique exprimée par le symbolisme des maladies corporelles. Ainsi un rêveur sera alité avec de la fièvre parce que, sans s'en rendre compte, il aura été entraîné par la chaleur de la passion. De même, le rêve peut utiliser l'allégorie de l'enfant qui s'est brûlé les doigts en touchant quelque chose de très chaud.

Vus sous l'angle des rêves, tous ceux qui n'ont pu digérer une dure réalité, avaler un « morceau » du destin, souffrent de l'*estomac*. Quelque chose n'est pas passé, ou ils ont dû rendre les aliments non digérés. Il faut alors, tout comme le ferait un vrai médecin, examiner la nature de ces aliments. Il s'agit par exemple d'une bague de fiançailles, ou des morceaux d'un certificat de licenciement déchiré dans un accès de colère, toutes choses qu'on ne veut tout simplement pas avaler.

Certaines personnes ne s'aperçoivent de la gravité de leur souffrance qu'en rêve — leur vie quotidienne harassante les a trop longtemps empêchées de percevoir la petite doléance de leur âme, couchée sans grand espoir en la personne d'un malade et qui n'est autre qu'une partie d'elles-mêmes.

L'homme est profondément ému lorsqu'il rêve qu'il est *paralysé* et qu'il ne peut plus marcher ; il avait pourtant cru pouvoir surmonter rapidement tel échec de sa vie et continuer son chemin. Peut-être enfin pense-t-il à s'accorder un répit, se permet-il de rester calmement dans la douleur pour y grandir jusqu'à ce que de nouvelles portes s'ouvrent à lui.

Qu'on nous pardonne de le répéter, mais il ne faut pas interpréter les rêves de maladie textuellement. C'est surtout le cas pour le diagnostic si fréquent du *cancer* qui ne se rapporte pas, comme le prouve l'expérience, à un véritable sarcome, mais plutôt à ce crabe qui avance à reculons, qui revient sur les chemins du passé qu'il s'agit de revivre plus profondément. Ce rêve est surtout fréquent entre la quarantième et la cinquantième année de la vie[1].

Le rêveur peut aussi se voir dans un *sanatorium de montagne* sans qu'il ait à craindre pour cette raison une atteinte par la tuberculose. La plupart du temps sa maladie du rêve se rapporte à des difficultés respiratoires psychiques ; l'organe de l'alimentation en air, c'est-à-dire en aliments spirituels, fonctionne manifestement d'une façon insuffisante. Dans cet hôpital

---

1. Le cancer est un genre de crustacés décapodes, de la famille des cancrudés; mais la constatation vaut surtout pour les pays de langue allemande où Krebs désigne couramment crabe et cancer (maladie). *(N.d.T.)*

des rêves, les médecins abandonnent parfois un malade inconnu, c'est-à-dire une partie de nous-mêmes. On était même une fois sur le point d'amener un malade dans la morgue. C'est alors qu'on eut l'heureuse surprise de constater qu'un petit arbrisseau verdoyant sortait de l'oreiller à côté de la tête du malade, gage d'une guérison certaine.

Le dormeur est effrayé lorsqu'il lui arrive en rêve de toucher de sa main une blessure jusqu'alors inconnue, qu'il sent couler en abondance son propre sang. Il saigne sans douleur, car la blessure était inconsciente. On sait, par les récits de soldats grièvement blessés, qu'un temps assez long peut s'écouler jusqu'à ce que ceux-ci se rendent compte de la blessure par le sang qui traverse les vêtements déchirés. Les gens ne manquent pas dont l'âme a reçu les blessures les plus profondes. Ils saignent en eux-mêmes alors que parfois la fatigue, ou encore un état d'angoisse incompréhensible, constituent les seuls symptômes ; leur vie est trop consciente, souvent aussi trop disciplinée et trop refoulée. Pendant ce temps ils courent les plus grands dangers à cause d'une blessure secrète.

En général les blessures des rêves, même si elles sont localisées, ne font pas mal ; car elles ne sont que des allégories pour nous signifier notre existence déchirée, notre ordre psychique atteint et blessé. Il est nécessaire que nous apprenions en rêve la nature de cette blessure pour pouvoir nous rendre compte d'une façon consciente de la gravité de la situation.

Les maladies qui apparaissent dans les rêves sont moins inquiétantes lorsque médecin et soins se trouvent à proximité. Il arrive souvent aussi que des personnes aimées ou des inconnus se trouvent là pour nous encourager. Mais il n'en est pas toujours ainsi ; les rêves contiennent quelquefois l'expression d'une grande souffrance ; tel rêveur contemplait le moignon de ses mains *amputées*, un peu comme ce guerrier de l'Antiquité qui, se tenant dans une position courbée,

ne voulait pas comprendre qu'il perdait dangereusement son sang. Ce rêve est très défavorable. Le rêveur
ne pourra pas reprendre une activité normale avant
une période assez longue. Ou bien encore il peut se
faire qu'il y ait une ombre à laquelle on a arraché une
jambe ; la partie de notre âme que ce rêve symbolise au
moyen de cette silhouette amputée sera immobilisée
pour un temps assez long. On est aussi très fréquemment atteint par un événement extérieur, comme cet
homme qu'une jeune fille toucha d'une balle dans la
hanche, à mi-chemin entre la zone génitale et celle
des sentiments.

Le motif du serpent qui nous mord la cheville est
vieux comme le monde. Ainsi que nous y avons déjà
fait allusion, l'homme est « mordu » et empoisonné
par un contenu érotique à l'endroit le moins remarqué.

Les *affections oculaires* sont fréquentes en rêve.
Elles désignent naturellement un psychisme que les
complexes limitent dans sa faculté de perception,
c'est-à-dire l'impossibilité de voir correctement ce qui
se passe. Il a déjà été dit que l'œil, de même que la
bouche, pouvaient représenter l'organe sexuel féminin. Les rêves qui concernent les maladies et les soins
dentaires ont aussi souvent un sens sexuel. Les rêves
de *castration* chez des hommes encore jeunes sont
presque toujours le signe d'un mode de vie contraint
et faux, le plus souvent trop introverti. Mais pour ceux
qui sont parvenus dans la deuxième partie de leur vie,
il semble s'agir de l'indication d'un sacrifice symbolique pour atteindre à un état d'esprit plus élevé en
partant d'un réalisme trop exclusivement viril. Il est
par ailleurs clair que l'époque de ces rêves est celle
d'une situation personnelle dangereuse et qui n'est
pas toujours surmontée.

Il convient de mentionner ici que certains mythes
religieux connaissent non seulement la castration d'un
être qui remplace l'homme, par exemple le taureau,
mais aussi le *démembrement* du dieu ou d'un héros

qui tend vers le divin. Comme Osiris, ce qui a été sacrifié est recréé grâce à un miracle ; celui qui a été guéri devient guérisseur.

Les rêves de maladie parlent de la situation intérieure. Ils demandent à être considérés lorsqu'on veut conserver sa santé psychique.

Dans certains rêves de femmes, il ne s'agit pas de maladie, mais du douloureux processus de la *naissance*. Si c'est un homme qui se trouve dans la salle d'accouchement et qu'il a un enfant, il s'agit alors d'un accouchement viril : celui d'une idée nouvelle, d'une œuvre, d'un acte extraordinaire.

Les rêves de *guérison* sont parmi les plus beaux. Ils signifient la fin d'une époque de dures souffrances ; mais ils exigent aussi, tout comme dans les recommandations à un convalescent, une période d'immobilité, une lente approche de cette vie nouvelle qui vient du fond de l'âme.

CHAPITRE V

Boisson et aliments

Certains rêveurs ont à leur disposition des aliments de toutes sortes ; mais d'autres restent sur leur faim alors que dans la vie ils semblent ne se priver de rien. La nourriture du rêve est évidemment une expression symbolique de la nourriture psychique, du fait que notre âme reçoit des forces vitales ; le rêve de la table vide s'explique de même symboliquement. Il faut dans l'interprétation bien remarquer le genre de nourriture. Il convient aussi de se rappeler que, d'une façon générale, les peuplades primitives considèrent les repas comme un accroissement en matière psychique, en *mana*.

Nous sommes tous assis à la table de la vie ; mais il nous semble parfois que la nourriture est répartie injustement. Le rêve d'une femme qui avait droit à un bonheur pleinement féminin mais qui en avait été tenue à l'écart est significatif à ce sujet : « Je montai des escaliers et j'entrai dans une grande salle. Il y avait là une longue table servie où s'affairait une personne. Je m'approchai d'elle toute joyeuse et la priai de mettre un couvert de plus puisque j'avais faim. Elle refusa en secouant la tête. Puis je lui dis que j'avais grand-faim ; elle secoua encore une fois la tête. Alors j'insistai énergiquement pour avoir tout de même quelque chose parce que ma faim était très grande et que j'avais réellement besoin de quelque chose, mais à nouveau elle ne fit que secouer la tête. »

À l'inverse, il peut arriver que le rêveur refuse ce qu'on lui sert ; la nourriture lui est de trop peu de valeur, elle semble impure et éveille en lui le dégoût. Une personne qui se trouve réellement à la maturité de sa personnalité doit « avoir mangé le monde », d'après un célèbre mot hindou. Ce monde qu'il faut digérer peut être présenté en rêve comme une nourriture amère ou répugnante. Beaucoup d'exemples illustrent cette constatation. La répugnance est particulièrement forte vis-à-vis de la *viande* ou de la *charcuterie* lorsque celles-ci sont l'allégorie de la « chair », c'est-à-dire de la sexualité. Dans certains rêves, il est question de grandes quantités de viande souvent saignante vendues au rayon de la boucherie d'un grand magasin, ce dernier représentant la réalité de la vie avec ses mille aspects. Plus d'une jeune femme introvertie, dont l'existence est trop rigide, se voit fuir en rêve devant ce monde de chair et d'abattoir ; pourtant elle sera bien forcée d'accepter aussi cet aspect de la vie. Il peut même se faire qu'il soit ordonné en rêve à quelqu'un de *manger de la terre*, d'accepter le côté terrestre de la vie, de se sacrifier à ce qui est commun pour parvenir aux valeurs de l'existence.

Par contre, un événement personnel peu remarqué dans la journée, ou n'importe quelle petite entreprise intellectuelle, se révèle en rêve une vraie nourriture vitale.

Le genre de nourriture servie n'est pas indifférent, de même qu'il n'est pas indifférent de savoir par qui elle est servie. S'il est question d'une alimentation forte et naturelle, le rêve est presque toujours positif. Il est encore plus positif lorsque nous ne sommes pas seuls à table mais au milieu de la communauté, lorsque nous prenons peut-être même part à un repas rituel. Autour de cette table peuvent se trouver des personnes connues susceptibles de donner lieu à une interprétation objective ou subjective. Mais ce sont peut-être aussi des inconnus, des personnages de notre monde intérieur qui nous touchent de très près, avec lesquels nous faisons un repas de « communion ». La nourriture qui se trouvera sur cette table sera certainement d'une grande valeur, car l'âme tient à la disposition de l'homme ce qu'il y a de plus précieux.

Les événements sentimentaux de toute sorte se présentent fréquemment au rêveur sous forme de *sucreries* telles que fruits, gâteaux, desserts ou chocolat. Il y a parfois même une étiquette indiquant le « prix » de l'effort fourni pour acquérir ces douceurs. Une femme qui avait trop profité en secret d'un événement par ailleurs pénible se vit reportée en rêve dans sa chambre d'enfant où, en dehors d'une tablette de chocolat qu'elle avait partagée avec ses frères, elle en avait mangé une autre qui ne lui revenait pas. Le surplus de sentiment apparut à l'âme comme un vol. À cette époque d'ailleurs les personnes que cette femme fréquentait étaient frustrées. Les rêves où il s'agit d'une *pâtisserie* sont fréquents et leur interprétation facile. Il faut bien considérer les événements personnels dans les rêves d'aliments en général ; le contexte explique beaucoup de choses à ce sujet. Il est important de savoir si on nous sert notre mets préféré ou s'il s'agit d'une nourriture inconnue ou qui inspire du dégoût. Il convient aussi de se demander ce que nous rappelle le plat du rêve, chez qui il a été servi dans des conditions analogues. L'expérience personnelle doit toujours entrer en ligne de compte. Le rêveur peut se souvenir tout d'un coup : « Il doit y avoir un rapport avec l'invitation de l'autre jour qui a eu toutes sortes de conséquences. J'avais une conversation très importante dans ce restaurant à X, au moment où est arrivé le plat du rêve. » Certains de ces aliments vus en rêve peuvent faire remonter jusqu'à des événements de la jeunesse ou de la prime enfance ; et lorsque nous les absorbons, quelque chose de ce monde d'autrefois qui fut heureux ou pénible passe également en nous.

La nourriture essentielle de l'homme n'est pas une crudité, mais une matière qui a été laborieusement préparée à partir du blé et façonnée avec art : le *pain*. Le pain constitue la nourriture courante ; il est en même temps ce qu'il y a de plus commun et de plus sacré. Chaque étape de sa fabrication est pleinement symbolique et, vue sous l'angle humain, elle est un témoignage de son évolution et de celle de la culture en général : le sillon qui reçoit le grain, le champ dont la couleur passe du vert délicat au jaune d'or, puis le travail du moissonneur, du batteur en grange (nonobstant la mécanisation actuelle de la culture), le processus de la mouture et du tamisage, le pétrissage, le passage dans la chaleur du four et enfin le partage du pain à la table familiale. Les rêves qui se rapportent au pain ne sont jamais négatifs. Au point de vue de l'histoire de la culture humaine, le travail du sol et la culture du blé mirent fin aux migrations ; l'homme s'immobilisait dans un certain paysage. Dû aux nécessités alimentaires, cet établissement était la condition de l'évolution culturelle.

Les peuples ont fixé dans leur mythologie ce passage de la période migratoire à la période agricole ; témoin dans l'histoire de la vieille Égypte le mythe d'Isis et d'Osiris. Mais dans les légendes et les contes européens, il existe également de nombreuses allusions aux événements fondamentaux des semailles et de la récolte, à « l'esprit des moissons ». Le nomade en était réduit aux fruits qu'il ramassait par hasard, il prenait sans donner auparavant. Mais dans la culture des céréales une intelligence rationnelle travaillait à longue échéance. Ce qu'il y avait d'inconstant en l'homme a dû se discipliner pour attendre patiemment que se forme le fruit. La culture du sol donnait, mais elle exigeait également. Les rêves de champs ensemencés ou qui portent déjà le blé sont toujours un signe heureux pour le rêveur, ils sont une affirmation de sa fécondité parce qu'ils symbolisent les étapes d'un travail interne. Une fois moissonné, le blé devient pain. Ce dernier possède également en rêve la vieille signification d'une nourriture de base ; produit caractéristique de la culture humaine en général, il est le résultat final d'un laborieux effort. Les rêves de pain, chez un individu qui n'a pas faim physiologiquement, parlent de nourriture spirituelle ou plus généralement de nourriture psychique d'origine naturelle. Nous prions Dieu pour qu'il nous donne notre pain quotidien, c'est-à-dire tout ce qui nous fait réellement besoin. Par conséquent le pain signifie beaucoup, mais il ne signifie jamais que ce qui est nécessaire ; il exclut le luxe. C'est ainsi qu'une femme reçut en rêve un beau pain de trois lobes. Il s'agissait manifestement de sa petite famille qu'elle retrouvait après une période de difficultés psychiques. Le pain peut désigner également un corps aimé. Les formes sexuelles que peuvent prendre les petits pains doivent aussi entrer en ligne de compte. Toutes les valeurs vitales élémentaires qui nous alimentent sont susceptibles de se présenter en rêve sous la forme de pain qui est mis à notre disposition. Celui qui reçoit ce pain a acquis une valeur positive et il ne lui est pas permis de la dilapider.

Les rêves qui parlent de *vin* — autant qu'il ne s'agit pas d'un petit rêve qui fait suite à des événements de buvette — désignent toujours la rencontre avec un contenu psychique supérieur. Le rêve ne connaît pas la question de l'alcoolisme. Si dans la vie le rêveur est menacé par son intempérance, l'âme trouvera l'image qu'il faut pour dépeindre le danger que lui fait courir l'abus d'un bien culturel. Mais le rêve qui lui fera cette annonce se servira rarement du symbole du vin.

L'âme éprouve le vin comme un bien culturel, comme une valeur très élevée ; car le vin est le résultat d'une multitude de facteurs tels qu'un climat approprié, une bonne exposition, des ceps productifs et sains, la fatigue et la sueur du vigneron au printemps et en automne, la maturité des raisins, le traitement judicieux du moût, la transformation de celui-ci par la fermentation, puis le repos dans la fraîcheur obscure de la cave — toutes ces opérations étant celles qui créent un produit hautement culturel. La culture de la vigne n'est possible que dans les pays « de culture ». Avec le blé et l'horticulture, elle en est le signe le plus élevé.

La pensée religieuse a fait du vin l'allégorie du sang divin. Le vin est un excitant, il est la force de l'esprit qui triomphe de la pesanteur, qui dégage l'imagination. C'est sous son enseigne que se forment la douce communauté et le désir bachique ; c'est lui qui crée une gravité suffisante pour conférer au repas eucharistique son caractère de communion sacrée.

Lorsque des vignobles se faufilent dans le paysage du rêve, lorsque le rêveur reçoit des grappes ou les voit suspendues aux pieds des vignes, que le vin doré ou rouge foncé emplit les coupes, il est de toute évidence question d'une vie intense et positive. L'âme éprouve le miracle du vin comme un divin miracle de la vie : la transformation de ce qui est terrestre et végétatif en esprit libre de toutes attaches.

L'*œuf* a presque toujours une signification positive en rêve. Sa forme est harmonieuse, sa couleur d'un blanc souvent brillant ; il contient en lui le miracle de la vie future. L'œuf est moins symbole de nourriture que de devenir renfermant ses propres moyens, de réserve pour l'avenir. La rencontre en rêve d'un œuf blanc ou même coloré est un bon signe. Il peut aussi fréquemment s'agir de tout un nid plein d'œufs, ou encore d'un petit panier ou d'une coupe. Un tel petit nid se rencontre par exemple dans le rêve de personnes ayant retrouvé la plénitude de leurs possibilités vitales après une période de difficultés psychiques. C'est alors pour eux comme une fête de Pâques. Les œufs de Pâques sont l'emblème du printemps, d'un avenir plein de promesses.

Un homme trouva en rêve, sous les buissons de la tombe de son grand-père, une coupe où s'entassaient des œufs blancs comme neige. C'était l'époque où des dons extraordinaires, ayant appartenu à celui qui était depuis longtemps décédé, commençaient à se faire jour chez cet homme encore jeune ; l'héritage du vieil homme se transmettait probablement d'une façon symbolique au moyen de ces œufs. D'autres personnes se trouvent brusquement avec un œuf dans la main, un cadeau que la vie leur a fait spontanément. D'autres encore ramassent les œufs dans la rue comme l'exigeait autrefois une coutume depuis lors disparue ; car la nouveauté peut aussi venir de la rue, de ce que celle-ci a de collectif.

Le rêve de l'œuf de Satan, qui est noir, est heureusement assez rare ; il désigne un avenir plein de périls et de sombres événements.

L'œuf est même devenu l'allégorie du monde. Les mythologies parlent de ce grand œuf terrestre. Celui-ci également donnera un jour naissance à d'immenses nouveautés. C'est probablement J. J. Bachofen qui a écrit les plus belles choses, et aussi les plus profondes, sur le symbolisme de l'œuf.

CHAPITRE VI

Rêves de vêtements

Ce n'est pas sans étonnement, voire sans une certaine honte, que l'on se souvient d'un rêve dans lequel on a porté des vêtements extraordinaires et mal adaptés. Ou bien encore le rêveur se voit déambuler presque nu dans les rues les plus animées. Le plus étonnant était que les nombreux passants s'occupaient à peine de cet individu en chemise, qu'ils faisaient comme s'il n'était pas là. Car le rêveur ne se montre que devant lui-même. Sous un certain rapport, il est mal habillé, c'est-à-dire que quelque chose ne va pas, ou encore il s'est « découvert ».

Parfois un rêveur porte un costume démodé ; il est solennellement habillé ou bien il se voit revêtant un mélange d'habits masculins et féminins curieusement assemblés. L'interprétation des vêtements est facile si l'on songe à la fonction de ceux-ci. Abstraction faite de leur rôle de protection, ils sont en second lieu l'expression particulièrement caractéristique de la position sociale. Il y a quelques décennies à peine, chaque couche de la société et même chaque groupe professionnel avaient une mode qui leur était propre.

Le rêve de vêtement se rapporte à ce que nous

nommons en psychologie *persona*, c'est-à-dire à ce que nous représentons au-dehors et en nous-mêmes, à la valeur sociale. Être correctement habillé signifie être socialement à sa place, qu'il s'agisse d'un mécanicien, d'une vendeuse, d'un médecin ou d'un curé. Lorsque, du point de vue de l'âme, l'adaptation sociale est insuffisante, alors l'habillement en rêve est mauvais ou insuffisant et nous essayons anxieusement de parer à ces défauts. Les rêves sont analogues lorsque nous nous sommes trop adaptés au monde extérieur, c'est-à-dire que nous nous attribuons trop d'importance, que nous sommes identiques à notre rôle dans le monde. L'âme, plus perspicace, nous montre combien dans le fond notre costume est resté pauvre. Elle peut également se servir d'une image opposée. Notre amour-propre et nos excès font que nous nous promènerons dans un accoutrement disgracieux et voyant. Il arrive souvent qu'en rêve une personne cherche un magasin d'habillement ; on lui montre alors des vêtements qui l'étonnent beaucoup. Ainsi, si la tradition lui fait défaut dans la vie, elle se voit contrainte d'acheter un costume à l'ancienne mode. Les couleurs jouent d'autre part un rôle important parce qu'elles peuvent désigner des fonctions psychiques. Le penseur aura besoin d'un habit ou d'un manteau contenant le rouge des sentiments ; l'intuitif ne devra pas se passer du vert, la couleur de la réalité, d'une conception des choses naturelles, alors que le type sentimental, auquel appartiennent plutôt les femmes, ne devrait pas rester sans un peu de bleu qui est la couleur de la pensée.

Il n'est pas rare que nous portions encore les habits de notre jeunesse. C'est qu'en nous demeurent des aspects non transformés, voire infantiles. Ou encore nous revêtons un costume qui nous rappelle une certaine situation, par exemple tel voyage ou telle fête. Les idées que nous suggère ce rêve montrent que ce qui est arrivé autrefois est à nouveau vivant en nous.

Parfois le rêve donne une leçon à ceux qui manquent d'une certaine délicatesse de sentiment et de jugement pour ce qui est laid et inconvenant. Il les montre se promenant avec des vêtements souillés ou des mains sales. Une autre variante de prise de conscience se rencontre dans le rêve de cet étudiant qui cherchait ses livres sans les trouver ; il n'y avait que du linge de jeune fille sur ses étagères. Une dame d'un certain âge qui aimait à se faire passer pour plus jeune revêtait en rêve, en signe de compensation, la longue robe grise de sa grand-mère ; cette dernière avait su porter son âge avec dignité. Elle par contre avait orné cette robe de rubans de toutes les couleurs qui la ridiculisaient.

Les rêves de vêtements sont infiniment variés. Si on les comprend dans leur fondement, on arrive même à interpréter un détail inattendu. Il faut encore mentionner ici, en ce qui concerne la garde-robe, le *chapeau*, le *manteau* et les *chaussures*. La psychanalyse a donné du chapeau une interprétation unilatéralement sexuelle ; elle a surtout cherché à voir dans le chapeau de l'homme un rapport avec l'organe masculin, avec la puissance, et avec certains moyens anticonceptionnels, tantôt d'une façon acceptable, tantôt avec une extrême recherche. On ne peut donner une interprétation sexuelle au rêve du chapeau que lorsque le contexte et l'amplification donnent des indications en ce sens. Le fait que le chapeau protège la tête et l'entoure, et aussi qu'il peut être l'insigne d'une distinction sociale, est par contre beaucoup plus important à considérer (ainsi le képi, le casque, le chapeau du médecin, la casquette professionnelle). Chez l'homme et chez la femme, la tête avec ses idées se comporte en rêve selon le genre de chapeau dont elle est coiffée. Tel homme exagérément sérieux qui se vit affublé en rêve d'un petit chapeau de clown — il a voulu y voir l'allusion à un dessin humoristique — se mit alors au travail pour modifier une attitude que tout le monde avait trouvée ridicule. Chez certaines personnes, des rêves doivent fréquemment attirer l'attention sur le fait qu'elles ne font que traverser la vie en leur montrant, à leur grand étonnement, un *chapeau de pèlerin*. Quand une femme aux manières particulièrement distantes rêve qu'elle se promène avec un immense chapeau sur lequel pullulent pêle-mêle des fleurs de toutes les couleurs, on peut être sûr qu'il s'agit d'un être rempli d'espérances sentimentales, de phantasmes sensuels et dont la froideur extérieure ne constitue guère qu'une feinte assurance.

Un homme reçut l'ordre de la part d'un puissant inconnu de toujours porter un képi. Il avait très probablement besoin de prendre l'attitude qui correspond à l'état d'officier. D'après ses dires, le service militaire a moralement été pour lui la meilleure période — ce qui n'est précisément pas le cas pour tout le monde. Voilà que cette attitude est appelée à devenir pour lui un comportement permanent.

L'interprétation des rêves de *manteaux* est facile. Le manteau est ce qui nous entoure, ce qui nous donne chaud et parfois ce qui nous cache. On constate par exemple que l'on porte le manteau d'un autre ; il est arrivé plus d'une fois qu'un jeune homme se promenât avec le pardessus de sa mère ; il s'agissait manifestement d'une deuxième naissance, celle du départ psychique, qui ne s'était pas encore produite.

Les rêves de *chaussures* sont particulièrement fréquents. Les observations de l'école psychanalytique ont rendu vraisemblable qu'une grande partie des rêves de pieds et de chaussures sont effectivement de nature sexuelle, que le fait de se chausser signifie en réalité un acte d'une tout autre nature. Il faut encore une fois souligner que l'âme considère la réalité sexuelle en dehors de toute moralisation.

Mais il convient de ne pas passer sous silence les autres significations des rêves de chaussures. Les événements qui se rapportent aux chaussures sont, dans la vie de chaque individu, et depuis son enfance, caractéristiques et personnels. Les chaussures d'enfant deviennent trop petites. Une jeune fille porte encore en rêve ses souliers d'enfant, trop étroits et craquelés — elle veut semble-t-il rester une enfant, car elle vit avec ses parents chez qui elle est très gâtée. C'est alors que dans ce rêve elle reçoit l'ordre de brûler ces souliers, de sacrifier son comportement infantile. Une autre femme avait à monter un rude chemin de montagne (le chemin de ses propres difficultés) ; elle portait malheureusement des escarpins complètement déplacés dans ce cas. Elle n'avait pas encore trouvé « chaussure à son pied ».

CHAPITRE VII

La maison et ses différentes pièces

Il est naturel que beaucoup de rêves se rapportent à la maison et à ce qui la compose ; car sous nos latitudes la vie quotidienne ne se passe pas tant à ciel ouvert, dans les rues, que dans l'enceinte protectrice de la maison. Le rêve courant parle de maisons déterminées, de pièces d'habitations bien connues qu'il ne défigure pas trop ; dans d'autres rêves, plus importants, il peut s'agir de la maison en général.

Mais l'architecte qui façonne nos rêves transforme cependant la maison connue selon ses intentions ; son activité souveraine assemble les parties appartenant aux maisons les plus diverses selon une inspiration qui lui est propre et avec des éléments improvisés. Étant par conséquent constituée de morceaux empruntés à la fois à la réalité et à l'imagination, une telle bâtisse est la combinaison d'images vivantes et de symboles. Dans la maison du rêve se fondent plusieurs contenus de notre vie, même naissants, en une unité psychique.

Le séjour dans cette maison est presque toujours suffisamment éclairé par le contexte et les idées suggérées pour que nous puissions reconnaître la raison de ce séjour. Nous savons par expérience que la plupart des chambres et des maisons dans lesquelles nous avons passé ou séjourné sont des souvenirs chargés d'une atmosphère particulière où entrent pour beaucoup les destinées de ceux qui les habitent. C'est cette atmosphère qui revient en rêve et crée une certaine ambiance onirique.

Il n'est manifestement pas possible de traiter d'une façon exhaustive le sujet abordé ici. Tout au plus peut-on dire très banalement : « Si en rêve je me trouve dans telle ou telle maison connue de moi, c'est que la réalité psychique dominante est celle qui s'exprime le mieux par l'image de cette chambre ou de cette maison. »

Ce qui se passe « dans la maison » se passe en nous-mêmes. Nous sommes très souvent cette maison. On sait que la psychologie freudienne voit en elle un symbole sexuel féminin, surtout dans le sens de provenance maternelle. Pourtant, chaque fois qu'en rêve il est question d'une maison bien rangée, délabrée, neuve ou vieille, il peut s'agir du rêveur lui-même. La comparaison symbolique de la maison renseigne sur notre état, elle nous fait savoir comment nous nous portons intérieurement aussi bien qu'extérieurement. L'activité imagée de l'âme se sert de la maison, de la façon de tenir le ménage, pour représenter notre corps et ce qui s'y passe.

Certaines pièces sont considérées comme secondaires ; elles restent à l'ombre de ce qui fait la personnalité d'une maison ; et pourtant ces pièces font l'objet de toute une gamme de perceptions et de sentiments, de souvenirs particuliers et même de certains complexes. Par contre les pièces que nous utilisons en connaissance de cause, par exemple la salle à manger ou le bureau, reviennent rarement dans les rêves. Elles appartiennent entièrement à la sphère consciente ; leur contenu symbolique semble pauvre.

Les rêves ont par contre une grande prédilection pour les pièces dont le contenu émotionnel est ambivalent. Il en est ainsi de la *cave*. Elle constitue une comparaison psychologique pour l'inconscient personnel (qui est d'ailleurs l'endroit où s'entassent les objets dont nous ne nous servons plus). En même temps, comme elle plonge dans la terre, elle est déjà toute proche des couches profondes qui sont celles de la collectivité. Dans la cave, il y a des réserves, on y conserve le vin ; elle nous abrite lorsque nous sommes menacés. Il y fait sombre, on y descend la lumière et l'enfant n'est pas seul à redouter une rencontre dangereuse. Comme c'est le cas parfois dans la vie, les cambrioleurs ou les criminels se cachent en rêve dans l'obscurité de la cave afin de nous assaillir au cours du sommeil, c'est-à-dire en état d'inconscience. Abstraction faite des caves modernes construites selon les règles de l'hygiène, c'est toute une vie illicite qui a cours dans ces bas-fonds. Des souris rongent les réserves ; dans les vieilles caves humides, il y a des crapauds, des salamandres et toute une espèce hideuse de petits animaux rampants.

Comme dans la réalité, la cave qui revient en rêve est pleine d'une vie secrète et de dangers. Elle renferme les réserves de l'âme et les possibilités de l'inconscient, ce qui n'a pas encore été déballé, ce qui n'a par conséquent pas encore été mis à notre disposition. Rêver d'un escalier conduisant à la cave équivaut à faire une descente dans les profondeurs pour ramener des aliments, monter du vin ou pour faire la rencontre des aspects obscurs de l'âme. Pour cette raison, la cave est un lieu de richesse, mais aussi de terreur. Elle renferme ce qui est « en bas », donc aussi la partie obscure de notre corps. Beaucoup de gens ne tiennent évidemment pas à connaître ces contenus du sous-sol, à savoir ce qui s'y passe.

On a avantage à ramener des souvenirs de jeunesse pour interpréter les rêves de cave ou de cuisine. Car ces deux endroits impressionnent profondément l'enfant. Mais on reconnaîtra également qu'ils possèdent un caractère symbolique général. Naturellement, il ne faut pas considérer la cave et la cuisine telles qu'elles se présentent actuellement à la ménagère, saturées d'appareillage technique.

La véritable *cuisine* est le foyer de la maison. À l'aide d'une série de manipulations, les aliments y sont rendus propres à la consommation (tout comme dans la partie médiane de l'intestin). C'est une des raisons pour lesquelles les rêves de cuisine se rapportent à notre digestion psychique.

La cuisine est aussi le lieu de la domination féminine. La femme s'affaire là dans le bruit et son opiniâtre activité semble lui être transmise par les générations. C'est pourquoi les femmes qui se présentent dans la cuisine du rêve signifient simplement l'aspect nour-ricier et maternel qui est en nous-mêmes. Combien d'hommes projettent leurs désirs indifférenciés sur le « personnel de cuisine », désirs qu'ils interprètent comme étant de nature purement sexuelle, alors qu'il faut y voir une volonté de participer à une nourriture vitale primitive dans un sens très général.

Dans les vieilles cuisines où le décor est irréel et crépusculaire règne une activité féminine incompré-hensible à l'homme. Et pourtant, de temps en temps, l'homme est obligé de descendre, tel Faust, dans le foyer des puissances élémentaires de la vie ; car la cuisine évoque les fantasmes les plus bizarres : depuis les intuitions les plus élevées se rapportant aux trans-mutations de l'alchimie — celle de l'âme — jusqu'aux représentations immédiatement sexuelles (le trou du feu, la cheminée noire, le mortier et le pilon, etc.).

Parfois l'action onirique se déroule sur la scène de la *chambre à coucher*. De tels rêves mettent au jour maints côtés intimes du rêveur. Souvent alors les problèmes actuels sont replacés dans la chambre qu'avaient autrefois occupée les parents, peut-être parce que le destin d'aujourd'hui y a son origine. La chambre à coucher représente la sphère intime de chacun et aussi l'inconscient personnel puisqu'elle est le lieu du sommeil. Nous y partageons la vie avec les êtres qui nous sont chers. C'est pour cette raison que les rêves de chambre à coucher annoncent le bonheur d'une union où règne le parfait amour ou la douleur indicible d'un ménage voué à la plus profonde inimitié. Mais ils n'ont lieu que lorsque quelque chose se rapportant à cette chambre à coucher et à ce qui s'y passe est déréglé.

Le rêve confère au *lit* une importance particulière ; « comme on fait son lit on se couche ». Il s'agit de la situation inconsciente. Au lit, on se repose, on est à l'abri ; rien n'est exigé du dormeur. Mais le rêve peut montrer ce qui l'inquiète. C'est une inquiétude inconsciente qu'il convient d'explorer. Dans le rêve, le lit occupe de préférence le côté gauche, celui de l'inconscient. Au moment où une femme déplaçait son lit vers la gauche, elle vit apparaître un fantôme. Les fantômes n'apparaissent que lorsqu'un ordre naturel a été bouleversé. Une autre fois, une femme voyait peu à peu son lit occuper toute la chambre et en même temps son couvre-lit tourner au rouge vif : une passion inconsciente, des histoires de « coucheries » tendaient à prendre trop de place.

Les rêves de *cabinet* sont très nombreux. Ce petit lieu tient dans la vie des individus une place beaucoup plus grande que ceux-ci ne veulent bien l'admettre. Avec curiosité et étonnement, l'enfant y apprend ce qui a trait aux phénomènes du corps ; il les jugera intéressants et en même temps inconvenants, s'il a reçu une bonne éducation. Au cabinet, l'homme le plus doué spirituellement n'est plus qu'un être misérable tout proche de l'animal. Il y côtoie certaines substances de son corps devenues superflues et qu'il doit rejeter. Il est seul avec lui-même au moment où son corps se défait de ce qui passe pour être la matière la plus vulgaire. Et pourtant les rêves de cabinet n'ont rien d'indécent. Au moyen d'une comparaison frappante et parfois pénible, ils font allusion à une délivrance, au fait d'en avoir terminé avec certaines affaires *psychiques*. On a mis de l'ordre, on s'est déchargé de ce qui a été utilisé, de ce que l'homme a de tout temps considéré comme une saleté. Bien plus rarement, les rêves de cabinet se rapportent à un stade sexuel infantile, à ce qu'on a nommé érotisme anal. Il convient de mentionner en passant que les alchimistes n'ont cessé de croire à la transformation des excréments en or. D'ailleurs l'expérience humaine constate que le vil peut donner naissance parfois à quelque chose de très noble.

La salle de bains fait partie d'une maison bien installée ; il sera question d'elle à un autre propos.

Il a déjà été fait mention de la signification symbolique du *grenier* ; il domine d'en haut le monde des réalités ; on y voit apparaître la structure des charpentes de la pensée. L'ordre devrait régner sous les combles comme dans la tête ; il ne doit pas y avoir de fatras ni d'« araignées ». Les rêves qui se rapportent au grenier sont toujours un peu suspects. Ils ont trait aux souvenirs de jeunesse, souvenirs d'événements érotiques précoces, de recherches et de fouilles interdites, qui avaient pour lieu un décor de vieilleries propres à exciter la curiosité. Pour plus d'un enfant, la mansarde, claire-obscure, est un endroit de terreur, tout comme le sous-sol. Il projette en elle le pressentiment de puissances de vie obscures. Dans les rêves du grenier, on fait parfois la rencontre de contenus comiques, vieillots ou défendus, on y voit toutes sortes de détails et de fantaisies. Le péril est grand lorsqu'un incendie se déclare sous le toit. Alors le feu est dans la tête, et il est souvent trop tard pour y remédier. De tels rêves peuvent constituer les premiers indices de troubles mentaux.

Très souvent, il est question en rêve de *pièces vides* ; on les découvre tout à coup. Voilà une partie de nous-mêmes qui n'est pas habitée ; notre appartement est donc plus grand que nous le pensions. Nous pouvons même recevoir en rêve l'ordre de les utiliser, de les meubler. La remarque a déjà été faite, lors des rêves de compensation, qu'il s'agit souvent ici d'un rapport avec les fonctions psychologiques. Rappelons encore une fois que les fonctions qui saisissent la réalité extérieure aussi bien qu'intérieure sont la pensée, la perception, le sentiment et l'intuition. À chaque fonction semble correspondre une pièce. En chaque individu, l'une d'elles est dominante et se combine avec la conscience et la volonté. Dans cette constellation quadrangulaire, la fonction opposée est inconsciente, peu développée, primitive. Au cours de l'évolution de la personnalité les deux fonctions adjacentes peuvent être volontairement amenées à la conscience. Par exemple au sentiment peuvent alors s'ajouter une perception affinée et une certaine aptitude intuitive. La quatrième fonction, qui est ici la pensée, reste inconsciente ; elle est projetée sur des personnes de l'entourage et vécue comme telle.

Certaines personnes ont en effet des rêves où il est question de deux chambres bien installées. L'une est la principale dans laquelle on vit. L'autre est assez fréquemment utilisée. On va par contre rarement dans la troisième, on ne sait pas bien comment elle est arrangée. Parfois, on entre par hasard dans une quatrième pièce dont on ne sait même pas à qui elle appartient. Elle est vide ou remplie d'objets inconnus et bizarres. Il peut aussi arriver que des personnes de sexe opposé habitent la troisième ou la quatrième pièce. On leur parle à peine, on les craint même un peu, comme des ombres. Souvent une ou deux chambres donnent sur le côté cour qui est plus sombre.

De tels rêves, et d'autres analogues, ne peuvent être interprétés qu'en partant de la théorie des fonctions dont parle la psychologie complexe. La première chambre représente la fonction principale. La deuxième la fonction adjacente. La troisième chambre, parfois louée à une femme lorsqu'il s'agit d'un homme, figure la troisième fonction qui est à peine consciente. La quatrième chambre est l'endroit qui passe inaperçu, celui de la quatrième fonction. Mentionnons en passant que la troisième pièce, sous un tout autre rapport, peut désigner une troisième personne qui a pris place dans la maison, ou dans le ménage, créant ainsi une situation triangulaire.

Celui qui rêve fréquemment de maisons et de chambres fera bien de noter la situation et la disposition des pièces ; il pourra faire des découvertes surprenantes.

Les *escaliers* ont naturellement aussi leur importance. Ils doivent être soignés, en bon état, et les marches équidistantes. Les escaliers relient symboliquement les différentes parties de notre personnalité. Lorsqu'une marche fait défaut ou lorsque la rampe est fragile, il y a en nous une partie qui manque de solidité. Il se peut que certains escaliers ou certaines échelles soient d'une construction complexe et par conséquent malcommodes à franchir ; c'est fréquemment le cas pour les accès à la cave ou au grenier. Il faut citer une construction particulièrement frappante, l'*escalier en colimaçon*. Celui-ci revient fréquemment dans les rêves alors qu'il existe de par le monde assez peu de constructions de cette sorte. Il part d'un cercle de base et, dans un espace restreint, s'enroule autour d'un axe fixe vers le haut. Dans cette spirale, chaque marche se situe sur un secteur du cercle de base, c'est-à-dire de la partie fondamentale de notre personnalité. C'est alors qu'on s'élève de plus en plus, sans dépasser les limites personnelles, en se trouvant continuellement placé au-dessus des mêmes contenus, des mêmes éléments structurels, des mêmes dispositions et complexes. Il n'y a pas d'autre possibilité d'élévation pour nous que celle qui consiste à partir de données fondamentales et de rester dans l'axe de notre vie. Les rêves d'escalier en colimaçon ne débutent que vers le milieu de la vie.

La maison peut aussi apparaître comme un ensemble possédant une certaine configuration : grande, petite, spacieuse, aux nombreux recoins, maison bourgeoise, palais ou cabane, à la ville ou à la campagne ; dans ce cas elle représente une attitude générale, elle renseigne sur l'ambiance psychique. Chaque adulte a besoin d'une certaine *persona*, c'est-à-dire d'une certaine considération basée sur l'aspect extérieur. Il faut qu'on sache qui il est, en vérité, dans ses relations avec l'entourage. Au cours des rêves, cette *persona* est figurée par la façade de la maison. La *façade* peut avoir une importance exagérée chez les uns ; par contre d'autres ne la soignent pas, ils n'attachent aucune importance à leur aspect extérieur. Un homme voit en rêve qu'on est en train de construire une usine. Mais lorsqu'il s'approche, il remarque qu'il n'y a que des façades imposantes ayant pour but de simuler une immense exploitation. Il en a été de même dans sa vie : une activité vide ne tendant qu'à donner le change. Un autre voit que la façade de sa maison, qui représente sans doute l'édifice conjugal, est en train d'être rénovée avec des pierres de taille, alors que la maison est totalement détruite par les bombes. Le lien du mariage est donc purement formel ; c'est une belle façade à l'apparence trompeuse — mais qui trompe avant tout le rêveur lui-même.

L'attitude de nos semblables se traduit clairement en rêve par le changement qu'y subit leur maison. Voici une forteresse grise, à l'aspect rébarbatif, et nous pressentons qu'il est inutile d'essayer d'y pénétrer. Ou encore nous découvrons tout à coup que tel homme impénétrable habite en vérité une maison vaste et claire aux vérandas largement ouvertes ; voilà donc sa vraie nature. On sent que l'accès nous est ouvert, qu'il est prêt à nous accueillir. Souvent aussi nous devons procéder à un déménagement, ou bien nous nous trouvons dans une maison plus grande, aux pièces claires et spacieuses. La vie semble se préparer à nous attribuer un plus grand espace vital. Mais il faut en même temps que nous parvenions à un plus haut degré de conscience, il faut que nous arrivions à savoir qui nous sommes réellement. Une rêveuse qui n'avait pas rempli ces conditions fit le rêve suivant : « Je devais m'installer dans une maison plus belle et mieux aménagée. Lorsque tout fut prêt, je ne trouvai plus mon certificat de travail ni mon passeport. Alors on m'a interdit de déménager. » Les rêves où il est question de reconstruction sont extrêmement favorables. En nous on rebâtit, ce qui veut dire que nous nous rénovons. Nous pouvons observer les progrès accomplis sur ceux de la construction. Par exemple, la maison est à peine terminée et nous n'y habitons pas encore ; il nous reste à parcourir un certain chemin. Mais tous ces rêves sont très favorables. Ils témoignent d'une nouvelle conception des choses, d'un nouveau foyer par conséquent où pourra s'édifier en toute sécurité une nouvelle vie.

CHAPITRE VIII

Véhicules et institutions accessoires

Les rêves où il est question de gares, de rails, de trains, de retard et d'adieux, de bagages et de voyageurs sont particulièrement fréquents. Cette fréquence se comprend si l'on considère la densité émotionnelle qui accompagne tout ce qui se rapporte au voyage. Toute une série d'actes primitifs en sont la cause, qui s'exprime par les manifestations du trafic moderne. Même un petit voyage entraîne un changement de décor psychique : il y a toujours des éléments de la vie qu'on quitte et d'autres qu'on attend impatiemment, en plus de l'intérêt qui se rattache à l'utilisation des moyens techniques. On rencontre des gens inconnus, on doit prendre soin des bagages tout en se confiant à un véhicule qui se meut et se dirige indépendamment de nous vers un certain but.

Dans la vie de chaque individu existent certains événements et émotions qui ont trait au *chemin de fer* ; le rêve utilise ce matériel pour faire son témoignage. S'y ajoutent les souvenirs de jeunesse de l'enfant : chacun a fortement ressenti et éprouvé comme la puissance même de la vie l'ébranlement du train, cette longue file de wagons tirée par la locomotive monstrueuse qui sort de la gare en augmentant sa vitesse, ou le moment où le train entre en gare dans le vacarme des grincements de freins. À la vérité, ces événements sont plutôt du ressort des garçons ; les jeunes filles et les femmes s'intéressent davantage aux facteurs humains, aux rapports affectifs, qu'à ceux de la technique.

Les rêves de trains sont un panorama de tout ce qui peut arriver entre le départ de la maison et l'arrivée à destination. En parcourant des centaines de ces rêves, on peut se rendre compte que tous les détails possibles y ont leur place ; et chaque détail a son importance particulière.

Il ne faut pas perdre de vue, dans l'interprétation de tels rêves, qu'il s'agit, à l'encontre des déplacements à pied ou à bicyclette, d'un transport en commun s'effectuant sur les voies habituelles, à la disposition de tous, donc plutôt d'un aspect de vie collectif.

Lorsque nous voyageons, nous nous remettons librement à l'horaire et à la conduite des trains ; nous parcourons un trajet de vie qui a ses arrêts et un comportement déterminés.

Ce voyage conduit vers notre but individuel à travers les différents niveaux d'âge. Les trains partent à l'heure — ceux qui ne sont pas prêts à temps ne seront pas emmenés. Il y a là une merveilleuse figuration pour tout ce qui a trait au fait d'« arriver en retard » ou à celui de « laisser passer l'occasion ». Chaque genre d'activité connaît un moment favorable, elle a son « Kairos », son dieu de l'occasion ; lorsque le nécessaire se tient à notre disposition, il faut également être disposé. Beaucoup trop nombreux sont ceux qui arrivent en retard dans la vie, et les raisons en sont également trop multiples. On quitte à regret la quiétude de la maison, on était encore occupé par mille choses différentes. En nous exprimant psychologiquement, il convient de dire : le changement d'état, par exemple le passage de la jeunesse à l'état d'adulte, est retardé ;

nous restons attachés à trop de complexes. D'autres sont en retard parce qu'ils exigent trop de certitude, trop de sécurité ; ils voudraient que l'instance la plus haute de la vie leur délivre un laissez-passer leur permettant d'atteindre sans encombre et sans effort un objectif d'ailleurs agréable et précieux. Il peut encore se faire que nous soyons en retard à la gare parce que trop de monde attend au « guichet intérieur » : trop de choses en nous demandent à être résolues et nous empêchent de poursuivre notre route. D'autres arrivent à la gare munis de tout leur bric-à-brac ; ils ne peuvent pas se séparer de leur mobilier psychique. Tel homme par exemple avait emporté sa trompette d'enfant qui ne lui était d'aucune utilité — après un certain temps, il faut pouvoir renoncer à son tapage juvénile. De même cette femme qui croyait pouvoir emporter sa petite cuisine pour poupées faisait preuve d'une ignorance totale en ce qui concerne les possibilités de la vie.

Il existera toujours des gens qui s'occuperont de ce qui ne les regarde pas ; le destin d'autrui leur paraît plus important que le leur. Ils vivent par conséquent en autrui, ce qui leur permet d'être très exigeants vis-à-vis de ces autres puisque ceux-ci sont devenus une partie d'eux-mêmes. Ils retardent leur propre développement. C'est ce que comprit ce rêveur qui était près de manquer son train parce qu'il s'était trop occupé du départ d'un ami sur un autre quai ; il ne put rattraper son propre train qu'à la dernière minute et se pendre désespérément à la portière qui s'ouvrait. Le destin aussi nous laisse parfois un certain temps dans une position fâcheuse et bien méritée. Le sauveur qui apparut dans ce rêve était un collègue que le rêveur estimait pour son exactitude mais qu'il n'aimait guère. Ce sauveur figurait probablement une fonction propre au rêveur que celui-ci n'estimait pas à sa juste mesure.

Quelquefois le train se trouve en *gare* ; dans les cas

importants il s'agit d'une puissante tête de ligne ou d'une gare centrale avec de grands halls et des voies enchevêtrées. De telles gares représentent des constructions oniriques importantes et constituent des points de départ pour nos différentes entreprises ; comme toute vie a sa source dans l'inconscient, la gare devient parfois le symbole de l'inconscient tout court. L'instance suprapersonnelle souvent mentionnée, et qui dirige notre destin, apparaît alors souvent comme le chef de gare ou comme le contrôleur des trains ; lorsque nous nous sommes décidés à faire un voyage, c'est lui qui commande aux événements et non plus nous.

Il faut aussi que nous prenions un *billet*, ce qui signifie psychologiquement que nous devons payer ; nous devons payer avec des énergies, c'est-à-dire avec de l'argent dans la vie quotidienne, car personne ne vit gratuitement et ne peut continuer son chemin sans faire de sacrifices ; seuls les esprits puérils revendiquent des cadeaux et veulent qu'on les dispense de toute prestation personnelle.

Il y aurait une foule de rêves à mentionner se rapportant aux problèmes qui surgissent à l'occasion du billet. Entre autres, il convient de rappeler que dans presque tous les pays les trains possèdent au moins deux classes, assez souvent établies selon le confort des sièges ; le prix du billet varie selon ce confort. Celui qui possède assez d'argent voyage mieux en rêve. Mais par argent, il faut entendre énergie disponible, œuvre, valeur personnelle. D'ailleurs le rêve sait que le destin est plus généreux pour les uns que pour les autres, ce qui fait que par exemple telle personne aisée et gâtée se voit en rêve dans un wagon laid et délabré. Voilà comment se présentent les choses, vues de l'intérieur !

On raconte souvent une histoire de billet frauduleusement utilisé pour une classe supérieure ; c'est d'ailleurs un plaisir que les gens se permettent volontiers dans les trains bondés du dimanche soir. Mais ici, le changement de classe n'est pas aussi inoffensif ; d'où la peur d'être découvert et d'essuyer un échec devant les autres voyageurs. Car on se trouve dans le train de la vie, à une place que ne justifient pas les capacités personnelles. On vit au-dessus de ses moyens. (Répétons qu'il ne s'agit jamais de la situation matérielle extérieure. Des gens même très aisés font ce rêve humiliant alors qu'ils ont l'habitude de se déplacer en voiture ou en première classe de chemin de fer.)

L'univers des rêves présente aussi le cas inverse, celui du voyageur se trouvant dans une classe au-dessous de celle qui lui revient de droit. C'est alors le plus souvent le *contrôleur*, ce représentant de la justice interne, qui remet le voyageur en place.

Le symbolisme moderne du voyage en train est vraiment très riche en situations particulières. C'est ainsi qu'un rêveur met ses souliers sales sur la banquette d'en face où un inconnu veut prendre place ; ou bien on raconte que, contrairement à ses habitudes, on se trouve dans le sens inverse de la marche du train, le regard fixé sur le paysage qui s'enfuit. L'âme aussi est braquée sur ce qui fuit et ne revient plus.

À notre avis, les *autres voyageurs* sont des éléments psychiques ; ces gens connus ou inconnus ont pour mission de les matérialiser. Le rêveur se plaint par conséquent à tort que tant de monde vulgaire et mal élevé ait voyagé avec lui. Le régisseur de nos rêves choisit ce qui est particulièrement significatif pour la situation actuelle, précisément ce qui nous accompagne ; et dans ce voyage il faut bien fixer son vis-à-vis parce que c'est un reflet de nous-mêmes. Il y a parfois aussi une personne dans le compartiment ; nous ne savions pas qu'elle faisait partie de notre destin. Dans les rêves masculins il peut s'agir d'une femme à l'aspect exotique, que nous rencontrons ici pour la première fois, alors qu'il s'agit de l'*anima* profondément enracinée en nous. Chez les femmes, selon le niveau de ces personnages intérieurs, ce sont des hommes robustes, des médecins, des acteurs, des officiers. Si ce sont des inconnus, ils appartiennent à ce monde des *animi* si difficile à explorer.

À côté de qui s'assoit-on, qui se trouve en face ? « Je voulais d'abord me mettre avec Lefaure. » (Contexte : Lefaure est un homme robuste, en bonne santé, vantard et malin.) « Puis je me mis à côté de Vuilleumier. » (Contexte : homme distingué, différencié, un médecin travailleur de condition modeste.) Le rêve et le contexte donnent la signification suivante : le rêveur, peu sûr de lui, se trouvait à l'époque au point de choisir entre une vie robuste, pleine de jouissances, et un autre genre de vie plus différencié et plus noble. Il y avait en lui à la fois ces deux attitudes.

Le rêve fait également la distinction entre les différents *types de trains* : lorsqu'il nous faut atteindre des buts de vie lointains, nous utilisons le grand express. Par contre un homme, se croyant appelé à une haute vocation, peut se voir en rêve dans un petit train de banlieue. Un autre qui approchait de la cinquantaine traversait une période de dépression assurément typique pour cet âge. Il pensa alors en rêve qu'il pourrait rejoindre sa petite ville natale, retrouver sa mère et y vivre un temps assez long. Mais voilà qu'à la gare les billets pour cette destination étaient tous vendus ! On lui remet en échange un billet pour la capitale du pays, qui est le symbole du centre psychique de la personnalité. À son grand étonnement, ses compagnons de voyage sont des émigrés, des réfugiés et des blessés de guerre ; lui-même est jeune, au moment d'accomplir une œuvre jadis importante. Il est actuellement dans cette situation ; ce qui en lui a été délaissé et maltraité jusqu'ici doit être soigné et revalorisé. Alors une nouvelle période de vie pourra s'ouvrir, celle de sa personnalité.

Le type de *locomotive* renseigne sur les forces qui

sont disponibles. Voici un rêve d'ailleurs mentionné à un autre propos : une grande foule attendait à la gare la puissante machine couplée du train de montagne. Le rêveur s'y trouve également ; c'est un homme de qui on attend de grandes choses, après une longue période d'hésitations. À la place de la locomotive arrive alors une petite machine à feu de bois : voici la quantité d'énergie dont cet homme dispose pour le moment. Ni lui ni les autres ne devaient alors se montrer trop exigeants.

Les *bagages*, indispensables au voyageur, représentent sa force, ses capacités, ses plans, ils figurent aussi l'extérieur de sa personnalité, son train de vie. Les bagages sont une personnalité élargie. Il est défendu de les perdre car cette perte entraînerait celle de nos moyens immédiats d'existence, de nos réserves, d'un potentiel vital dans toutes les acceptions de ce terme.

La plupart des rêves parlent de départ, peu débutent par une arrivée. Dans ce dernier cas, nous sommes inconsciemment rendus à destination et nous devons trouver la sortie dans le hall qui figure cet inconscient, munis de nos bagages et avec une expérience nouvellement acquise. Il faut bien faire attention aux personnes et aux choses qui nous attendent, remarquer l'heure du jour ou de la nuit et les projets que nous avons après avoir fait ce trajet de notre vie.

Un mot pour finir sur le mécanicien de locomotive : il est rarement visible, tout comme notre conducteur interne dont la silhouette est très imprécise. Pourtant nous devons exiger de lui qu'il soit sérieux et robuste, qu'il connaisse l'instrument qu'on lui a confié, c'est-à-dire notre personne et les forces dont elle dispose. S'il apparaît en rêve sous un autre jour, si on en fait une description équivoque, la personne se trouve dans une fâcheuse position.

Le rêveur moderne utilise souvent l'*automobile*. S'il est permis de considérer ce véhicule autonome comme un symbole, on peut alors lui reconnaître la qualité de symbole remarquable.

Pour beaucoup de rêveurs la voiture semble être un petit domicile roulant qui s'adapte à eux, qui est une expression d'eux-mêmes, que ce soit la grande voiture de luxe ou la vieille carriole délabrée dont la seule vertu consiste à pouvoir rouler. Il est significatif pour la nature de l'automobile et aussi du rêve que le rêveur ait lui-même la possibilité de conduire, contrairement à ce qui se passe pour le train qui roule sur des voies toutes préparées, est manipulé par un conducteur inconnu, et rempli de personnes étrangères les unes aux autres. Mais les deux véhicules sont mus par une force impersonnelle, tandis que la bicyclette requiert celle de la personne qui la monte. Pour conduire une auto, il faut prendre toutes les responsabilités, notamment celle de bien conduire, celle de respecter les autres usagers de la chaussée. La maîtrise de la voiture exige de la discipline et une certaine habitude de ses instruments et de ses mécanismes. Le fait de bien conduire en rêve est le signe que sous un rapport quelconque on fait bonne route, même si on n'a jamais touché à une voiture dans la réalité. Le rêve exprime qu'il y a avancement.

L'extérieur de la voiture a aussi son importance ; il est souvent l'expression de la *persona* du rêveur, c'est-à-dire de ce qu'il représente à l'extérieur. Par exemple une promenade dans une belle voiture pourra être la compensation d'une maladresse et d'une injuste perte de considération dans la vie du rêveur. Mais il peut aussi se trouver à tort dans une belle voiture qui ne lui appartient pas ; il a fait sien un état ou un comportement qu'il n'avait pas le droit de prendre.

Les rêveurs font bien plus souvent état de rêves dans lesquels la voiture ne veut brusquement plus rien savoir, qu'à une belle course rapide et sûre à travers un paysage harmonieux. Sur la route de sa vie le rêveur a rencontré un obstacle — dont le contexte précisera la nature —, ou encore lui-même a manqué de force. Il y a aussi la peur du non-fonctionnement des freins — ce qui est parfois le cas ! —, ou celle d'écraser un passant — ce peut être l'enfant, cette évolution naissante en nous et dont notre élan vital n'a pas tenu compte. On se fourvoie aussi dans un fossé, on tombe dans une mare, ou bien on heurte une borne frontière, et il n'est pas difficile alors de trouver l'événement de la journée qui est figuré par ces comparaisons allégoriques.

L'interprétation est également aisée lorsque le conducteur se sert de la mauvaise pédale ou lorsque les phares destinés à « éclairer » la route ne fonctionnent pas. Le rêveur est à cours de moyens s'il se voit privé de carburant en rêve. Lorsqu'une roue de la voiture se détache, on peut penser aux quatre fonctions psychologiques, mais il peut aussi s'agir d'un genre d'événement plus familier. Il est caractéristique pour le rêveur d'avoir trop chargé sa voiture, de promener un groupe de gens exubérants ou bien une triste personne solitairement assise dans un coin. Les collisions de voitures, le fait de heurter inutilement une maison connue, constituent quelques autres éventualités de rêves d'automobiles qui sont d'une infinie variété. Certains rêveurs peuvent se demander si « auto » ne signifie pas « soi », et si ce n'est pas la raison pour laquelle elle fait son apparition en rêve. On ne peut pas le nier. Mais il s'agit plutôt du moi que du soi. Il faut également avoir en vue les rapports allégoriques entre intelligence et appareillage mécanique.

Ce sont les jeunes gens qui rêvent surtout de *bicyclettes*. Bien qu'elle soit un article de masse, la bicyclette possède en rêve une signification individuelle, elle sert au rêveur pour les petits déplacements en tous sens. On peut d'ailleurs l'utiliser sur les chemins « secondaires » pour aller à la rencontre de toutes sortes de petits événements. Nous avons déjà fait allusion à la dépense de force qu'elle exige ; il faut aussi souligner sa marche souple et légère, presque imperceptible. Les rêves de bicyclettes ont surtout été communiqués par les jeunes gens qui essayaient de prendre la vie du bon côté pendant la période d'apprentissage ou d'études. L'un d'entre eux a brisé la barrière de la ligne sur laquelle un train roulait en direction de l'université — il n'a pas terminé ses études. Souvent ces rêves contiennent un élément de gaieté et de bonheur. Parfois on part avec son compagnon de vie et il peut arriver que l'un tombe en panne. Celle-ci indique assez souvent une difficulté d'ordre sexuel.

Dans l'*autobus* ou le *tramway*, on est un voyageur parmi beaucoup d'autres voyageurs ; ceux-ci constituent les aspects partiels de notre propre personne ou bien, sur le plan objectif, ils figurent les personnes qui prennent part à notre destinée. Dans ces rêves — ils sont rarement importants —, il faut considérer ceux qui nous accompagnent et bien remarquer les arrêts du véhicule. Il s'agit presque toujours d'aspects de vie collectifs. L'individualiste se voit obligé de voyager dans un tramway bondé, ou bien on l'y met de force. Car nous avons aussi, comme tout le monde, des buts bien banals.

Les rêves de *bateaux* peuvent avoir une très grande importance lorsqu'il s'agit d'une longue traversée. Il faut considérer que ce véhicule fermé traverse la mer de l'inconscient, peut accoster à un rivage nouveau. Il est souvent « bon de traverser les grandes eaux », selon une expression du livre chinois *I-Ching*.

Le navire représente très souvent notre propre personnalité avec ses pièces, ses espaces clairs et obscurs. C'est pourquoi on a depuis longtemps parlé de la « barque de la vie ». On connaît les événements heureux mais aussi malheureux qui peuvent lui arriver en cours de route. Le rêveur les vit dans ses rêves, et leur signification lui est alors aussitôt claire. Nous avons déjà parlé du capitaine ; mais nous n'avons pas encore mentionné le cas du voilier, exprimant probablement l'action du vent, c'est-à-dire l'influence du spirituel sur la marche des événements.

Lorsqu'une vieille femme rêve d'un bateau multicolore couché sur la plage et dans lequel se trouve un squelette en papier, on peut conclure qu'il y a là un rapport avec le fait que cette femme considère comme épuisées pour elle les multiples possibilités de la vie ; tout ce papier, auquel elle s'est confiée, représente ses désirs et ses aspirations qui n'ont pu devenir réalité. D'autre part, le petit bateau a la même signification que la bicyclette. Il peut aussi arriver qu'un sombre individu arrive sur la mer nocturne. Est-ce que ce Charon va nous inviter à monter dans sa barque ténébreuse ?

Que penser alors de ce rêveur assis dans sa voiture d'enfant qui n'a pas voulu la quitter pour y monter parce qu'en lui-même il est toujours resté un enfant !

Les rêves d'*avions* deviennent de plus en plus fréquents. Ils sont l'expression de ce qui avance rapidement ; c'est le survol des difficultés, le libre choix de la direction, la force du mouvement à travers des espaces sans obstacles. Tout comme les oiseaux, les avions peuvent représenter les pensées. Ils en contiennent parfois tout un chargement. Dans certains rêves, de tels avions font des cercles évidemment inutiles, tout comme certaines personnes qui sont la proie tourmentée de pensées tournant sans cesse autour de la même affaire, autour du même complexe.

Le milieu dans lequel se meut l'avion est l'air, et celui-ci est avant tout le symbole du monde des idées, de la raison, de l'intellect, de l'esprit.

Un avion peut monter trop haut et perdre ainsi, du moins en rêve, la possibilité d'un retour sur la terre. C'est ainsi qu'un rêveur peut se trouver dans un avion dont le pilote lui est inconnu, et appeler en vain ce dernier pour qu'il veuille bien se poser à terre. Le rêve inverse également n'est pas rare : un avion lourdement chargé n'arrive pas à prendre son envol, signe que trop de choses, trop de projets sont appelés à être montés en même temps.

Deux principes peuvent évidemment se combattre âprement dans notre tête, ce qui peut se traduire allégoriquement par le combat aérien. La situation est plus fâcheuse lorsque deux avions se heurtent en vol et tombent.

Il est important de voir, comme pour tous ces rêves, qui nous accompagne et ce que nous emmenons. Parfois la couleur bleue ou rouge de l'avion est significative pour dépeindre le genre de pensées dont il s'agit.

Les rêves de dirigeables étaient fréquents autrefois. La forme du dirigeable laissait presque toujours supposer des rêves de nature phallique.

L'homme vole assez souvent sans avoir recours à des moyens techniques. Tel Icare, mais encore plus simplement, il remue ses bras comme des ailes d'oiseau et glisse sur les nues. Il est lui-même étonné en rêve de ses extraordinaires facultés, qui peuvent d'ailleurs s'interpréter d'une manière positive aussi bien que négative. Il est beau de pouvoir passer, grâce à la force de son activité, sur les difficultés quotidiennes, de se mouvoir avec légèreté dans le milieu de l'esprit. Mais trop de gens planent facilement sur les choses et fuient ainsi leurs obligations dans un monde de pensées inutiles. Une telle allégorie met l'accent par exemple sur une euphorie de mauvais aloi. Freud et son école voient avant tout dans les rêves de lévitation un rapport avec l'érection nocturne. Mais cette interprétation ne nous semble convenir que pour la période de la puberté.

CHAPITRE IX

Rêves de nombres

Nous utilisons couramment le nombre, une des plus magnifiques inventions de l'esprit humain. Il est notoire que le nombre désigne non seulement des quantités et des rapports de quantités, mais aussi, spécialement pour les nombres un à douze, un ensemble de caractères condensés en une personnalité, en un symbole.

Les rêves de nombres sont aussi fréquents que difficiles à interpréter. Ceci est vrai pour les désignations de quantités, les chiffres, les numéros, tout comme pour les indications de nombres proprement dits. Chacun rencontre la réalité, entre autres, sous forme de rapports extrêmement variés, susceptibles d'être exprimés par des nombres. Par conséquent chaque nombre peut s'exprimer en rêve et chacun peut devenir la forme d'un événement spécifiquement personnel, il peut établir un rapport avec quelque chose qui est arrivé quelque part. Que ne peut exprimer un nombre de rêve ! Il peut éclairer ce qui nous entoure, une relation obscure, un fait oublié. Un seul nombre significatif peut embrasser toute une période de l'existence, que ce soit un numéro de maison, une date importante, un millésime ou simplement un numéro de téléphone évoquant des mots heureux ou néfastes.

Le nombre 22735 est apparu dans un rêve relativement long. La question était de savoir ce que signifie tout le nombre, ce que signifient les chiffres un à un et de donner le sens qui se dégage de l'ensemble. Le contexte a établi que le rêveur avait 35 ans et sa fiancée 22. Le rêveur pensait que le 7 pouvait désigner le côté grave et sacré de l'amour qui les unissait. Mais avant cette relation il avait habité une maison qui portait le numéro 7 : quelque chose de lui et de ses sentiments était resté là-bas et le 7 se trouvait entre le 22 et le 35. Le 73 également peut signifier quelque chose et avoir un rapport avec un vieux parent. De même pour le 27. La somme des chiffres, 19, a aussi toutes sortes de significations. Le rêveur indique qu'il a quitté la maison paternelle à 19 ans pour vivre seul. Est-ce qu'il serait à nouveau sur le point de vivre seul, ou bien est-il en train de fonder à son tour une maison paternelle ?

Un autre a rêvé du nombre 934 ; il était apparu dans un ensemble de choses important, mais semblait imperméable à l'interprétation. Ce fut alors le souvenir d'un indicateur de chemin de fer qui montrait qu'il s'agissait du départ d'un train avec lequel le rêveur est parti pour B., il y a trois semaines. Il devait s'y présenter pour obtenir un poste important. Comme une réponse de B. n'était pas encore parvenue, le rêveur avait abandonné tout espoir. Mais deux jours après, une lettre venant de B. confirme le choix initial et le rêveur tout heureux a pris le train de 9 h 34 pour aller dans la ville qui devint sa nouvelle sphère d'activité.

Un autre exemple illustrera les difficultés d'une telle interprétation. Un peu avant d'avoir 48 ans, un homme rêve qu'il est reçu au baccalauréat avec 42,5 ou 43,5 points. Il pense que ce rêve contient en réalité son âge obtenu en ajoutant le 5 des décimales au nombre 42 ou 43. D'un autre côté il se souvient d'un événement important de sa vie qui a eu lieu entre 42 et 43 ans. Mais voici qu'en rêve on procède à un vote dans un petit village méridional pour savoir lequel de ces nombres est le vrai : les quatre partis du village pensent que c'est la note 45,2. Donc quelque chose pouvant être en rapport avec 47. Le village méridional figure un aspect sentimental de la question. Ces commentaires ne suffisent évidemment pas à préciser le sens du rêve.

Lorsqu'il s'agit de petits nombres, on fait bien de se demander ce qui a pu se passer il y autant d'années, ou lorsqu'on avait l'âge exprimé par le nombre ; on aboutit alors presque toujours à un fait important. Pourtant il convient de ne pas se référer sans cesse à des manipulations numériques toutes faites. On n'a que le droit d'utiliser un système ou un autre pour approcher la signification d'un nombre qui est en rapport avec des événements personnels. Notre inconscient sait pourquoi il a employé tel nombre ; il nous est parfois donné d'en deviner les raisons.

Les nombres pairs ont toujours été ressentis comme étant d'essence féminine, surtout le nombre deux à cause de certaines analogies corporelles. Les nombres impairs passent pour être masculins, spécialement le trois, pour les mêmes raisons.

Les petits nombres entre un et douze ont pour ainsi dire chacun une personnalité possédant des forces qui leur sont propres. Parce que l'interprétation des rêves de nombres ne peut pas passer sur cet aspect historique de la question, nous mentionnerons quelques particularités se rapportant à l'histoire de la pensée et des institutions humaines.

Le *un* n'est pas un nombre, il ne le devient que dans le rapport avec d'autres indications numériques. Il est l'unité primordiale, indivisible, il est ce qui est simple et solide, le début de la numération ordinale, la situation originaire, le sommet d'une hiérarchie.

Comme l'individu fait face à un milieu, il a tôt fait

l'expérience du *deux*, de la dualité, de l'association aussi bien que de l'opposition. Une journée complète se partage en deux, l'année se divise en moitiés chaude et froide. Le clair et l'obscur, la lumière et les ténèbres, le bien et le mal sont des oppositions dictées par l'expérience. Le cours de la vie se passe en flux et reflux. L'humanité est partagée en deux sexes — qui se cherchent pour parvenir à une unité, ou se fuient dans la « guerre des sexes ». Les plus importantes conceptions de la mentalité philosophique chinoise reposent sur les principes yin et yang symbolisant le masculin et le féminin, la dureté et la douceur, le jour et la nuit, le statique et le dynamique.

En rêve ce sont souvent deux frères ou deux sœurs, deux maisons, deux entrées, le haut et le bas, le doux et l'amer, les symboles du conscient et de l'inconscient qui se font face. Le côté statique prédomine si deux formes de l'existence, deux forces vitales tiennent les plateaux d'une balance. Dans le cas négatif, cet aspect indique que la vie est comme figée dans l'opposition.

Le *trois* est synonyme de solution et de vie nouvelle. Tout comme l'enfant qui est avenir, le trois est un produit du deux. Il y a aussi en lui en élément de volonté, une idée ; le trois a quelque chose de combatif qui est d'essence masculine. Les dieux apparaissent souvent par groupes de trois. Dans la religion hindoue, la toute-puissance divine est dans Brahma, dieu de la création, dans Vishnou, le doux conservateur, et dans Siva, le grand destructeur. Le christianisme connaît la Trinité, cette triple apparition du Tout-Puissant sous la forme du Père, du Fils et du Saint-Esprit ; il est trinité, et cependant il est unité.

Ce sont trois femmes, les Nornes, qui tissent le destin dans la mythologie nordique. Les trois Parques sont leur équivalent pour l'Antiquité. Ce sont trois Mages qui vont trouver le petit Jésus ; la résurrection a lieu le troisième jour. Dans les contes, ce sont trois sœurs, trois frères ou trois animaux qui amènent des changements importants. On frappe par trois fois sur du bois pour conjurer un mauvais sort ; il faut faire un triple appel pour se rendre les esprits favorables.

Le cours de la vie s'articule sur le passé, le présent et l'avenir.

Lorsque le trois apparaît, quelque chose se passe, l'énergie coule, la vie prend une direction. Le trois est un nombre agissant, sacré et aussi dangereux. Il signifie devenir, dans le bon et dans le mauvais sens. C'est la raison pour laquelle il est trois heures moins le quart ou trois heures moins dix en rêve lorsque s'annoncent des événements nouveaux.

En tant que nombre, le trois appelle le *quatre*. Celui-ci indique une unité qui n'est pas originelle, une unité qui semble avoir pris corps peu à peu. D'après notre expérience, le quatre en rêve a presque toujours une signification positive.

Il y a quatre saisons dans une année entière. Quatre éléments : l'eau, la terre, le feu et l'air, sont le matériel à la disposition du conscient et de l'inconscient. L'individu s'oriente d'après les quatre points cardinaux.

Dans le carré, le quadruple caractère est devenu un lieu fermé et régulier. D'après le symbolisme onirique, il a trait à la transformation de la personnalité humaine. On peut lire dans *Psychologie und Alchemie* de Jung de quelle importance était le quatre pour l'alchimie qui, comme nous le savons aujourd'hui, a été au service de l'individuation.

C'est d'après ce que disent les quatre Évangélistes que le croyant se fait une image de Jésus-Christ et assimile sa doctrine. Les quatre fleuves du paradis, d'après la légende biblique, coulaient vers les quatre directions du monde.

On pourrait encore donner maints exemples. Tous seraient une confirmation pour le rêveur qui a rencontré une figure ayant une analogie quelconque avec le quatre, qu'il a été en présence d'un aspect important et positif.

Le *cinq* a probablement d'abord été expérimenté sur les doigts. Il est le nombre de la vie et de la nature. S'il apparaît en rêve, le visage de l'âme se tourne alors vers un aspect de vie calme, solide et clair. En Chine, il est essentiellement un chiffre de bonheur. Il y a manifestement un rapport avec les cinq planètes de l'Antiquité.

On fait beaucoup plus rarement allusion au *six*. Ce nombre aussi exprime une certaine totalité. Aux quatre directions principales du plan s'ajoutent encore celles du haut et du bas. Ces six directions sont la totalité du possible. Les six carrés du dé en montrent la régularité.

Le *sept* porte une auréole sacrée. La mythologie grecque connaît sept dieux principaux, l'alchimie utilise sept métaux, il est question de sept anges et de sept communautés dans les écritures saintes. Il y a sept jours dans la semaine qui eux-mêmes ont un rapport avec les vingt-huit jours du mois lunaire. L'Église catholique connaît sept péchés capitaux qui s'opposent à sept vertus. Sept années constituent une période de vie spécialement marquante. Après la perte de son amant, la bien-aimée se lamente durant sept années.

Le *huit* se rapporte au quatre dont il est le double. Lui aussi semble constituer un chiffre heureux.

Neuf est le carré de trois. Dans les très anciennes chansons germaniques, il apparaît lorsqu'il est question de vie et de mouvement. Lui aussi se trouve au voisinage de ce qui est essence créatrice.

Il est assez rarement question du *dix* dans les rêves, sauf pour certains petits rêves quotidiens dont le degré de conscience avancé permet une large influence par le système décimal. Quelquefois, de par la position du un suivi par le zéro, il peut symboliser la solitude.

On rêve parfois du *onze* ; son interprétation toutefois n'est pas aisée. Le sens défavorable qu'on lui attribue ordinairement n'apparaît pas dans les rêves. Il indique quelquefois une relation illégale entre deux personnes seules que schématise l'image graphique du nombre.

La signification du *douze* a son origine dans les cercles culturels de Babylone. Il est en rapport avec le nombre des images du zodiaque, et en tant qu'expression du nombre des mois, il désigne l'année totale. Dans l'espace de la pensée chrétienne, le douze a été rendu inoubliable par le nombre des disciples du Christ. Lorsqu'il s'agit de cadran et d'heure, il signifie fin ; et lorsqu'en rêve il est midi moins cinq, il est « grand temps ».

CHAPITRE X

La signification des couleurs

Le symbolisme des couleurs du rêve a constamment fait l'objet de réflexions et d'essais d'interprétation ; car les éléments colorés du rêve ont toujours été ressentis vivement. On oublie rarement en racontant un rêve de mentionner la couleur de tel ou tel objet. Si nous ne le savions déjà consciemment, le rêve nous ferait comprendre l'importance qu'ont les couleurs dans la matérialisation de certains rapports et de certaines valeurs psychiques. Il est en dehors de notre tâche d'exposer les différentes théories se rapportant aux couleurs. Nous sommes donc dispensés de défendre des points de vue dont les sources éminemment subjectives invitent à la discussion. On sait peut-être que Goethe avait espéré faite triompher sa *Théorie des couleurs* qui lui tenait tant à cœur. Il savait que « s'occuper de couleurs avait depuis toujours présenté un certain danger ». Les couleurs sont des événements psychiques, donc faisant partie de notre destin et renseignant sur des situations mentales importantes. L'expérience permet de dégager les enseignements suivants concernant les couleurs du rêve (il est entendu qu'il faut faire la part de ce qui revient au porteur de la couleur, à son intensité, à la relativité des couleurs les unes par rapport aux autres).

Dans les régions tempérées, le *vert* est la couleur de la vie végétale. Là où germe du vert se situe le domaine de la nature et de la croissance. Cette couleur se rapporte à l'événement du printemps. Lorsque le diable apparaît en vert, il a gardé l'habit de l'antique dieu de la végétation. Le côté vil et pernicieux se retrouve alors dans le mot vénéneux. L'apparition démesurée en rêve de la couleur verte est un signe de débordement par les puissances végétatives de la vie. Mais quel réconfort pour le rêveur lorsque, après une longue marche sur la neige, il arrive à un endroit où germent les premières pousses, où apparaît le clair chatoiement d'un champ fraîchement ensemencé !

Le vert est la couleur de la fonction sensitive. C'est pourquoi les événements oniriques où domine le vert indiquent une vie consciente insuffisamment perceptive, une vie qui passe sur les aspects simples et quotidiens.

Le *rouge* est une couleur extraordinairement agissante. Il signifie sang et feu, il est passionné et provocant. Quand son intensité est atténuée, il désigne l'amour, les raisons du cœur, mais aussi la charité et la miséricorde. Les fêtes des martyrs ont lieu sous le signe de la couleur rouge. Le rouge est particulièrement associé à l'objet qu'il revêt. Il est important de savoir si en rêve il s'agit d'un animal rouge, par exemple d'un serpent, ou d'un livre à reliure rouge. La robe rouge que l'on met, passionnée et agressive, est particulièrement significative. Le rouge est la couleur de la fonction sentimentale. L'âme est prête à l'action, le sentiment se présente sous forme de conquête ou de souffrance, de don total mais aussi de détresse.

Le *bleu* est presque toujours associé à des événements de nature spirituelle, probablement influencé en cela par la coloration du ciel : il est la couleur de la fonction réflexive ; il a quelque chose de froid et de supérieur. Sous son aspect tendre, le bleu est une couleur féminine. Témoin le manteau de la Sainte Vierge se tenant sur le croissant de lune. En règle générale, le bleu indique la sérénité psychique, un comportement tempéré et réfléchi.

Goethe disait du *jaune* : « C'est une couleur claire, gaie et douce ; mais elle devient facilement désagréable, elle se déprécie par l'effet de la plus légère addition. » Le jaune est la couleur de l'intuition et du pressentiment qui contiennent une chaleur solaire si particulière, claire et pénétrante.

Le *brun* est la couleur de la terre. Proche des simples réalités, il est chaud, calme et maternel. Quand on doit revêtir une robe brune en rêve, il faut alors se rapprocher du côté simple et naturel de la vie. Il est significatif qu'un rêveur se trouvant encore dans un état de contradiction intérieure refusât le cheval brun qu'on voulut lui offrir.

Le *noir* est la douceur de la complète inconscience, du deuil et des ténèbres. En Europe, le noir a une tonalité négative ; il convient de ne jamais l'interpréter primairement d'une façon positive en rêve. Le sombre individu, la sinistre maison, le serpent noir — toutes sortes de choses obscures, sans grandes possibilités d'espoir. Pour l'Église, la fête et la messe des morts ont lieu sous le signe de la couleur noire.

La résignation, mais aussi l'union d'un comportement psychique dérivant du rouge et du bleu, s'expriment au moyen du *violet*. C'est la couleur du recueillement. Elle signifie pénitence et expiation quand elle est en rapport avec des événements religieux.

Le *blanc* n'est pas une couleur. Il n'a d'ailleurs pas toujours une signification favorable en rêve. Il peut vouloir dire pureté — mais aussi pureté de l'au-delà. Le cheval blanc est souvent associé à l'événement et au pressentiment de la mort. Le blanc du rêve invite certainement à une résolution, à une transformation, tout comme la lumière blanche se résout en couleurs spectrales, en couleurs de la vie.

Mentionnons pour terminer que les pratiques de l'alchimie, dont Jung a démontré avec force qu'elles symbolisaient également le travail et l'évolution psychiques, accordent une importance particulière aux couleurs. Partant de l'obscure matière, du *nigredo*, le chemin passe par l'*albedo*, le blanc, puis au moyen du *citrinitas*, transformation par le jaune, il conflue vers un but élevé après avoir passé par le *rubedo*, la couleur rouge. Ce n'est que plus tard que le bleu a reçu une destination fonctionnelle.

CHAPITRE XI

L'eau et le feu
Les symboles de l'énergie

L'*eau* constitue un des quatre éléments ; elle occupe par conséquent un rang élevé parmi les objets qui composent le monde ; le bon sens humain l'a d'ailleurs depuis toujours considérée comme telle. On ne peut pas concevoir de vie organique sans l'eau, bien que celle-ci ne représente pas à proprement parler une nourriture.

L'importance de cet élément en tant que créateur et conservateur de vie, ses différents modes d'apparition pourtant semblables, s'expriment puissamment dans le symbolisme onirique.

L'eau est avant tout un symbole de l'inconscient ; tout comme celui-ci, elle prend sa source dans l'obscurité. Elle jaillit du sein de la terre ou du rocher dissimulé. Comme l'énergie inconsciente, elle traverse les paysages de l'âme par de petits ou de grands cours d'eau ; devenue océan, elle s'étend à l'infini.

Mais il y a aussi un rapport avec le haut, car elle descend du ciel. Pour le simple et primitif entendement humain, elle est le grand événement qui apporte un élément céleste sous forme de pluie fécondante. Dans ce rapport de ciel et de transparence, l'eau est également une expression de l'esprit. C'est la raison pour laquelle l'homme se régénère en elle et est offert au spirituel au moyen du *baptême*.

Dans les rêves de *bains*, l'homme se purifie avant de continuer le cours de sa vie ; ces sortes de rêves sont très précis dans les détails. Il est parfois nécessaire d'installer d'abord une salle de bains, ou bien on en rencontre une tout à fait par hasard. On peut rêver que le bassin, dont la forme carrée ou circulaire est aussi significative, a d'abord besoin d'être nettoyé, comme dans le rêve d'une femme où il était encombré par des feuilles mortes. Il faut donc faire disparaître le passé, ce qui ne va parfois pas sans mal. L'installation peut encore se trouver dans la cave pour que l'on sache qu'il faut se baigner dans notre propre inconscient et dans l'eau claire et pure d'une attitude spirituelle. L'eau du bain est un élément de régénérescence, il purifie et enlève ce qui nous avait sali.

Dans le rêve comme dans la vie, le bain se trouve fréquemment dans le voisinage d'arbres. Parfois il y en a un grand et magnifique qui est l'arbre de vie. Lui aussi a besoin d'eau. À ses pieds coule une source. Lorsque l'arbre et la source murmurent en rêve, le rêveur se trouve dans le champ d'une vie sûre et fraîche, il a trouvé une source de jouvence.

Souvent d'ailleurs les événements oniriques se passent dans le voisinage d'une *fontaine*. La situation est fâcheuse lorsqu'il n'y a pas d'eau ; mais quel signe de force lorsque le jet d'eau déferle simultanément par quatre ouvertures, lorsque la fraîche boisson coule inlassablement.

Symbole de l'inconscient, l'eau peut se présenter, tout comme en réalité, sous l'aspect d'un élément dangereux lorsqu'il dépasse ses limites, lorsque l'équilibre des éléments est rompu. Elle recouvre par exemple la chambre du rêve jusqu'à hauteur des genoux ; le rêveur court le danger d'être inondé par l'inconscient. Une telle *inondation* peut s'étendre et envahir tout notre paysage psychique. Partout où un sentiment est devenu trop puissant, sa démesure et son caractère dangereux peuvent être figurés par l'inondation. De tels déluges existent, et l'arche de l'esprit peut s'estimer heureuse de pouvoir attendre quelque part jusqu'à ce que les eaux de l'inconscient aient regagné leurs profondeurs. Importants ou pas, de tels rêves désignent toujours un danger.

L'eau possède aussi une signification reproductive. J. J. Bachofen a écrit des choses très profondes à ce sujet. Il est une tradition populaire selon laquelle les fontaines donnent naissance aux enfants et à la jeune vie en général. Une rêveuse dont la personnalité en cours de maturation avait rencontré les éléments de l'inconscient, raconte le rêve suivant : « Je vins à une grande fontaine ; je vis alors sortir du bassin un lièvre vert, un bélier rouge et un cheval bleu. » L'inconscient de celle qui était jadis psychiquement paralysée a donné naissance à une vie féconde, paisible et verte, à la fougue passionnée du printemps et à l'impulsion spirituelle que figure le cheval bleu.

En tout état de cause, l'eau est une eau de vie, dans le sens primaire du terme. Paisible ou mouvementée, mais contenue dans ses limites naturelles, elle donne un sens favorable au rêve.

Il importe de savoir si on a rêvé de *feu* ou d'un *incendie*. D'une façon expérimentale, l'homme éprouve le feu comme un grand événement de la nature ; il se l'est approprié non sans une constante et craintive vénération et un certain sentiment de culpabilité qui sont reflétés dans les mythes parlant du vol du feu. Le feu est contemporain à tout essor de la culture humaine. C'est cette valeur de culture qui se reflète dans le feu du rêve.

De tels rêves touchent toujours à de grandes puissances psychiques. Car l'une des qualités de l'âme, c'est son feu. Ce qui explique d'ailleurs l'attrait qu'il exerce du dehors sur les hommes en général. Le feu attire — mais l'incendie produit la panique et fait fuir. Les gens s'arrêtent pour regarder le maniement du feu, qu'il s'agisse de la flamme du haut fourneau ou de la braise du forgeron, d'ailleurs de fréquents symboles oniriques. Ils sont saisis par le spectacle de ces lieux où se forme et se transforme la matière.

La joie s'exprime dans les feux du printemps et de liberté ; mais c'est la désolation que suscitent les torches et les bombes incendiaires.

Allégorie de la vie éternelle, la flamme brûle devant l'autel et y consomme les offrandes des hommes : celui qui sacrifie fait alors dans le feu même la rencontre de Dieu. Partout où s'élève le feu, celui-ci s'adresse à l'homme, y compris dans le rêve. Il est dans la nature du feu de rayonner et d'éclairer — que l'on s'imagine ce que cela représentait à une époque qui ignorait l'éclairage, face à une nuit pleine de dangers si vivement ressentis par les premiers hommes. Le feu, le foyer constituaient alors le centre attractif de la famille ; sa chaleur transforme les aliments et les métaux ; d'une façon transposée, la chaleur psychique et spirituelle fait fondre ce qu'il a de plus dur : le cœur humain. Le feu nous débarrasse des impuretés et de toutes les futilités dont nous nous encombrons.

Lorsqu'en rêve on s'approche d'un grand feu ou lorsque de grandes lueurs montent dans le ciel nocturne, on se trouve au voisinage de puissances divines. Beaucoup de religions parlent non sans crainte de ce feu où Dieu rencontre les élus. Parfois le rêveur voit la route barrée par un immense brasier. Il doit tenir. Certains entreprennent de le traverser — ils courront les plus grands risques.

Un grand feu clair peut apparaître en rêve si on a été gagné par une idée ou un sentiment nouveau. Le côté érotique s'exprime de la même façon, tout comme dans le parler populaire qui connaît l'ardeur secrète, le coup de foudre ou la flamme du désir. Là où il y a du feu, il y a de la vie. Ce qui explique la désolation des rêves où ne règnent que la nuit et les ténèbres.

Mais le feu de la passion ou de l'idée nouvelle peut également se révéler fatal dans ses conséquences. L'animal incendiaire, c'est le lion ; il tombe sur sa victime en tyran impétueux et sauvage. De même la foudre peut jaillir dans un ciel serein ou obscur et faire œuvre funeste.

Les rêves de feu ne sont jamais insignifiants ; ils témoignent d'une vie intense et puissante, mais indiquent aussi le péril.

Les *incendies* signifient toujours un danger. Lorsqu'il n'est pas question du souvenir d'événements réels (l'âme de la génération actuelle est recouverte par une couche incendiaire pour une période assez longue), il s'agit alors d'un feu qui a pris naissance dans l'âme. Il ne peut se nourrir que de matière psychique, c'est un feu de destruction. Lorsque les rêves indiquent que quelque chose brûle dans l'homme, celui-ci devra vivre avec la plus grande prudence et rechercher scrupuleusement de quel côté vient l'odeur de brûlé. Parfois le rêveur découvre avec terreur qu'un brasier rougeoyant s'étend sous le plancher ; c'est peut-être une passion secrète et souterraine prête à se déclarer furieusement. De telles découvertes exigent une exploration approfondie dans le domaine de la conscience et des sentiments. Il peut aussi s'agir de mouvements d'amertume ou de vengeance refoulés qui transparaissent dans ces incendies souterrains. Parfois même ces incendies sont les indices d'une maladie mentale.

Lorsque le feu est sous le toit, la santé mentale de l'homme est particulièrement menacée. Une irritation affective, nerveuse ou même psychique, met en péril la clarté de la conscience, voire la souveraineté de l'esprit, pour une période qui peut malheureusement être longue. Le feu de l'esprit est vif et clair, jamais il ne couve.

Il est évidemment important de déterminer et de

localiser le feu ; peut-être est-il dans la chambre de l'épouse ou de la bonne ; il peut y avoir des incendies de stocks de marchandises ou de bibliothèques. C'est ainsi qu'un rêveur vit brûler un livre ; c'était celui de ses propres problèmes, qui étaient précisément d'une « brûlante » actualité. Un incendie dans l'écurie, qui est le monde de nos instincts, constitue une grave menace pour l'ordre naturel des choses de notre vie, spécialement lorsqu'il n'est plus possible de sauver les animaux domestiques.

Les rêves d'incendies doivent être pris au sérieux. L'âme n'y a recours que lorsqu'elle voit un danger réel. Déclenchée par les événements intérieurs ou extérieurs, une certaine quantité d'énergie psychique est devenue néfaste. Mais ceux qui se trouvent immédiatement en danger n'en ont pas toujours conscience en rêve ; ce sont des parents ou des enfants, indirectement menacés, qui font les rêves révélateurs. N'est-ce pas souvent le voisin qui est le premier alerté de l'incendie de la maison ?

Il existe une volumineuse littérature au sujet du symbolisme du feu, cette allégorie qui figure les plus actives et les plus ruineuses des formes d'énergie. Nous n'avons fait allusion qu'à quelques grandes significations, parmi les principales, du feu et de l'incendie.

Chaque symbole onirique est un réceptable d'*énergie psychique*, une condensation de force active et significative. Certains symboles et éléments soulignent le caractère énergétique de leur contenu et donnent à entendre que c'est surtout dans ce sens qu'il faut les interpréter.

Le *soleil* est le plus grand et le plus lumineux des symboles d'énergie. Lorsqu'il fait son apparition en rêve, il faut s'attendre à des résultats actifs, puissants et clairs. Dans le désert du rêve seulement, ses rayons ardents peuvent entraîner la mort. À part cela le soleil est synonyme de vie, de création et de fécondité. Par contre un coucher de soleil a le plus souvent une signification négative, il indique la fin d'une période de clarté et de conscience.

L'eau courante est aussi un grand symbole d'énergie. Elle peut nous porter jusque vers les plus lointains buts de notre voyage vital. Lorsqu'un tel *courant* traverse notre paysage psychique, il existe un courant d'énergie qui n'est d'ailleurs pas toujours utilisé par la conscience. Dans les rêves modernes, l'onde est captée par de grandes centrales qui se trouvent sur son chemin. Les rêves où il est question de *centrales électriques* sont plus nombreux qu'on le supposerait ; leur sens est immédiatement accessible. Le rêveur est averti que le rapport direct avec ces forces peut avoir un effet mortel. Parfois le rêveur creuse la terre et trouve un câble *électrique* ; ou encore il voit des fils à haute tension qui traversent le paysage du rêve. Il devra se demander où vont ces porteurs d'énergie, voir s'il est branché dessus.

Beaucoup de *rêves d'animaux* attestent les obscures énergies de nos instincts. Par exemple, il arrive qu'on voie déferler un troupeau de bovins ou de buffles noirs. Il convient alors de bien éclairer le disparate existant entre les forces qui appartiennent à l'homme et cette sauvage collectivité de forces impulsives. On peut aussi rêver d'un troupeau d'éléphants ou d'une meute de chiens. Une *troupe* de soldats, un mouvement organisé quelconque peuvent également symboliser une forme d'énergie humaine.

Les énergies spirituelles sont symbolisées par une grande *lumière* et, ce que l'on sait moins, par le *vent*. Lorsque la tempête approche, on peut diagnostiquer un grand mouvement d'esprit ou d'« esprits ». D'après l'expérience religieuse, la divinité peut apparaître dans le doux murmure du vent ou dans l'orage et la tempête. Il semble que les Orientaux seuls puissent comprendre la signification de l'espace vide qui est paradoxalement pour eux un puissant symbole d'énergie.

Il faut également faire allusion à la *machine* en tant

que symbole moderne. Certains rêveurs se trouvent tout à coup dans des chambres de leur maison qu'ils n'avaient jamais remarquées auparavant. Ils y rencontrent le mouvement puissant de roues, de courroies, de grues, manifestement en train d'accomplir un important travail. Ce n'est que par le rêve qu'ils se rendent compte de leur activité interne, qui est alors souvent un événement heureux. La rencontre avec ces énergies internes fortifie le moi.

À côté de l'*automobile* et du *rouleau compresseur* — dans les rêves de guerre il est question de *tanks*, de canons et d'avions —, la *locomotive* est un des symboles d'énergie les plus connus et les plus fréquents. La psychanalyse en a constamment donné une interprétation sexuelle à cause du mouvement des pistons, du bruit sourd et de la chaleur des chaudières. Cette signification est d'ailleurs fréquente dans les rêves de puberté et chez des jeunes gens, mais on avait par trop négligé d'y voir l'instrument de force dont la tâche consiste à propulser un important contenu. La locomotive a pour mission de faire avancer certains aspects de la vie. D'ailleurs elle impressionne vivement la plupart des personnes. En tant que symbole de force et de capacité productive, elle a une valeur très positive. La grandeur et le modernisme de cette machine sont significatifs des énergies conscientes et inconscientes qui se tiennent à la disposition du rêveur.

CHAPITRE XII

Le monde des astres

Les lumières célestes apparaissent également dans le ciel des rêves. Le soleil y poursuit sa grande course rayonnante du matin au soir. La lune profile sa tache argentée au sombre firmament nocturne. Mais les étoiles brillent par contre assez rarement dans ce ciel des rêves.

L'image que le rêve se fait de l'univers est antérieure à celle qui a été établie par Copernic : la terre est encore le centre du monde. Par contre le soleil est vénéré tout comme chez les peuples et les religions proches de la nature. Et comme dans la plupart des langues, le soleil a des qualités masculines.

En tant que symbole de rêve, le *soleil* apporte la conscience. « Il y avait du soleil dans mon rêve » — ce qui veut dire conscience maxima, clarté pour ceux qui voulaient voir clair. Lorsque le soleil se lève à l'horizon du rêve, le jour se fait, psychiquement parlant ; et lorsque tombe le crépuscule, l'inconscience reprend ses droits. Le soleil éclaire, il expose les choses au grand jour ; la nuit prend, elle éteint ce qui était clair et ne rend pas ce que l'âme veut garder dans son sein obscur. Il est important pour un jeune rêveur de sortir des profondeurs d'une forêt, de pénétrer dans un paysage inondé de soleil, de pouvoir raconter qu'« enfin le jour est apparu ».

Le rêveur ne regarde jamais directement le soleil, d'ailleurs nous ne le faisons pas non plus, il vit plutôt dans le champ et la claire influence de ses forces. L'astre solaire décrit majestueusement son orbite brûlante dans la grande voûte azurée. Il est le symbole énergétique le plus puissant, le plus rayonnant. La conscience et la force viriles accompagnent les flots de sa lumière. Transposé dans le domaine des allégories animales, il est figuré par la puissance du lion. Celle-ci indique également qu'une trop rapide intensification de la conscience n'est pas sans danger pour certains hommes. Aucune croissance ne se fait sans conscience, sans soleil, mais ceux-ci possèdent également un feu qui aveugle et brûle. Le feu est donc nécessairement accompagné de nuit et d'inconscience. Marcher continuellement dans une lumière trop crue amène un éblouissement et un besoin de fraîcheur qui ne pourra s'assouvir que dans les sources des profondeurs. Il faut soigneusement observer les rêves qui expriment les dangers d'une conscience trop brutale et trop rapide. Au début de son affection mentale, Hölderlin se sentit anéanti par le dieu solaire : « Je suis abattu par Apollon. »

Et pourtant, si le soleil n'était plus ! Les hommes ont toujours été terrassés par cette pensée, celle d'une vie de perpétuelle épouvante. Cette peur se retrouve parfois dans les rêves, peur de perdre un des biens humains les plus précieux, la conscience. Lorsque dans un rêve le soleil se couche, lorsqu'il descend visiblement dans la mer, l'atmosphère est réellement au déclin, la mort est proche ; car une énergie des plus puissantes et des plus conscientes se perd dans l'inconscient.

La course du soleil détermine le cours du temps dans notre univers quotidien. Dans le rêve, la position du soleil indique au rêveur le moment de son existence, matin, après-midi ou soir de la vie.

Le soleil se retrouve aussi dans les rêves sous la forme des reproductions courantes. Par exemple sous celle du disque en or (qui est sa correspondance métallique), de la boule dorée ; on peut recevoir une tranche de pain blond ou un autre fruit analogue et magnifique. Les localités et les auberges acquièrent de l'importance par le fait que leur nom comprend le mot soleil.

Lorsqu'il est question de soleil dans les rêves, il y a dans l'âme une lumière et une force positives. Et lorsqu'un individu lui-même rayonne comme un soleil, il est porteur d'énergies masculines puissamment créatrices.

La *lune*, elle aussi, éclaire la nuit de nombreux rêves. Elle apparaît sous forme de mince croissant ou de tranche ronde brillant comme de l'argent (qui est son équivalent dans le domaine des métaux). Si le soleil est le grand maître du jour et de la clarté consciente, la lune est la douce maîtresse de la nuit, la pâle lueur de l'inconscient. De mémoire d'homme, elle est associée à ce qui est primitivement, élémentairement féminin. Elle a imprimé aux femmes son rythme propre de vingt-huit jours. Dans l'Antiquité, la lune est vouée à Artémis, et la pensée chrétienne représente la Madone debout sur le croissant de lune.

Certains hommes n'ont qu'un soleil terne et petit, leur force spirituelle est insuffisante ; et de l'éclat de douce et intelligente bonté de la lune, certaines femmes ne conservent qu'une vague humeur « lunatique ».

Lorsque la femme manque d'authentique féminité, lorsque la trame de son psychisme reflète trop de rudesse ou d'intelligence raisonnante, elle rêvera de la lune, par compensation. Elle devra se fortifier sous l'influence de l'astre de son sexe. Par contre, le soleil, astre de l'esprit, montera à l'horizon psychique d'une femme plus mûre.

Comme l'homme d'un certain âge a également besoin de sa féminité intérieure, il voit souvent pendant cette période la lune sur le ciel de ses rêves, pour lui astre de l'*anima*. Un homme dans le dernier tiers de sa vie rêvait qu'il tenait tout à coup dans sa main gauche un croissant de lune en vieil argent qui avait l'aspect d'une tranche de pain, le pain argenté de la féminité. Une voix disait ; « Tu ne continueras qu'avec ce pain, ne le lâche pas ! » Il était manifestement nécessaire de dire à ce juriste savant que sa gauche — le côté féminin et inconscient chez l'homme — ne devait pas laisser échapper l'aspect féminin de la vie. C'est le pain de l'*anima*, sans lui il n'y a pas de chemin vers la maturité.

La lune appartient aux rêves de la première moitié de la vie chez la femme et à la seconde moitié chez l'homme.

Les rêves d'*étoiles* sont rares. On mentionne tout au plus qu'il faisait nuit et que le ciel était parsemé d'étoiles.

CHAPITRE XIII

Le paysage du rêve

La plupart des rêves ont pour décor un certain paysage dont on se souvient au matin. Bien qu'il n'ait pas une part active à l'élaboration des événements oniriques, ce paysage a pourtant une importance bien particulière.

Il peut tout d'abord appartenir à un *monde familier* : par exemple tel village où nous avons passé nos vacances, le décor de telle ferme que nous connaissons. Ce sont peut-être les environs d'une ville où nous avons fait nos études, occupé une situation. Dans les rêves concernant la guerre, il peut s'agir d'un paysage ennemi dont le souvenir est particulièrement douloureux, ou de son propre pays dévasté. Souvent ce sont deux paysages qui se superposent comme deux films ; le rêve se rapporte alors manifestement aux deux décors ; le deuxième est un affinement de l'action onirique, il apporte les nuances.

Il faut rechercher dans la vie présente ou dans les souvenirs ce qui se rapporte au paysage familier ou à une partie de celui-ci.

Au cours de plusieurs de ses rêves, une rêveuse se vit dans les dunes de sa plage natale. Le contexte montrait que jeune, elle y avait eu une aventure sentimentale. Quelque chose se rapportant à ce paysage ou à ces événements est présent en elle ; le rêve exprime probablement le mieux possible son état psychique actuel. Les rapports entre les événements, le rêveur ne les voit souvent qu'après. « C'était une région qui ressemblait à celle de chez mon ami près de Grenoble. Il était aussi question d'un monastère dans mon rêve, et j'avais pensé à la Chartreuse. » Il faut naturellement poser des questions au sujet de cet ami, examiner l'aspect de ce monastère et la pensée qui amenait à l'association de la Chartreuse.

Lorsqu'en rêve on voit la silhouette d'une ville connue avec un bâtiment qui n'existe pas en réalité, par exemple une église, un nouveau motif s'est inséré dans ce panorama psychique. L'architecte qui préside à la construction de nos rêves a jugé nécessaire d'y ajouter la note religieuse. Il peut aussi jeter un pont sur un fleuve là où il n'y en a pas. Il s'agit donc assurément de parvenir de l'autre côté à cet endroit, ici même ; c'est cet « ici » qu'il convient d'examiner. Il faut se rappeler aussi que l'endroit du pont, tout comme le gué ou le col, est particulièrement exposé aux dangers.

Le rêveur indique souvent clairement la rue qu'il parcourait et avec quelle intention. Il se trouve par conséquent intérieurement sur le chemin qui mène vers le contenu symbolisé par le but de son trajet.

Aussi fréquemment que dans un décor familier l'action onirique peut se dérouler dans un *décor généralement inconnu*. On peut traverser des forêts sauvages, de grandes plaines, de hautes montagnes. Le paysage est toujours symbolique dans ces cas-là. Un homme, après un intense travail intellectuel qui le plaçait dans une grande solitude pendant plusieurs années, rêvait qu'il quittait les glaciers pour descendre dans la vallée. Il rencontre à nouveau les hommes et apprend d'eux qu'il a longtemps vécu dans le froid et la solitude des sommets. On sait par Nietzsche les dangers et la terreur que réserve une telle époque de solitude.

Mais ce paysage de désolation n'est peut-être pas encore aussi effrayant que le *désert*, en réalité et dans les rêves. Là, tout semble voué à la consomption, l'extermination ; certains rêves grouillent de serpents ; l'eau, synonyme de vie, s'est épuisée. Pour le rêveur, c'est une période désertique avec toutes les dangereuses manifestations qui accompagnent la solitude : hallucinations auditives et visuelles dénotant la perte totale du contact de la vie. Mais le rêveur peut aussi évoluer dans des paysages aimables et harmonieux. Le paysage peut encore indiquer la saison, c'est-à-dire l'époque de la vie du rêveur.

Après avoir mentionné les périls d'un paysage hivernal, il apparaît à peine nécessaire de préciser que le *paysage de printemps* est d'une tonalité nettement positive. Là ce sont des prairies vertes, des champs de blé en herbe, des arbres en fleurs. Le rêveur peut évidemment se demander pourquoi ce renouveau en lui alors qu'il doit, dans la conscience, traverser une période si difficile, si obscure, parcourir « l'hiver de sa mauvaise fortune » (Goethe). C'est que l'élan nouveau, celui du printemps, se trouve encore dans sa phase inconsciente. Un paysage de *moisson*, de *fruits*, est également un bon paysage, cela va de soi. Il est quelquefois difficile pour un vieux rêveur d'admettre la réalité du paysage d'*automne*. Il faut que les rêves lui disent que c'en est fait de son été. Il s'agit par exemple d'un petit train de chevaux ébouriffés tirant un chariot à claire-voie à travers un paysage dont les bois se colorent déjà de rouge et de jaune. La vie du rêveur est comparée à un voyage un peu rude avec des bagages qui sont ses bagages et qui le mènera au lieu de sa destination.

Le fait que le rêveur est mis en présence de paysages merveilleux, qui signifient joie et consolation, n'exclut pas cette autre signification d'après laquelle ces grands rêves peuvent annoncer un danger mortel quand on les considère comme le présage d'une autre vie. Nous y avons déjà fait allusion dans le chapitre des rêves qui surviennent pendant les maladies graves.

Le rêveur qui habite des contrées éloignées de la mer peut rêver qu'il se trouve dans un *paysage au bord de la mer*. Lorsque les souvenirs personnels ne sont pas dominants, il est alors question de notre participation à la mer primitive de l'inconscient collectif. Jung dit dans un ouvrage : « La mer est le symbole de l'inconscient collectif, parce qu'au-dessous des reflets brillants de sa surface, elle renferme des profondeurs insoupçonnables. » Et encore : « La mer est un lieu de prédilection pour la naissance de visions, c'est-à-dire pour l'irruption de contenus inconscients. »

Calme ou tourmentée, la mer a toujours quelque chose de fascinant, que cela soit en réalité ou pendant le rêve. À travers ses clairs horizons et ses sombres abîmes, c'est l'ensorcellement, la fascination qui émane de l'immense et puissant inconscient. Les nymphes constituent une personnification de cet aspect insondable ; elles représentent dans les rêves masculins des contenus très lointains du moi qui apparaissent sur les rivages de la conscience. On sait que ces chants de sirène sont dangereux, que ces Ondine et Lorelei peuvent précipiter les hommes dans les abîmes et leurs profondeurs, celles de l'inconscient.

Marcher en rêve le long de la mer correspond intérieurement, et sur le plan subjectif, à marcher au bord de l'inconscient collectif. Dans ce cas, aussi bien en rêve que dans la vie du rêveur, il y a un événement nouveau qui intéresse sa personnalité globale.

D'après ce que prouve l'expérience, un processus psychique dont le contenu ne s'éloigne pas trop des régions dominées par le moi se passe assez souvent dans la *forêt*. Celle-ci est un lieu privilégié de l'action onirique. Avec ses éclairages verdâtres tantôt sombres, tantôt lumineux, la forêt figure la vie inconsciente et invisible du dehors ; elle renferme, tout comme la forêt primitive, des êtres multiples, paisibles ou dangereux, et en elle peut se rassembler ce qui un jour sortira dans le champ cultivé et clair de notre conscience.

Dans la forêt jaillissent des sources fraîches, en elle se complaît une faune variée et presque toujours invisible — ours, cerfs et biches dans les rêves —, mais aussi, méconnaissant en cela la réalité des conditions, le tigre, ou bien la lourde puissance de l'éléphant, parfois même le loup et le lion, ces deux rois de la steppe septentrionale et méridionale. Le promeneur peut aussi se retrouver tout à coup en présence du grand serpent vert sombre qui lui barre le chemin.

Si l'on insère la signification de ces animaux dans le rêve de la forêt, on reconnaîtra des aspects qui, en nous, étaient relativement proches de la conscience, bien que cachés à nos yeux. Cette forêt est d'ailleurs également habitée par des hommes et des êtres qui leur ressemblent plus ou moins. Les contes, ces rêves collectifs de l'humanité, en disent long là-dessus. Car notre obscur inconscient renferme ce que notre existence bourgeoise défend de faire sortir au grand jour. Voici par exemple le « brigand », cette partie asociale, primitive et dangereuse de notre être, qui s'est retiré dans une grotte au fond des bois. Les enfants, ces possibilités, ces projets qu'il ne nous a pas été donné de vivre, sont abandonnés dans la forêt et pris en charge par les animaux sauvages qui sont moins impitoyables et plus humains que notre fière conscience. De belles jeunes filles, de belles femmes, habitent la forêt où elles sont traquées — une allégorie pour figurer notre mauvaise relation avec les personnages intérieurs, ces Peau d'Âne, ces Blanche-Neige de notre inconscient qui concernent bien plutôt le monde des adultes que celui des enfants. Certains tournent à la méchanceté, deviennent sorcières et ogres des forêts, ou bien restent à un niveau de culture très primitif. Plus d'un rêveur en fait la rencontre.

La forêt n'a pas la même signification pour le jeune et pour le vieux rêveur. Le jeune individu doit s'ouvrir un passage à travers les taillis de sa nature primitive afin de parvenir à une existence plus consciente et plus cultivée. C'est ce qui explique le rêve d'un lycéen qui avait à se frayer un chemin dans une immense forêt pleine d'animaux féroces, d'hommes primitifs et bruyants assis autour de leurs feux, et qui constatait enfin avec soulagement qu'il était parvenu sur un sommet inondé de soleil. Le rêve de cet autre étudiant qui construisait une route dans la forêt était franchement bon.

Les vieux, se voyant transportés, à leur étonnement, dans les forêts de leurs rêves, ont toutes raisons pour examiner d'abord ce qui se trame dans ces sous-bois de l'inconscient, si pénible que cela leur paraisse. Une valeur importante, un aspect oublié de leur être peut s'y être réfugié, se nourrissant des fruits dont les bois de l'inconscient aussi ne manquent pas.

Ni le jeune, ni le vieux rêveur n'ont le droit de rester continuellement dans la forêt ; nous ne devons pas rester hommes des bois ou encore moins redevenir des nains ou des lutins. Même le plus innocent des ermites, qui ne quitte jamais son pauvre repaire, perd sa qualité d'homme, il devient arbre et vieille bête, il devient forêt et par conséquent pure nature primitive.

Il n'y a pas un endroit, une région géographique ou psychique à laquelle le rêve ne revienne plus fréquemment que dans le *pays de la jeunesse*. Combien de rêves commencent de la façon suivante : j'étais chez moi, dans notre ancienne maison, dans la ville ou le village où j'ai été élevé. Il semble parfois que les rêves n'arrivent plus à quitter le lieu de l'enfance. Une partie de l'âme du rêveur adulte se trouve manifestement dans une situation intérieure qui, ou bien rappelle les événements de la jeunesse, ou bien s'exprime le mieux par leur représentation imagée.

Personne ne méconnaîtra l'importance que revêt la jeunesse pour les années à venir dans la vie d'un individu. Pourtant il convient de ne pas commettre l'erreur de ceux qui veulent à coup sûr retrouver dans les tournants positifs ou négatifs de la destinée, dans les difficultés caractérielles futures, une situation enfantine simplifiée, par exemple la constellation parents-enfants particulière.

Entre autres, l'intensité propre aux rêves de jeunesse des adultes vient de ce que, pendant ses premières années, l'enfant éprouve le monde d'une façon presque magique, à la manière d'un pays merveilleux ; inconsciemment, il est un avec ce monde. Mais la conscience réfléchie reçoit également de fortes impressions dans un psychisme encore jeune et frais. La première rencontre avec la vie s'effectue d'une façon « saisissante ». On en pressent les aspects peu rassurants et déroutants, mais aussi l'ordre, la plénitude et la beauté. La jeunesse est une époque de mythes personnels, c'est, puissamment symbolique, le matin de la vie. Une jeunesse vide ou méconnue entraîne pour les décennies à venir une détresse particulièrement amère.

Chez la plupart des enfants, la jeunesse est encore exempte des graves soucis de l'existence. C'est également une époque qui n'est pas placée sous le signe des puissances sensuelles, divines ou démoniaques ; le jeune individu a encore toutes ses facultés intactes ; même ses misères ne sont jamais définitives. C'est une des raisons qui expliquent la nostalgie rétrospective de ceux qui vieillissent et ont épuisé leurs maigres ressources. D'autre part, l'enfant habite un milieu qu'il aime ; il est protégé, il se sent chez lui.

Il faut tenir compte de toutes ces considérations lorsqu'on interprète des rêves qui se déroulent dans le décor d'autrefois. Ces rêves du pays de la jeunesse peuvent avoir un sens positif ou négatif. Au cours de notre évolution personnelle, toutes les facultés dont la vie nous a gratifiés à l'origine ne sont pas utilisées. Une partie de celles-ci reste latente dans la région de l'âme qui renferme les images de notre jeunesse. On rêve souvent d'une certaine rue d'autrefois dont on avait complètement oublié l'existence. Il faut alors se demander : qui habitait cette rue, que s'y est-il passé, pourquoi l'empruntions-nous plusieurs nuits de suite ? Avec l'aide du contexte et des idées suggérées automatiquement, on pourra y répondre ; on en viendra à faire des rapprochements qui ranimeront une partie de ce qui a été laissé dans cette rue avec ses habitants. C'est ce contenu qu'il convient à présent d'assimiler.

Nous pouvons encore avoir laissé d'ailleurs une partie de nous-mêmes, par exemple dans une chambre, une cour, le long d'un canal ou dans des jardins dont le souvenir s'est perdu. Nous sommes à un moment de notre vie où nous n'avançons plus, et il nous faut trouver dans le rêve ce que nous avions investi à tel endroit, en la personne de tel camarade ou dans tel livre de notre jeunesse. Des lieux, des animaux, des outils, des gens de l'entourage d'autrefois depuis longtemps disparus apparaissent, et avec eux se manifeste tout ce pour quoi ils sont une allégorie. Ces contenus sont alors rapprochés de la conscience, ils deviennent palpables et peuvent constituer pour nous une possession nouvelle et plus approfondie.

Lorsqu'adultes, nous nous retrouvons au lieu de notre jeunesse, nous sommes revenus à notre personnalité élémentaire, vivante, celle qui peut donner lieu à des développements nouveaux. Lorsqu'un homme rencontre en rêve un de ses semblables, accueille une relation nouvelle et importante dans la rue de sa ville natale ou même dans sa maison paternelle, il a assimilé à son être élémentaire cet aspect nouveau de l'existence, ou il lui a fait face ; ce qui se passe à la maison se passe en nous. Ces rêves dans lesquels nous

nous rencontrons avec des adultes de notre entourage actuel dans un décor qui appartenait à notre jeunesse ont une valeur positive.

D'ailleurs tous les événements actuels qui s'enchaînent à un souvenir heureux, par exemple à un succès d'école ou un départ de vacances, sont également très favorables. On se trouve à nouveau aux origines dynamiques de la personnalité, et ce qui nous arrive actuellement est accompagné de l'éclat rayonnant de la jeunesse.

Mais si nous nous voyons nous-mêmes enfants dans ces rêves où reviennent les temps heureux ou pénibles, il y a quelque chose d'infantile en nous, de non développé, ou bien nous voulons revenir à la maison afin de fuir les responsabilités, nous retrouver parmi cet entourage qui nous choyait. Ce faisant, nous nous éloignons encore davantage de la réalité et des obligations quotidiennes de notre monde d'adulte. Il peut encore se faire que des personnes dont l'activité est trop intense, les enragés du succès, aient de tels rêves par compensation ; l'appréciation unilatérale de l'existence, par exemple, une surestimation professionnelle ou une recherche de l'approbation font qu'ils négligent un aspect de leur développement. Il se crée ainsi une dangereuse tension entre l'« enfant », c'est-à-dire le côté non développé, et l'homme rusé avec ses succès spectaculaires. Comme on sait, ce côté infantile et non développé peut s'extérioriser d'une façon particulièrement ridicule et lamentable dans les relations avec la famille, lors d'une maladie ou d'une quelconque solitude imposée par les circonstances. Il y a aussi des rêveurs qui restent littéralement agrippés à un état d'inconscience ; ils se retirent secrètement dans un semblant d'éternelle jeunesse afin d'éviter les grandes et pénibles exigences de la vie. Les rêves qui s'échappent alors les représentent comme de véritables enfants, tout en réclamant au long du

déroulement onirique une décision rapide et énergique pour sortir de cet infantilisme.

Personnages et événements, mais surtout ce décor
magique des années de jeunesse, apparaissent avec
une particulière insistance vers le milieu de la vie. Ils
apportent le matériel que nous avons insuffisamment
assimilé dans les années écoulées — par exemple des
événements pénibles, certaines relations familiales,
des connaissances précoces mais oubliées depuis, ou
l'expérience de la mort de personnes de notre entourage —, événements vis-à-vis desquels il nous faut
changer notre façon de voir, après que la conception
et le jugement que nous avons reçus du milieu se sont
révélés amplement suffisants pour les deux premières
décennies de notre vie consciente. Ceux qui viennent
de commencer leur carrière d'adulte ne doivent pas
faire des rêves d'enfance, car leur vie porte en elle tout
leur avenir, cette vie ne signifie jamais différenciation
des événements passés. C'est donc un signe défavorable lorsque de jeunes personnes reviennent sans
cesse en rêve à leur maison d'enfance. L'inconscient ne
doit pas être fasciné par ce qui a eu lieu pour délaisser
ce qu'apportera l'avenir. Par contre, les rêves de jeunesse ont leur place au cours de la période de maturation de l'individu, car la construction de cette maturité
exige également le matériel du passé. Chez de vieilles
gens, ces rêves indiquent que le cycle de la vie s'est
accompli, il y a chez eux un retour aux origines derrière lesquelles point la première lueur printanière
d'une jeunesse beaucoup plus grande, d'une jeunesse
éternelle, ou bien c'est déjà le premier pas vers une
vie nouvelle.

CHAPITRE XIV

Le chemin de la vie et son orientation

L'homme a de tout temps comparé à un chemin le déroulement de sa vie dans l'espace et dans le temps, de la naissance à la mort. Beaucoup plus souvent qu'ailleurs, c'est sur le chemin qu'il se trouve en rêve sur des sentiers, dans des rues.

Il est dès lors extraordinairement significatif d'examiner ce chemin, de connaître le paysage qu'il traverse, ce que sont les obstacles rencontrés et le but final. Il s'agit souvent d'un morceau de chemin assez court ; dans de petits rêves c'est une rue bien connue, pleine des événements les plus courants, parfois de souvenirs personnels isolés. De tels rêves relatent notre situation quotidienne, ils parlent de cette partie de notre vie qui se déroule par petites périodes.

Bien plus souvent, c'est un chemin inconnu sur lequel le rêveur avance vers un but qu'il ignore. Nous sommes des pèlerins comme les avaient jadis représentés les livres d'édification, d'une manière peut-être sentimentale, mais dépeignant avec relief et force détails tous les dangers et terreurs de ce voyage vers le ciel et l'enfer. Dans certains cas notre rêveur porte l'habit des pèlerins, par exemple une longue pèlerine et un antique chapeau à larges bords ; il a emmené une gourde et porte le bâton des pèlerins.

Le rêve ne se lasse pas de relater ce voyage, de nous le faire connaître dans tous ses détails. La *direction du chemin*, notre *équipement* et, s'il y a lieu, notre *accompagnement* sont essentiels à considérer dans le récit du rêve. Il ne faut pas négliger de considérer également la loi de la compensation ; quelle différence parfois avec la vie quotidienne du rêveur, lorsqu'il vaque à ses occupations !

Certains pensent d'une façon consciente qu'ils sont enfin parvenus sur une route passablement bonne et espèrent que celle-ci va continuer indéfiniment. Mais voilà qu'ils s'aperçoivent en rêve qu'il s'agit d'une piste étroite et mal commode sur laquelle ils ont grand-peine à avancer. Nous sommes peut-être même étonnés de ce que le sentier solitaire traverse de grandes flaques d'eau sale. Nous grimpons prudemment d'un rocher à un autre, nous sautons d'une touffe d'herbe à une autre touffe en plein marécage. Par contre, lorsque nous avons l'impression qu'il n'y a plus aucune issue à notre situation, nous apercevons en rêve une bonne route carrossable qui chemine entre de hauts massifs ; ou bien c'est un pont solide traversant une rivière aux eaux tumultueuses. Lorsque l'inconscient n'a pas encore achevé une telle route, on peut la voir en rêve en pleine évolution — parfois le rêveur met lui-même la main à la pâte en participant à la construction. C'est un rêve très favorable ! On est en train de constituer un fondement solide et la vie prend une direction précieuse.

La construction de cette route se fait assez souvent en pleine forêt lorsque des aspects inconscients doivent être éclairés, des complexes mis à jour. Et au bout de cette route se trouvent parfois tout à coup une maison de famille simple et agréable, une tour paisible, l'université, ou même chez certaines personnes pieuses, une église de style Renaissance ou un magnifique baptistère.

Quelles peines et quels dangers ne jalonnent pas la destinée que chaque individu a reçue à sa naissance ! Lorsqu'il s'agit de relations humaines courantes, ces dangers sont représentés en rêve par des cambrioleurs, des criminels ou même des sauvages qui nous guettent le long du chemin ; ce sont des animaux méchants et féroces lorsqu'il s'agit de conflits instinctifs. Les sombres forêts sont les dangers de l'inconscient, et quand la nuit enveloppe notre chemin, nous nous trouvons dans une situation particulièrement dangereuse. Tous ces périls d'ailleurs s'additionnent le plus souvent au moment même où la situation paraît s'éclaircir, dans une époque de transition, c'est-à-dire lorsque nous sommes parvenus à un *gué* de la vie, qu'il nous faut traverser un fleuve ou un profond défilé.

L'interprétation de ces rêves doit s'accompagner d'un examen détaillé des obstacles qui parsèment le chemin. Le fait de ne pas pouvoir continuer à marcher, de rester sur place comme enraciné, même au moment où quelque chose d'horrible survient brusquement, constitue un événement onirique des plus courants. D'après l'expérience que nous possédons à ce sujet, il ne faut jamais y voir un arrêt, une immobilité durable ; il s'agit uniquement d'une affaire momentanée, d'un état passager qui nous empêche de poursuivre la route.

Quelquefois c'est une *barrière* qui forme l'empêchement. Ou encore nous devons accomplir des formalités de *passeport*, question qui est examinée plus loin. C'est ainsi qu'un jeune homme ne pouvait continuer son chemin parce qu'une telle barrière s'était abaissée devant lui. En approchant de plus près, il vit que l'obstacle était en réalité un grand cheval sauvage, c'est-à-dire son propre érotisme ; ce qui formait l'empêchement était une mauvaise direction donnée à ses instincts. Une jeune femme avait trouvé un obstacle d'un autre genre, bien plus innocent, sous la forme d'une petite corbeille fleurie, un souvenir sentimental qu'elle n'arrivait pas à surmonter. D'autres rêveurs sont retenus par des amis, comme c'est si souvent le cas dans la vie. Il arrive aussi qu'un rêveur, malgré sa grande hâte, ne puisse passer outre un bon repas ou un arbre plein de fruits rencontrés en cours de route.

Le chemin du rêve peut conduire partout, tous les événements peuvent s'y passer. Le fait de parvenir à un *croisement* est assez typique pour valoir d'être mentionné. Le rêveur peut aussi arriver à une bifurcation, se trouver sur une pente abrupte, ce qui correspond alors à une situation extérieure délicate. Lorsqu'un rêveur parcourt des escarpements rocheux pour essayer d'atteindre les hauteurs, lorsqu'il patauge dans une mare d'eau, il fera bien durant cette période de vivre avec un maximum de prudence et de conscience. Si le rêveur ne sait pas déjà à l'avance de quoi il s'agit, on peut à l'aide du contexte et de l'amplification découvrir les causes, les proportions et le lieu du danger. Lui d'ailleurs mettra le plus souvent en cause des événements quotidiens sans importance.

Tous les rêveurs ne peuvent pas se détourner de leur *abîme*. « Je devais descendre jusqu'au fond en fournissant un effort surhumain. » Il était réellement imposé à ce rêveur de parcourir le « fond » de sa misère pour en connaître la raison et pour reprendre pied. De tels rêves sont favorables puisqu'ils signifient un contact avec les profondeurs les plus intimes, quoique sombres.

Mais chacun n'a pas cette obligation. Une passerelle peut être jetée sur le gouffre ; pour parvenir de l'autre côté d'un fleuve, un pont peut enjamber celui-ci pour nous aider à le traverser. Il y a peu de symboles aussi heureux, qui augurent de jours à venir plus favorables que celui du pont. Il nous délie de l'angoisse d'attendre indéfiniment devant les eaux dont le péril se dresse devant nous, mais aussi du danger que constituerait une traversée à la nage. En examinant son rêve, le rêveur devra méditer sur ce qu'il faut entendre par cette rive opposée qu'il est possible d'atteindre en d'aussi bonnes conditions. S'il en a compris la signification, il pourra dans sa vie quotidienne faire l'apport d'une force et d'un élément nouveaux : « Pourquoi as-tu l'air si heureux aujourd'hui ? — J'ai fait un rêve magnifique cette nuit où il était question d'un pont ! »

L'ingénieur de nos rêves bâtit les ponts les plus différents avec les matériaux les plus variés. Une femme vit en rêve un pont — elle osait à peine le dire — ayant l'air d'une petite jaquette d'enfant en tricot !

Il se peut aussi que le pont que nous devons traverser se trouve encore en pleine construction. Le rêveur avance péniblement, de peur de tomber entre les poutrelles et les piliers. Parfois même le pont est dépourvu de parapet d'un côté ; le rêveur manque alors de protection sur ce côté de sa route. Une jeune fille intelligente et bienveillante aimait un homme solitaire qui éprouvait cet amour comme un véritable pont de salut. Mais il n'arrivait pas à comprendre pourquoi il vit en rêve un pont surchargé d'échafaudages, spécialement de poutres rouges. Le fait est que la jeune fille avait essayé de s'installer définitivement dans la vie de cet homme après s'être montrée utile et désintéressée. Elle devint de la sorte une charge et entraînait pour lui l'obligation de demeurer dans une position « suspendue ». Il ne faut jamais s'installer durablement sur un pont. Il faut certes être reconnaissant pour ce lien nouveau qui s'est créé en nous-mêmes, mais pouvoir ensuite continuer normalement le chemin.

Peut-être sommes-nous nu-pieds ! De tels rêves sont assez fréquents ; ils peuvent ramener des souvenirs de jeunesse, être un signe de modestie et de pauvreté, ou bien encore être l'expression d'un rapport étroit avec la terre lorsqu'il s'agit pour le rêveur de redevenir plus naturel, de retrouver l'instinct pour les réalités les plus simples de la vie ; et la terre est bien cette simple réalité qui nous est immédiatement donnée.

Certains rêveurs se demandent pourquoi leur chemin se faufile à travers le paysage, tantôt s'inclinant sur la gauche, tantôt sur la droite. Mais c'est là un signe de bon sens et de sagesse de la part de la nature. Les pistes des hommes primitifs ont cette allure dans laquelle, sur d'immenses espaces, dominent à la fois un tracé et un rythme continuellement vivants. Ce chemin naturel se trouve évidemment en flagrante opposition avec les routes rectilignes et infinies créées par l'intellect, et dont ce dernier est particulièrement fier.

Ce changement si important de gauche et de droite — antithèse de toute uniformité — se produit assez souvent dans les rêves sous forme de « changement de pas ». C'est tantôt le côté « droit », tantôt le côté « gauche » de la nature qui « a le pas », qui « prend les devants ».

Le rêveur arrive quelquefois dans un *passage étroit*. Il doit se faufiler dans un trou ou une fente, ramper sur le ventre. Il ressent une profonde angoisse, mais ce passage dangereux est comparable à celui de la naissance. Naître à de nouvelles valeurs existentielles après une période de périls constitue un apport très positif.

À un croisement de route, nous nous demandons s'il faut aller à *gauche*, ou à *droite*. Le côté gauche est le côté « sinistre » et sombre : chez l'homme, il représente la féminité, l'inconscient ; à droite se trouve la conscience, ce qui ressort de l'intellect et de la masculinité. Le jeune homme et la plupart des femmes auront des rêves « favorables » s'ils y préfèrent la droite, puisque de nature plus inconsciente et plus proche de la terre ; l'homme d'un certain âge, conscient et par trop engagé intellectuellement dans le monde professionnel, devra aller vers la gauche, tout comme la femme trop intellectuelle d'ailleurs.

Il y a souvent un *poteau indicateur* au croisement, ou bien ce sont des rues nommément désignées qui vont vers l'un ou l'autre côté. Il faut quelquefois rester dans cette situation de contradictions intérieures, attendre jusqu'à pouvoir lire les étranges inscriptions qui se trouvent sur le poteau. Ce dernier d'ailleurs peut n'indiquer qu'une seule direction, ne porter le nom que d'un seul endroit qui dès lors désigne ou est en rapport avec un contenu psychique qu'il devient nécessaire de vivre.

Tout comme pour les rêves de voyages, les *points cardinaux* jouent un grand rôle ici. La signification de ceux-ci ne peut se déduire approximativement que d'un grand nombre de rêves. Pour le rêveur européen le sud indique le plus souvent les régions chaudes, celles du sentiment et de la force de volonté. Le nord est manifestement plus froid, il est le royaume du pressentiment, des longues nuits et de l'intuition. La signification des deux autres points est moins claire. L'ouest semble désigner une perception plus consciente, un ordre de choses plus extraverti, cependant que l'est est fréquemment en rapport avec un mode de pensée plus intensif et introverti. On ne peut véritablement donner d'appréciation qu'en connaissant la fonction psychologique du rêveur. Il convient aussi de ne pas oublier que l'est est le lieu de la pure lumière matinale, que le soleil de midi caractérise le sud, cependant que le soir de l'occident adoucit l'aspect des choses et les rend plus acceptables ; par contre le nord se rapporte plutôt à la nuit et à ses pressentiments.

Nous pouvons aussi étudier en rêve une *carte géographique*. Chacun doit suivre son propre chemin, même à l'intérieur d'un mariage ou d'une famille ; car il s'agit avant tout de suivre le chemin interne qui peut d'ailleurs coïncider avec celui du mariage ou de la famille pendant une assez longue période. Car l'amour n'exige pas forcément identité de directions.

C'est ce que comprit un rêveur qui vit devant lui deux cartes sur lesquelles figuraient deux tracés différents. Il apprit que l'une de ces cartes appartenait à son épouse ; l'autre décrivait son propre chemin. Les deux cartes se touchaient — et pourtant les deux destinées qui y figuraient étaient différentes. Les rêves où il est question d'*éclaireurs* sont fréquents, même chez des jeunes gens qui n'ont jamais fait partie de cette estimable organisation.

Il y a peu de rêves plus favorables que ceux dans lesquels nous précède un *animal initié au chemin*, c'est-à-dire notre instinct, que ce soit un chien ou un orvet quelconque. Il s'agit peut-être même d'un petit enfant, le côté évolutif en nous, qui trottine courageusement devant nous, ou encore nous sommes accompagnés par un génie, par une sorte d'ange gardien.

Dans nos rêves, nous sommes tantôt seuls, tantôt accompagnés par des personnes connues ou inconnues. Le chapitre sur le symbolisme des personnages oniriques y a déjà fait allusion. L'interprétation de ces compagnons de route est la plus fructueuse lorsqu'elle se fait sur le plan subjectif. Quelque chose en nous nous accompagne. Mais ce peut être sous la forme d'une ancienne amie, d'un camarade de jeu depuis longtemps oublié, ou encore ce sont tout à coup des gens importants, voire des personnalités historiques.

Il n'y a pas que de bons accompagnements. Il y a aussi notre ombre, des mendiants, une femme désagréable.

C'est ainsi qu'une rêveuse racontait qu'elle voyait sa sœur — avec qui elle conservait très peu de rapports — marcher à ses côtés dans une montée pénible, mais le plus souvent derrière elle. Elle devait continuellement attendre cette sœur maladroite et si rapidement fatiguée. Il s'agissait là de son propre côté peu développé et insuffisant qu'elle traînait avec elle.

Car on n'est arrivé au but que lorsqu'on y a amené son ombre.

Plus nous poursuivons la route de notre vie, plus nous pénétrons profondément en nous-mêmes. De tels rêves peuvent rendre conscients les périls que nous font courir nos semblables dans la réalité de la vie quotidienne, par exemple ceux résultant des intrigues, de l'envie et du désir de possession. Mais le plus souvent ces dangers sont constitués par des forces, par des éléments de notre personnalité méprisés ou insuffisamment développés, qui sont hostiles au moi, qui nous apparaissent sous forme d'irritations secrètes ou de traits de caractère antipathiques. Rendre ceux-ci conscients, c'est se débarrasser d'un monde sans aveu qui n'a pas sa raison d'être.

CHAPITRE XV

Les dangers

Il est certainement arrivé à tous les rêveurs de connaître de grands dangers. Quelques-uns même ne peuvent se rappeler que les rêves de danger. La rubrique des « crimes et accidents » occupe dans l'édition de nuit du rêve une place d'une certaine ampleur. Il semble qu'à cet effet le reporter qui est en nous se sert particulièrement de l'amplificateur.

Ces rêves indiquent un péril. Mais il ne faut jamais oublier que le symbole du danger est utilisé pour représenter d'une façon explicite une situation qui requiert une compréhension et une attention particulières. C'est la raison pour laquelle ces rêves ne doivent pas être pris trop à la lettre.

Il est d'ailleurs assez rare que ces rêves constituent un pronostic, c'est-à-dire la prévision d'autres événements. Ils disent tout au plus : « Voilà où en sont les choses dans l'inconscient, et voilà comment elles pourraient se passer consciemment ! » L'âme semble attacher une certaine importance au fait de nous dépeindre sa conception du danger pour ajouter ensuite ce qui semble constituer les aspects particuliers de cette situation. Notre guide intérieur considère avant tout comme dangereux : le fait pour un adulte de redevenir inconscient, son manque d'espace vital qui l'empêche de se développer, les pertes d'énergie occasionnées par certaines liaisons, une inflation psychique, la formation de complexes rigides qui se fait au détriment de la totalité psychique. La prise de conscience, le fait d'être parvenu à cette conscience pour l'humanité aussi bien que pour l'individu, constitue une acquisition importante qu'il ne faut plus laisser échapper. Si pourtant une menace existe, nous rêvons de noyade, nous nous perdons dans une *sombre forêt* ou dans le *brouillard*. Nous sommes anxieusement à la recherche d'un fanal ou d'une fenêtre éclairée.

Nous avons peur aussi lorsqu'il ne nous est pas donné de nous tenir sur le niveau de conscience auquel nous avons droit. C'est pourquoi nous sommes inquiets de nous savoir à nouveau enfant, écolier ou petite fille. Nous devons nous regarder dans une *glace*, ou bien on nous appelle par notre nom afin que nous restions identiques au moi, avant de faire une rencontre dangereuse ou de suivre un chemin menacé.

Il y a de nombreux exemples dans ce livre démontrant que les forces instinctives peuvent devenir dangereuses pour nous si elles manquent d'espace. Témoins les rêves d'*animaux*, les rêves de *guerre*, ceux dans lesquels nous sommes entraînés ou écrasés par un train ou une machine.

On peut aussi se mettre dans une position périlleuse en prenant des risques qui ne correspondent pas à nos moyens. C'est ainsi qu'on essaie en vain de tirer une lourde voiture, de la freiner dans une descente, ou bien on peut se trouver en *haute montagne* et sentir bouger les rochers sous ses pieds. Le barreau d'une échelle se casse et l'on est suspendu dans le vide. Il est fâcheux sous tous les rapports de ne plus avoir la terre sous ses pieds.

À côté de ces événements angoissants qui ressortent du domaine de la nature, il y a les *rêves de cambrio-*

leurs. Ils impressionnent beaucoup un certain nombre de rêveurs. On les raconte souvent comme la plus spectaculaire des histoires de criminels. Un voleur a pénétré dans notre maison du rêve. Qui plus est : quelqu'un est là, dangereux, on ne sent que sa présence, on n'a pas encore découvert qui est cet inquiétant personnage. Il s'agit le plus souvent de « quelqu'un » appartenant à notre propre monde intérieur. Parti des profondeurs incontrôlables de l'âme, il fait irruption dans la conscience, menace de la déranger, voire de la déposséder. C'est fréquemment un désir instinctif camouflé, parfois aussi une pensée criminelle. On sait en rêve qu'un crime a été commis, et on cherche le criminel. On le devine, il est indistinct, c'est une ombre. Quelque chose chez le rêveur a manifestement été « assassiné » — un sentiment, une certitude, une possibilité de développement. Il est parfois bizarre qu'en passant devant une glace, le rêveur se reconnaisse comme le criminel…

Il a déjà été question à un autre propos des dangers résultant d'idées fixes, de complexes, de pensées insuffisamment fondées qui peuvent menacer l'ordre psychique de notre être. Ces dangers de l'espace mental sont avant tout symbolisés par le *feu* du grenier, par le *bombardement* aérien, par des *oiseaux* voletant sans but dans un espace restreint, ou encore c'est un oiseau qui se pose sur la tête du rêveur. Aussi longtemps que celui-ci est psychiquement sain, l'interprétation dégagera et localisera les dangers qui pourraient menacer cette santé. Le combat avec les oiseaux de nuit, ces forces destructives de la pensée, peut être long et saisissant.

Dans les rêves de dangers se rangent aussi ceux où il est question d'*hivers* froids et rigoureux. Ce sont des rêves de solitude. Il n'y a pas très longtemps que l'homme possède vis-à-vis de l'hiver un rapport positif, qu'il voit en lui une période pouvant même lui apporter des joies. Sous nos latitudes, l'hiver est un événement archaïque fortement ressenti. Il a constitué durant des millénaires un véritable fléau ; il n'y a guère que depuis deux siècles que l'on chauffe convenablement les maisons et les sports d'hiver ont un demi-siècle d'existence. Depuis des millénaires, l'âme humaine sait que l'hiver signifie froid et solitude, qu'il peut apporter la famine et la mort. Ces dernières années ont dans une grande partie de l'Europe tragiquement confirmé cette vieille expérience.

Considérés dans une perspective historique, les sports d'hiver sont une acquisition récente. Il faut les interpréter positivement lorsque leur apparition en rêve est liée à des événements heureux. La course hardie du skieur aussi bien que les dangers du patinage constitués par la rupture de la glace peuvent désigner une certaine situation dans la vie du rêveur.

À part cela, les rêves de neige et de glace indiquent que le froid est dans l'âme. Le paysage d'hiver a quelque chose de grandiose et de terrifiant. Un rêveur traversait solitairement un tel paysage, amenant très peu de bagages sur son traîneau. Puis il essayait de traverser une passerelle très étroite ; mais les barres de son traîneau dérapaient et entraînaient sa chute. Alors la neige commençait à tomber. Le voyageur solitaire se mettait à faire passer ses biens sur l'autre rive avec beaucoup de soin. Ces précautions ainsi que la petite passerelle sont les seuls indices positifs dans ce rêve très pénible. Ils indiquent la possibilité d'un salut, tout comme dans cet autre rêve analogue où le rêveur a une petite voiture et se trouve sur un chemin de chaque côté duquel s'étendent des champs fraîchement labourés.

Souvent le rêveur trouve des fleurs gelées. Ou encore il traverse un glacier, voit que le fleuve de la vie est couvert de glaçons.

Une femme vit que malgré le grand froid il n'y avait plus de bois pour le chauffage. Le poêle était tiède. Il semble qu'il faille attribuer cette circonstance à l'impuissance ou à la frigidité ; mais le côté sexuel était le seul qui liait encore les deux époux. Il y avait de temps à autre dans le poêle une maigre flamme qu'on arrivait à entretenir avec beaucoup de peine. La femme vit avec effroi un glacier s'étendre d'une chambre à l'autre : voilà où en étaient les choses dans son foyer ! Elle racontait : « J'avais très mal au cœur lorsque je m'approchai de la fenêtre et vis que le printemps était au-dehors. »

Dans les régions tempérées, la neige et la glace sont pour le symbolisme onirique l'expression de la solitude et du besoin. On pourrait encore mentionner beaucoup d'autres de ces rêves. Car tous les domaines de la vie, aussi bien extérieure qu'intérieure, peuvent révéler des dangers. Le rêve les annonce, il en parle au rêveur qui ne se doute encore de rien. Il les communique sous forme d'articles de journaux, d'informations radiophoniques, d'enseigne lumineuse, de signaux d'automobiliste ou même de coup de téléphone. L'homme peut trouver une issue au danger en répondant correctement à cette communication, réponse qui consistera plutôt en actes qu'en paroles. « Les chances de salut croissent avec le danger », dit Hölderlin. Mais il y a des rêves qui peuvent se terminer sur une note de complet désespoir. Que pouvait bien faire l'auteur du rêve suivant, sinon agir ; mais n'était-ce pas plus dangereux encore ?

« C'était la nuit et je me trouvais avec ma mère à gauche d'un immeuble ; je savais que le feu était à l'intérieur et que ma petite sœur y était enfermée. On ne perçoit encore rien de l'extérieur et j'attends, calme et fataliste. Je m'étonne de mon calme en rêve. Tout d'un coup le feu illumine les fenêtres, embrase les pièces du devant et pénètre jusque dans ma chambre. On entend en même temps la petite voix claire et affolée de ma petite sœur récitant le *Pater Noster* avec une angoisse mortelle. Finalement je n'y tiens plus. Je saute sur la droite et vois sur une échelle ou un échafaudage un pompier habillé de noir, qui regarde la scène, tout aussi passif que moi. Je le conjure de faire quelque chose, je me propose moi-même d'agir. L'homme hausse les épaules puis dirige sur la fenêtre une sorte de télescope qui lui permet de lire la température qui règne dans la pièce. Lorsqu'il voit la température élevée, il dit : "Oh là là", ce qui signifie que ma sœur ne fait que commencer à souffrir réellement des peines du feu. Il pense qu'on ne peut plus la sauver ; elle est seule maintenant et elle doit souffrir. Il prononce cela d'une manière presque scientifique. Je frappe désespérément sur la façade de cette maison de pierre. La voix d'enfant solitaire et terrorisée me pénètre jusqu'aux os. Tout comme dans la réalité de la vie, je reconnais avec un sentiment d'impuissance la solitude de l'individu et la situation désespérée qu'il occupe dans l'univers. »

CHAPITRE XVI

De la guerre et des soldats

« C'était la guerre. » Souvent le narrateur du rêve commence par ces mots et rend compte ainsi d'une situation interne difficile. Bien sûr, tous ceux qui ont vécu la terrible misère de ces années-là, qui se sont vus précipités dans la violence, portant en eux une douleur ineffaçable, tous ceux-là supposeront avec raison que leurs rêves de *guerre* sont des souvenirs, des tourments non liquidés de cette époque. Chaque nuit, des milliers et des milliers d'entre eux retrouvent leurs peines les plus affreuses. Si on cherche la signification de pareils rêves, le contexte objectif fournira les indications les plus importantes. Même chez des hommes qui ont été entraînés dans le tourbillon de ce malheur mondial, le rêve de guerre peut néanmoins figurer une situation intime très difficile. En nous, c'est la guerre ; qui n'a pas connu l'énervement résultant du combat de forces vitales antagonistes ? « J'ai dû longuement combattre avec moi-même. » Mais souvent c'est par le rêve seulement que nous apprenons que la guerre existe ouvertement dans l'espace psychique. Le rêveur est souvent étonné de ces rêves guerriers. Il est d'avis que ses conflits ne sont pas si graves que cela — mais l'âme sait mieux que lui lorsque des décisions vitales se prennent dans ses profondeurs. Les rêves de guerre peuvent aussi avoir trait à certaines difficultés avec nos semblables. Il en est ainsi lorsque la conscience ne veut pas se rendre compte qu'il existe un différend avec notre conjoint ou notre associé.

Dans le rêve, nous savons seulement que c'est la guerre. Nous attendons avec anxiété, croyant apercevoir la lueur rougeâtre des incendies. Des troupes passent. Derrière cette colline ou dans la forêt, l'ennemi guette. Souvent c'est la nuit, afin que l'on reconnaisse bien que le danger nous menace dans l'inconscient.

Aujourd'hui, les rêves de *bombardement* sont fréquents. S'il ne s'agit pas de traumatismes, il faut en chercher la signification sur un plan intérieur. Ce sont des idées, des pensées de destruction, qui s'abattent sur nous, en provenance d'espaces incontrôlés de notre esprit ; il peut s'agir d'idées obsédantes, de pensées et de représentations qui nous troublent, qui nous paralysent l'espace d'un éclair. Elles menacent notre existence. Pour cette raison, lorsqu'il s'agit de rêves de bombardement, il faut bien examiner ce qui nous est arrivé de fâcheux, qui nous est « tombé dessus comme une bombe ». Même chose en ce qui concerne les *avions* de combat. Ils traversent notre cerveau, passent sur nos têtes comme des bolides et peuvent nous toucher avec leurs obus. On mentionne souvent la différence entre avions amis et avions ennemis. Les avions rouges ont ordinairement trait à la sexualité ou à des sentiments inconscients, portés par des idées dangereuses. Dans ces sortes de rêve, le contexte et l'amplification revêtent une grande importance. De même des dessins peuvent mettre sur la voie pour trouver la chose signifiée.

Les forces psychiques en litige se servent souvent de guerriers en uniforme ; le *casque* est typique à ce sujet. Il symbolise les armées qui ont combattu ou combattent encore. Un rêveur racontait que dans son rêve, l'une des armées usait de casques comme au Moyen Âge, recouvrant entièrement le visage et sans fentes pour les yeux, combattant à l'aveuglette contre des troupes modernes. Une certaine sphère d'interprétation s'ensuit d'elle-même.

Souvent l'on se trouve en guerre avec des *sauvages*. Ce sont d'obscures peuplades rouges, provenant de nos propres régions laissées en friche ; elles nous assaillent sortant des sous-bois de nos tendances cachées et nous dominent au début par leur grand nombre.

Dans les rêves de guerre, on est combattant ou témoin. Le premier de ces cas nous paraît le plus intéressant. Le moi y est à la fois spectateur et responsable engagé dans la lutte. Ceci lui permet bien mieux d'avancer au travers de son conflit qui peut dégénérer en névrose. S'il seconde le combat d'une façon consciente, alors même en un temps de misère intérieure, la joie et le rétablissement ne sont pas très loin.

La guerre est une expérience première de toute existence. Pour cette raison, sa nature effrayante symbolise toutes les grandes, toutes les inexorables dissensions de la vie. Mais dans aucun rêve la guerre n'est considérée avec exaltation ; il s'agit toujours d'une affaire pénible et grave. C'est, pour l'âme discordante ou même par trop multiple dans ses orientations primitives, un lieu de passage amer pour atteindre à une synthèse plus élevée.

On ne rêve pas seulement de guerres, mais aussi de soldats et d'armes isolés. Le *soldat* inconnu pénétrant sur la scène de notre rêve symbolise une attitude de devoir, collective et uniforme. Il est soumis à une loi qu'il n'a pas créée, à une obligation qui n'existe pas primitivement dans sa conscience morale. Il se met au pas. C'est là le sens d'un soldat isolé ou d'un groupe de soldats qui marchent. Il est quelquefois bon pour un individualiste d'être mis en face de cet aspect des choses. D'un autre côté, un tel rêve peut faire allusion à un danger d'uniformité.

Chez de jeunes personnes, les rêves de guerre ont pour la plupart une valeur positive. Une forme plus élevée de l'obéissance, par opposition à la loi individuelle, égoïste, devra s'exprimer par d'autres symboles chez de vieux rêveurs. Aux deux âges, le chef intérieur peut être qualifié de colonel ou de général. C'est une instance intérieure qui, se conformant à sa propre conception, veille sur l'enjeu des forces psychiques. S'il n'est pas conditionné par l'expérience vécue, le rêve de guerre des jeunes gens signifie leur existence de participation à la vie collective et à ses normes. Les nombreux rêves concernant les *uniformes* qui vont mal, les objets d'équipement perdus, le laisser-aller pendant la marche, l'arrivée en retard à l'appel, sont là pour témoigner de cette exigence. Ces rêves sont souvent accompagnés d'un sentiment de peur, tant il est vrai que la vie sociale, dans laquelle le jeune doit trouver sa place, est quelquefois impitoyable. Lorsqu'il s'agit de rêves concernant les soldats, il ne faut jamais oublier que chaque rêveur est au service de son propre moi. Chez les femmes, ces rêves ont trait au problème de l'*animus*. Les silhouettes d'officiers désignent fréquemment une certaine faculté mentale encore inconsciente de la femme.

En ce qui concerne les armes, on se bornera à ceci : ce sont des moyens pour perpétrer la guerre. Là où nous voyons des armes isolées, que nous les possédions ou que nous les utilisions, on se trouve presque toujours en présence d'une décision psychique. Le *glaive*, ou une arme analogue, malgré son caractère antique, en est le symbole onirique le plus fréquent.

Si, dans le rêve, on *tire*, il peut s'agir de décisions très soudaines qui arrivent plutôt qu'elles ne sont voulues. Alors, tout simplement, « le coup est parti ».

La psychanalyse voit dans la plupart des armes un symbole sexuel. Mais celles-ci ne possèdent cette signification qu'en second lieu. La désignation de l'organe masculin est la plus claire lorsqu'il s'agit de *pistolets* et de revolvers. Ceux-ci apparaissent dans les rêves comme un signe de tension sexuelle physiologique. À l'occasion, nous voyons se présenter dans ce sens le modèle antique de la lance.

Concernant l'équipement du guerrier, on nomme le plus souvent le *casque*. Des pensées de soldat, c'est-à-dire de combattant, dominent le rêveur ; mais il en est en même temps protégé.

Comme l'homme, le soldat porte ce dont il a besoin pour le combat vital. Dans certains rêves, le *sac* est très lourd ; il peut être chargé de choses inutiles, tout comme l'homme qui traîne maint fardeau superflu sur le chemin de sa vie. C'est ainsi que tel rêveur aurait très bien pu renoncer au chat qu'il amenait sur son havresac. À la vérité, il était question de relations avec une de ses employées ; relations qui, alors qu'il était aux prises avec la vie, l'importunaient et l'inquiétaient « derrière son dos », c'est-à-dire inconsciemment. Un autre rêveur a trouvé une meilleure solution, suivant en cela les conseils d'un grand inconnu, en adjoignant un bout de bois en forme d'Y à son sac beaucoup trop lourd et qui désormais se portait bien plus facilement. Ce bois en forme d'Y est un symbole de l'union des tendances masculines et féminines dans l'âme de l'homme ; lorsqu'il aura réalisé cette union, son fardeau sera en même temps plus aisément supportable.

CHAPITRE XVII
Rêves d'école et d'examens

C'est avec un certain geste de protestation, et non sans remarquer que les choses du passé poursuivent beaucoup trop longtemps les hommes, que les adultes font état de rêves qui les remettent dans l'ambiance scolaire. Il arrive fréquemment que le rêveur, après des dizaines d'années, se trouve à nouveau sur le banc de l'école, tantôt seul, tantôt avec les camarades de jadis. Mais il s'y voit aussi comme adulte, au milieu de gens de son entourage ; il s'agit encore pour lui de faire des devoirs. Ces *devoirs* ressemblent à des devoirs d'école, et pourtant manifestement ils n'en sont pas. Devant, sur l'estrade, se tient ce *professeur* particuliè-rement sévère de nos années de jeunesse ; mais ce peut aussi être un homme qui ressemble à un chef de bureau actuel, ou un ami, à moins que ce soit quelqu'un d'absolument inconnu. On traite un certain sujet ; il s'agit, surtout pour le rêveur, de faire des réponses correctes, de subir à nouveau les examens.

D'après ce qui ressort d'un grand nombre de rêves, la période scolaire, regardée souvent comme sans grande portée, a profondément marqué l'inconscient de la plupart des individus. Elle a quelque chose de constamment actuel ; d'ailleurs certaines conversations d'adultes toujours si ennuyeuses pour les autres en font foi et prouvent que dans un sens il s'agit d'autre chose que de simples rappels de souvenirs.

Lorsque des rêves scolaires ou d'*examens* sont présentés au psychothérapeute pour être interprétés, celui-ci n'a pas de peine à persuader le rêveur que ces rêves se rapportent au présent, à sa situation actuelle ; car dans presque tous les cas, le rêve d'école est un symbole pour l'école de vie du moment, dans laquelle on nous distribue des devoirs, par exemple celui qui consiste à liquider un conflit important dans un temps donné, à passer avec succès les différentes épreuves de notre existence. On nous interroge en rêve, mais la question est alors d'importance vitale, et le plus souvent c'est le destin tout-puissant qui la pose. Il peut se faire que le professeur inconnu ait quelqu'un « à l'œil » lorsqu'il se conduit mal. Ou bien il s'agit pour le rêveur de s'exprimer en une autre langue, par exemple celle du sentiment qu'il n'a jamais apprise, qui lui est par conséquent étrangère ; car la situation peut commander de laisser parler le cœur.

Il n'y a plus moyen de tricher ou de se faire souffler la solution, puisque ces rêves renferment la personnalité totale du rêveur, comprenant à la fois l'école, les écoliers et le professeur. On ne peut même pas faire l'école buissonnière. Si pourtant l'essai en est tenté, les rêves qui suivent apportent une réponse tout à fait significative. Les rêves scolaires doivent par conséquent être pris très au sérieux. C'est ce qu'avait compris une rêveuse qui s'était vue entrer en rêve dans une classe de retardés et qui trouvait les enfants (en elle !) mal soignés et mal habillés. Sur le tableau se trouvaient de beaux exercices d'ailleurs très simples mais que ces enfants étaient encore incapables de résoudre. Il y avait aussi le prénom d'un homme dont la relation avait créé des complications sentimentales. Depuis lors, la rêveuse s'était sérieusement mise à développer le côté peu évolué en elle. D'autres rêveurs devaient étudier à l'école comment traiter les fleurs. D'autres encore, bien qu'occupant des postes élevés et enviés dans la vie publique, apprirent par un rêve qu'ils n'étaient pas passés dans une classe « supérieure ».

Freud et Adler, qui ont trop dirigé leurs investigations sur la première partie de la biographie de l'individu vivant, c'est-à-dire sur l'enfance et les rapports avec les parents, ont négligé de voir le problème actuel et futur que contient le rêve d'école. Freud pensait que les rêves d'examens étaient « les souvenirs inextinguibles des punitions pour les escapades de la première enfance ».

Il arrive souvent que des rêveurs, après avoir passé le milieu de la vie, se voient subir en rêve un examen de passage pour l'école supérieure. Cette école supérieure correspond alors assez souvent en rêve à une période de dernière formation de la personnalité. Pour les pays de langue allemande, il s'agit de la *Matura*, c'est-à-dire d'un *examen de « maturité »*.

Un homme de science racontait avec une profonde émotion : « En rêve, j'enseignais encore au lycée de jeunes filles de B. Les élèves travaillaient à un sujet d'examen, un beau sujet que j'étais fier d'avoir posé. Quant à moi, j'étais tranquillement accoudé à la fenêtre, très satisfait. Puis tout à coup je me rendis compte que l'examiné, c'était moi ; mon cœur se serra d'angoisse. Je prenais place parmi les élèves qui s'étaient transformés entre-temps en adultes hommes et femmes. Je me mis à écrire continuellement pour rendre mon travail à la fin, travail tout juste suffisant, à un homme très sérieux, d'une impassible bonté. Je me réveillai baigné de larmes. » Le narrateur se souvint qu'il lui restait encore vingt minutes.

Ce rêve doit être interprété psychanalytiquement. Ce n'est autre qu'un rêve de « maturité » d'où ressort la peur de l'impuissance, la crainte de ne pouvoir s'affirmer érotiquement devant la femme.

Il faut bien examiner l'aspect de la salle de classe dans les rêves d'écoles. L'emplacement du tableau est important, il indique blanc sur noir les devoirs à accomplir. Blanc sur noir, c'est-à-dire d'une façon consciente ; voici par exemple la formule mathématique de la vie ; il s'agit aussi parfois d'écritures exotiques. Après que la vie a largement apporté son expérience au rêveur, et puisque l'âme est juste, celle-ci fait dominer en rêve la conception selon laquelle le rêveur doit être suffisamment armé pour résoudre les tâches qui lui sont proposées. La vie n'accepte pas d'excuses. Ne pas pouvoir résoudre le problème du rêve est le signe que les difficultés de la vie consciente n'ont été ni comprises dans leur essence ni même envisagées sous l'angle d'une solution probable. Il est grand temps de rattraper le temps perdu.

Les personnes présentes dans la salle sont tout aussi importantes à considérer que la salle de classe et le bâtiment d'école ; d'ailleurs il peut s'agir d'un cliché en surimpression où l'on voit par exemple simultanément l'école de son enfance, un bureau, un laboratoire inconnu et l'intérieur d'une église. Mais l'étude et la manière d'interpréter les personnages ont déjà été abordées plus haut.

Quant à l'examen, il peut se rapporter à toutes sortes d'événements. Ainsi tel industriel s'opposait à l'explication de questions dogmatiques particulièrement difficiles concernant un catéchisme oublié, pendant que tel autre théologien très « abstrait » subissait une épreuve détaillée de zoologie, ayant manifestement besoin d'examiner de plus près certaines questions concernant l'animalité humaine. Il existe aussi des examens oniriques qui ne se passent pas forcément à l'école. Un homme d'une quarantaine d'années devait subir des épreuves de canot à moteur. Il n'avait pas encore reconnu, lui qui ne voulait à aucun prix habiter au bord d'un lac, que les eaux de l'inconscient avaient formé en lui une vaste mer intérieure. Celui qui rêve qu'il passe des examens devra voir s'il possède suffisamment de connaissances pour les réussir. Lorsque c'est le cas, ce que la fin des rêves précisera le plus souvent, la vie s'offre alors de nouveau à la réalisation d'autres possibilités de maturation.

CHAPITRE XVIII

La justice intérieure

Il n'y a pas de maître plus sévère que l'âme. Ou bien faut-il l'appeler maîtresse ? Elle exige que nous fassions ce qui est nécessaire à son salut qui est en même temps le nôtre. Puisque ce centre interne appelé le soi se propose de mettre notre être total au service de la vie, l'âme est continuellement obligée d'indiquer ce qui constitue cette nécessité interne, ce qui doit être accompli dans les limites de notre destinée particulière.

Personne ne vit complètement sa vie sans ressentir parfois une culpabilité vis-à-vis de soi-même ou d'autrui. Ce sentiment peut jouer un grand rôle dans la formation du caractère d'un individu responsable et courageux.

Le rêve, face au monde du dehors et du dedans, est l'image vivante d'une attitude d'authentique responsabilité. Si l'individu faillit à sa tâche, s'il manque à ses obligations, le rêve l'assigne devant le *tribunal intérieur*. Les peines infligées par celui-ci sont extrêmement dures. Elles ont pour but d'exposer au rêveur ses fautes et ses obligations. Elles peuvent consister dans la mise au pilori devant soi-même, dans la publicité

324 / *Les rêves et leur interprétation*

donnée à l'affaire en rêve. À son grand désespoir, on se trouve sur la place publique, mal habillé, sale et souvent dans un accoutrement ridicule. On est hué et insulté grossièrement par la foule (la foule en nous). Ce jugement est particulièrement manifeste lorsqu'on nous adjoint un individu hideux, sorte d'enseigne complémentaire pour préciser notre identité.

Quelle rude sentence pour certaines de nos actions, de la part de cette instance interne ! Avec quelle désinvolture elle considère des entreprises qui nous semblaient déjà pleines de promesses ! Elle peut même taxer d'inutile et de superflu ce qui était pour nous une performance, de gaspillage d'énergie ce qui nous paraissait une réelle réussite !

Un homme dont les prétentions érotiques étaient par trop élevées se voyait en rêve attaché à une roue et sans cesse trempé dans une mare de boue, à la façon d'Ixion dont les désirs s'étaient portés sur Héra. Le rêveur n'avait aucune connaissance de cette sombre page de la mythologie grecque. En faisant part au rêveur de cette vieille histoire, on évite de lui donner les conseils usuels qui pourraient lui apparaître comme une fastidieuse leçon de morale. Car il lui suffit amplement de voir ses événements personnels reflétés par l'histoire antique. Il en faut beaucoup pour que l'homme puisse parvenir à la conscience de soi. Souvent il doit d'abord être exécuté pour être dirigé sur les véritables intentions de son moi. Les rêves de personnes autour de la quarantaine sont souvent empreints de cette atmosphère de condamnation. On est *condamné à mort*, c'est-à-dire à la mort de la conception qui a prévalu jusque-là.

Cette interprétation peut paraître recherchée à une époque qui a connu tant de massacres et où tant de rêves se rapportent effectivement à l'affreuse réalité extérieure. Pourtant elle se démontre constamment. Il faut mourir, souffrir les peines infernales, afin d'être purifié et de pouvoir revivre dans une réalité élargie.

Parfois le rêveur est lui-même l'officier de garde qui veille à ce que l'exécution ne soit pas empêchée par des forces hostiles à cette pénible métamorphose.

Le rêve de cet autre homme qui devait tuer quelqu'un avec un couperet en papier est assez différent. Le contexte indique qu'il s'agit d'une lettre qu'il aurait dû écrire il y a longtemps déjà et destinée à « décapiter » une relation considérée au fond comme illégale. Là, le rêveur a lui-même l'impression de poser la tête sur le billot.

Le fait que dans ces rêves le bourreau et la victime sont réunis dans le même personnage est significatif. À ce monde de transformations internes appartiennent aussi les rêves où il est question de dépeçage. Loin de signifier quelque chose d'épouvantable, ils sont un symbole de renouvellement. Tout comme Osiris morcelé — nous y avons fait allusion —, l'homme dont les énergies sont dispersées doit à nouveau se rassembler en une unité.

Parfois aussi l'homme passe par le *feu purificateur*. C'est un feu qui doit détruire tout ce qui sur l'homme est inutile. Ou encore il se voit, être étrange, à l'intérieur de la cornue d'un alchimiste dont le but est de transformer, de tirer de la matière vile la quintessence des valeurs, c'est-à-dire dans le cas considéré la valeur la plus élevée de la personnalité. L'âme est sérieuse, objective, sans pitié, et pourtant bienveillante. Parfois l'individu dont elle est responsable a simplement besoin d'une plus grande solitude, de se renfermer un peu plus en lui-même. Alors il est condamné à une peine de *prison*, ou bien il se voit emprisonné. On peut aussi être prisonnier de ses sentiments, c'est-à-dire attaché à des choses ou à des personnes alors qu'on ne devrait pas l'être. Le rêve a une façon tout à fait réaliste de représenter cette éventualité. Ainsi un rêveur avance rapidement dans une rue en vue d'atteindre un certain but ; mais un groupe de prisonniers l'en empêche. Il se reconnaît lui-même dans ce groupe.

Un autre rêveur est mis dans une cellule qui est en réalité le bureau du chef d'une grande entreprise. Il s'agit assurément pour lui de prendre en main sa propre direction, de se concentrer enfin un peu, lui qui passait pour un spécialiste de l'évasion. Comme il sort pour regarder le mur de la prison, il s'aperçoit que celui-ci a seulement la hauteur d'un pied. Il pourrait donc fuir. Car l'âme ne retire jamais à l'homme sa liberté de décision. Le rêveur en question se décida à subir sa peine. Ce faisant, il accomplissait ce que d'autres époques appelaient le grand œuvre, à savoir le travail sur soi-même. Mais cette possibilité n'est pas à la portée de tous. Il semble qu'il y ait des élus de la souffrance ; ceux-ci approchent de leur être le plus intime en souffrant activement, sans sentimentalité. Avant de pénétrer dans cette région purificatrice, on leur demande dans certains rêves de présenter leur passeport ou de prononcer le mot de passe à l'entrée de la prison. Ils doivent se rendre compte de qui ils sont avant de commencer une entreprise aussi grave.

CHAPITRE XIX

Images, livres, théâtre et cinéma

La psyché possède son économie propre. Elle aime se servir, pour représenter les processus psychiques élémentaires, de contenus déjà formés, comme le sont en particulier les phénomènes culturels. Nous connaissons la fréquence avec laquelle le rêve reproduit une coupure de journal ou une phrase entendue dans un discours. Il peut aussi s'agir d'une citation contenue dans un horoscope ou d'une réflexion faite à l'occasion d'une conversation. Très fréquemment en rêve il est question d'un *livre* ouvert ; nous pouvons en recevoir un, ou bien il y est fait allusion, ou bien encore nous rencontrons à un endroit inhabituel un ouvrage auquel nous ne pensions plus du tout. Souvent celui-ci reproduit un déroulement de l'action qui rappelle celui de la situation psychique dans laquelle se trouve actuellement le rêveur. Si l'on se trouve réellement en possession du volume, on fera bien de la relire. Peut-être alors nous « dit-il quelque chose », quelque chose au sujet de nous-mêmes. Le rêve d'un jeune homme trahissait à quel point ses pensées tournaient autour d'une jeune fille à peine entrevue, lorsqu'il lui eut révélé l'achat des *Promessi Sposi* dans une librairie d'une rue jusqu'alors inconnue. C'était pour lui et en lui « l'époque des fiançailles ».

On mentionne très souvent des rêves où il est question de *titres d'ouvrages*. Ces titres se présentent de préférence sous une forme attrayante, voire d'un goût douteux. Le rêve vient par exemple les chercher à la devanture d'un libraire où l'on s'était arrêté la veille. Et l'on est parfois très surpris de constater qu'un titre parfaitement stupide a pu laisser son empreinte dans la mémoire. Mais ce titre représente un moment important, il est pour ainsi dire un extrait de la vie psychique. On pourrait composer une jolie liste de ces titres, mais on pourrait aussi monter une grande bibliothèque avec les ouvrages que le rêveur a gardés du temps de sa jeunesse, qu'il a découverts chez lui, achetés ou reçus de ses amis. Entre les couvertures d'un de ces livres peut se trouver une étrange composition : une poésie à moitié oubliée, probablement expliquée autrefois à l'école, dans laquelle vient s'insérer par endroits une histoire toute personnelle. Il faut lire les titres et les livres que l'on peut rencontrer en rêve parce qu'ils disent ce qui se passe en nous, même s'ils sont plats et « eau de rose », ou sèchement scientifiques. Tel étudiant en mathématiques qui acquit un livre sur la théorie des groupes dut reconnaître au cours de l'interprétation qu'il était préoccupé par un groupe d'un ordre tout différent : il venait de se fiancer tout en ayant gardé en secret son amie précédente ; par-dessus le marché, il avait encore trouvé le moyen de s'amouracher d'une femme assez peu distinguée. Le tout représentait donc pour lui beaucoup plus qu'un simple problème mathématique ! Un savant de renom était obligé en rêve d'aller chercher la revue *Science et vie* pour y lire journellement un passage, bien qu'il ne s'agît pas d'articles provenant de cette revue. C'était bien plutôt sa propre conscience qui réclamait de lui, l'homme qui surestimait la « science », de se familiariser enfin avec la « vie » et de réunir les deux aspects.

Un jeune homme trouvait à la bibliothèque un écrit traitant du drainage de la région du R., son pays natal. Un tel écrit était en réalité inexistant. Mais le rêveur avait instamment besoin d'un drainage psychique, la question pour lui était de sortir des eaux amniotiques de son inconscient. Le rêve crée fréquemment des titres imaginaires. Il s'agit de dégager cette imagination pour la rendre consciente dans sa signification fondamentale. Il arrive naturellement assez souvent qu'un livre fasse son apparition avec lequel il nous est impossible de découvrir un rapport quelconque. Dans ce cas, il ne nous reste qu'à constater une possession en nous avec laquelle n'existe aucun rapport conscient. Peu à peu d'ailleurs s'établissent des points de repère, à moins encore que des rêves contemporains à cette première indication ne viennent renforcer la signification de celle-ci.

On peut aussi trouver un billet de banque dans un livre. S'il s'agit d'un ouvrage scientifique qu'un étudiant est en train d'avaler péniblement, la signification est claire : on avertit l'esprit récalcitrant que cet ouvrage a une valeur cachée.

Il est important, dans ces rêves, d'observer à qui appartient le livre, ou comment on se l'est procuré. Souvent aussi la couleur de la couverture est significative. Il y a des gens dont l'attention doit être attirée par l'importance d'un contenu vital au moyen d'un titre à caractères dorés.

Pour l'inconscient, la nature et l'esprit apparaissent comme deux grandes forces de la vie. Le livre constitue très souvent le dépositaire de l'esprit ; parfois il est très vieux et très grand, son écriture particulièrement nette et lisible : c'est alors le livre même de la vie.

Il est beaucoup question en rêve de *photographies* et de ce qui se rapporte à la photographie en général. Le sens de ces rêves est clair quand on pense au fait que les photographies sont des images qui fixent quelque chose d'une façon définitive. Photographier en rêve signifie fixer son attention, se faire une image nette d'une personne ou d'une situation.

Une rêveuse se propose de prendre en plein jour une photo de son ami. Par un curieux effet, la silhouette de ce dernier devient floue et s'obscurcit chaque fois qu'elle braque son appareil sur lui. L'image ne se réalise pas ; et sans se préoccuper des raisons de cet obscurcissement, elle retourne tout à coup à sa maison natale avec dans la main un instrument du temps de son enfance. On peut aussi voir en rêve une image de soi-même absolument déplaisante. Voilà donc notre vrai visage ! Mais est-ce seulement la faute de notre photographe intérieur ?

Une dame d'un certain âge, qui ne voulait jamais accepter le côté sérieux de la vie et traitait avec optimisme les événements les plus graves, racontait qu'elle se voyait souvent en rêve en train de pleurer. C'est évidemment un aspect compensatoire. Un jour, on lui donne en main un album de photos dans lequel elle se reconnaît vieille, malade, avec une robe à fleurs à l'ancienne mode. Sa fille entre dans la pièce et veut lui défendre de continuer à feuilleter l'album. Elle le feuillette pourtant et se voit alors comme une toute vieille femme avec une tête de mort dont les yeux expriment un mortel désespoir.

Il convient d'indiquer ici le symbole du *miroir*. Il est certainement arrivé à tout le monde de se regarder dans une glace avec un certain effroi en même temps qu'une vive attention. On se voit au plus profond de soi-même, on se fait face. Ces rêves ne sont peut-être pas très fréquents, mais ils possèdent toujours une signification grave. On a affirmé très tôt déjà que le miroir du rêve est un signe de malheur et de mort. On a probablement été amené à cette constatation parce que quelque chose en nous est extérieur, parce que dans la glace nous nous mettons hors de nous-mêmes.

C'est ce qui produit ce sentiment tout primitif de la perte de l'âme. Des personnes qui se regardent longuement dans la glace sentent confusément quelque chose de paralysant. Les rêves de miroir font leur apparition avant la période d'individualisation, au moment où le retour sur soi-même devient nécessaire. Mais chacun ne peut pas supporter la vue de son image. Quelques-uns même s'y perdent, comme le Narcisse de la mythologie. D'autres, après de longues et épuisantes divagations, ne reviennent à eux qu'après s'être regardés de nouveau dans un miroir, c'est-à-dire après s'être mis devant la visible réalité de leur existence.

Pour en revenir à la photographie : nous pouvons également recevoir en rêve une image d'amis ou de personnes dont le destin est plus ou moins lié au nôtre, afin de mieux nous rendre compte de leur être. Évidemment, elle est souvent assez différente de celle que nous nous faisions jusqu'alors.

Parfois il faut parcourir un *album de photos*. Il faut examiner encore une fois le passé fixé dans la mémoire de l'inconscient. Les collections d'images, les variétés de situations caractéristiques, personnelles ou se rapportant à d'autres personnes, sont souvent étonnantes. Il peut s'agir de recueils de souvenirs de famille intéressants, ou bien démodés et ridicules. Peut-être y a-t-il en nous certains de ces aspects d'autrefois. Nous pouvons, grâce à ces photographies, faire la connaissance d'éléments insoupçonnés de nous-mêmes.

Dans le rêve, on se montre les uns les autres les photos les plus diverses afin de pouvoir se « faire une image ». Le rapport avec l'appareil et le côté technique indique l'aspect intellectuel de la question. À la place d'une photographie, il peut s'agir d'un *portrait* peint. Il se caractérise alors, comparé à celle-là, par sa grande durée.

La technique moderne a créé une possibilité tout à fait précise et remarquable de figurer le déroulement des images du rêve : le *cinéma*. On est assis dans l'obscurité et devant soi, sur l'écran éclairé, se projettent les différents événements. Le créateur de nos rêves n'a pas renoncé à utiliser cette découverte du monde extérieur et c'est pourquoi il convie le rêveur à assister à la projection de son propre *film*. Celui-ci conserve d'ailleurs maints rapports avec les films qui se jouent en réalité, spécialement lorsqu'un événement personnel au rêveur coïncide plus ou moins avec un passage de ces derniers. Souvent le contexte tout entier dont le conseiller prend connaissance consiste dans le récit d'un film ; ce récit suffit alors à éclairer amplement une situation particulière. Ces sortes de rêves reproduisent surtout des sujets où il est question de notre ombre, d'*anima* et d'*animus*. Chez les rêveurs qui vont rarement au cinéma, les titres publicitaires revêtent une importance caractéristique ; ils ne peuvent pas leur échapper lorsqu'ils les voient dans les journaux ou sur les affiches du rêve ; le tapage « publicitaire » de l'inconscient les éveille.

Un rêveur avait à filmer soi-même quelque chose, mais il n'arrivait pas à trouver un endroit convenable pour poser son matériel. Il lui manquait en effet dans la vie un point de vue qui lui permît d'examiner correctement une certaine affaire.

Mais on peut aussi soi-même se voir évoluer sur l'écran du rêve, à sa grande surprise, ou encore se reconnaître parmi les acteurs d'une pièce de théâtre. D'ailleurs le *théâtre*, avec sa scène puissamment éclairée, représente une allégorie encore plus parfaite pour figurer une situation onirique. Au moyen d'une technique admirable, l'action est placée au centre vivant et lumineux de la conscience. Il a déjà été signalé que la construction du rêve et celle du drame classique présentent une analogie et que le rêveur est tantôt spectateur, tantôt acteur, c'est-à-dire que dans ce dernier cas il participe avec son moi à ce qui se passe en lui. Tous les directeurs de conscience savent combien parfois cette participation lui répugne.

C'est ainsi qu'en rêve un homme va au théâtre pour « devenir le spectateur d'une pièce intéressante ». Quelqu'un lui prend son manteau et le conduit jusqu'à la scène. Puis un acteur pose son bras sur son épaule, « comme pour me donner la réplique. Je protestai avec indignation : "Mais voyons, je ne prends pas part au jeu !" ». C'était bien la réalité : le rêveur, un savant introverti, refusait de participer lorsqu'il s'agissait de situations importantes de l'existence, il ne jouait pas sur sa propre scène.

S'il est question de théâtre — ou d'opéra, dont la note est plus sentimentale —, il faut rechercher, après avoir mis au point les rapports avec les événements du jour, quelle filiation peut s'établir entre l'action réelle et le programme de cette salle de spectacle intérieure. Que joue-t-on ? Quels sont les acteurs ? Et que prennent-ils dans le passé ou le présent pour transposer la vie sur la scène ? Tout bien considéré, est-ce une tragédie ou une comédie ?

Il arrive à certains rêveurs d'âge mûr de faire état « *du danseur* », un personnage que l'on ne sait pas très bien où placer. Mais on sait peut-être que le dieu de la vie chez les Hindous, Siva, peut prendre la figure d'un danseur aux multiples bras et que sous cette forme, il est hautement vénéré. On connaît peut-être aussi l'expression « entrer dans la danse », s'engager pleinement, participer au cycle vertigineux et invisible de la vie. Le rêve du danseur est un grand rêve ; en lui, on rencontre une fonction fondamentale de la vie.

Il faut évidemment qu'il s'agisse « du danseur », et non de n'importe quel partenaire rencontré dans le bal du rêve. Celui-ci constituerait uniquement un aspect de l'autre sexe en nous, au cas où il n'est pas nécessaire d'interpréter le rêve sur un plan simplement objectif.

Tout près du danseur se situe la silhouette d'*Arlequin*. Avec son costume de losanges noirs et blancs, il incarne le continuel changement du sombre et du clair. D'après ce qu'en dit l'expérience, il évoque toujours la joie et la tristesse. Il rit, mais il pourrait tout aussi bien pleurer ; il y a en lui une intensité de vie débordante mais toute pénétrée déjà des ténèbres de l'au-delà, transcendée par la connaissance de l'inéluctable fin.

CHAPITRE XX

La musique du rêve

Le fait pictural, par rapport au fait auditif, domine largement en rêve. Pourtant dans certains rêves l'inconscient fait entendre sa musique. Dans ce cas, que ce soit un seul instrument ou tout un *orchestre*, on peut supposer qu'il s'agit d'événements provenant d'un domaine sentimental qui a produit cette réponse musicale en rêve. Dans certaines situations, l'âme joue de la musique ; elle accompagne les événements quotidiens par un arrière-plan musical. Parfois même cette musique enfle pour devenir une véritable tempête orchestrale dont l'harmonie est maintenue par une instance intérieure, un « directeur » disposant de l'ensemble des sentiments. Un tel concert en nous est un événement onirique dont la signification est toujours positive. Le fait de savoir si on doit étendre ce jugement à cette magnifique musique céleste que les agonisants perçoivent parfois en rêve est une question de conception.

Il peut se faire que le rêveur reçoive l'ordre de jouer dans un orchestre. Il est appelé à le diriger ou plus simplement à y participer. Le moi ne doit assurément pas rester en dehors de cette harmonie sentimentale. Il faut bien examiner qui participe aussi à ce concert, où il a lieu ; car c'est parfois un endroit qui a scellé pour nous un moment important de notre destinée.

On ne peut pas nier que certains instruments possèdent une signification sexuelle. Ainsi le *violon*, le *violoncelle*, la *contrebasse* sont des symboles féminins, mais pas seulement pour leur forme évidée ; car le joueur, avec son archet, évoque évidemment la présence masculine.

Afin de parvenir à des rapports sexuels normaux, un rêveur d'une trentaine d'années devait aller chercher son violon qui se trouvait manifestement toujours dans la chambre de bonne de sa maison d'enfance ; car il y a laissé toute une partie de sa force érotique, de sa libido.

Le sens qui se dégage de ces rêves peut varier depuis l'allégorie directe et brutale de l'acte sexuel, jusqu'au fait amoureux le plus spirituel et le plus élevé dans la gamme des harmonies. Les instruments à vent métalliques ou en bois sont avant tout des instruments masculins. Quel désir d'amour, quel cri de nostalgie dans l'appel du cor des romantiques !

Le *piano* se caractérise par son clavier et ses touches qui fixent une succession déterminée de tons et de notes. C'est pourquoi les rêves comportant un piano peuvent faire allusion à une certaine gamme de sentiments conventionnels. Il s'agissait de gammes de sentiments dans un rêve où les touches du bas, celles de la main gauche et qui figurent le côté grave et profond, ne produisaient plus aucun son parce qu'elles s'étaient coincées ; seul le côté droit et conscient, celui des sons aigus et clairs, était à la disposition du rêveur.

Chez une rêveuse, il n'y avait plus que les touches noires qui bougeaient encore. Elle jouait sur ces demi-tons une chanson triste et inharmonieuse. Mais elle comprit d'elle-même le sens de cette allégorie presque humoristique. Il arrive fréquemment qu'une certaine touche refuse son concours. Elle est coincée, elle reste en bas. À la grande surprise du rêveur, le nom de cette note (par exemple le *mi*) peut en même temps constituer le début du nom d'une personne dont la relation est devenue conflictuelle.

La *chanson*, la plus humaine des expressions musicales, apparaît assez rarement en rêve ; tout au plus l'entend-on comme la mélodie lointaine d'une femme inconnue, une *anima*, rappelant par là l'histoire de Solveig qui voulait ramener au logis l'aventurier Peer Gynt. Et pourtant une chanson de rêve peut poursuivre une personne pendant toute une journée, et nous nous demandons alors : « Où ai-je entendu cette chanson pour la première fois ? Pourquoi a-t-elle fait une impression sur moi ? Est-ce à cause de la musique, des paroles, ou des deux ? »

Beaucoup de grandes personnes entendent en rêve des chansons d'enfance ou bien les airs un peu plus rudes de l'époque de la puberté. Quelquefois la chanson se présente tout à fait innocemment, très banalement même, pour faire comprendre au rêveur ce qui se passe en lui ; c'est par exemple « Le joli mois de mai » ou « Mon cœur est à toi ». Les airs d'opéras et d'opérettes se font également entendre en rêve. Le cantique religieux est fréquent ; on demande à un rêveur qui traversait une période difficile de sa vie d'entonner un chant de grâces, un *Te Deum Laudamus*. Cette exigence le met en colère, mais déjà il est assis à l'orgue. Pourtant il lui manque les notes dont il aurait besoin et il n'ose pas encore jouer « par cœur ». Mais le rêveur a compris que dans cette époque pénible une vie nouvelle avait commencé pour lui, qu'au lieu de se plaindre, il aurait dû être reconnaissant.

Dans tous ces rêves, l'explication par le contexte est particulièrement importante ; contexte et associations permettent seuls une interprétation convenable. On devrait toujours rechercher le texte de la musique dont un passage a été entendu en rêve ; puis, après y avoir réfléchi, on devrait essayer de le chanter. On ferait alors une expérience intime des plus étranges.

CHAPITRE XXI

L'argent

Dans un monde où *l'argent* joue souvent un rôle décisif, il est normal de faire des rêves qui parlent « argent ». Tantôt il est simplement question d'argent, tantôt il s'agit d'une certaine somme dans les limites des possibilités d'un ménage moyen. Comme tous nous faisons journellement un certain nombre de petites dépenses, qui se présentent sous forme de montants numériques les plus variés ; pratiquement toutes les sommes petites ou moyennes peuvent se rencontrer en rêve. Des chiffres fortuits qui semblent correspondre à une dépense quotidienne quelconque ne peuvent s'expliquer que par un examen détaillé du contexte. On rencontre alors les mêmes difficultés que dans les rêves de nombres en général.

Pourquoi une rêveuse avait-elle précisément 485 francs dans son sac à main ? C'est un montant courant et pourtant bien particulier. La rêveuse essaiera de se rappeler quand et où elle a dépensé ou reçu cette somme. Même si elle y réussit, le sens du rêve peut encore rester très difficile à trouver. En général on ne peut guère interpréter le simple montant d'une somme d'argent. Tout comme dans un rêve où il n'est question que d'un nombre abstrait, il peut s'agir ici du numéro d'une maison, de la page d'un livre ou de quelque indication d'âge. Il ne vaut souvent pas la peine de poursuivre toutes ces filières.

Pourtant de tels rêves peuvent mettre au jour des aspects importants. Une femme trouve sur son chemin cinq pièces d'argent claires et neuves. Son mari, qui marche à côté d'elle, ne veut pas voir l'argent que sa femme ramasse joyeusement. Cet argent constitue manifestement ici une valeur qu'elle trouve sur son propre chemin en elle, mais dans le voisinage de son mari ; une valeur consistant en une relation ou un petit fait dont l'importance, voire l'existence, échappe au mari. Comme le métal est de l'argent, il laisse supposer qu'il s'agit de valeurs typiquement féminines. Le cinq est assurément le témoignage du rapport avec une vie forte et naturelle de ce qui a été trouvé avec un tel plaisir.

Le genre de rêve suivant apparaît très fréquemment, avec de multiples variations : un homme veut se faire inscrire dans un cours professionnel. Il doit acheter un livre d'étude qui l'étonne par son prix élevé. Au cours de l'interprétation, il se révèle que le montant du prix payé correspond exactement à son âge. Il s'agit très probablement pour lui d'engager toute sa vie pour s'approprier ce qui se présente actuellement. Un autre homme perd une somme d'argent. On lui apprend que son amie est l'auteur du vol. À considérer le caractère de la jeune personne, cette hypothèse semble absolument impensable. Cependant l'interprétation a contribué à éclairer la réalité, à savoir que cet homme consacrait trop de temps et trop d'énergie à cette relation amoureuse ; celle-ci ne valait pas un tel sacrifice. D'un autre côté, il n'est pas rare de rencontrer des rêves où la monnaie rendue est d'un montant supérieur à celui du prix payé pour un objet, par exemple pour un billet de théâtre ou pour un ticket d'autobus qui nous a amenés chez des amis. Nous avons gagné quelque chose, nous nous sommes enrichis intérieurement.

On est en général d'avis que les rêves d'argent ont un sens favorable. Ils ne le possèdent naturellement que si on en reçoit ou si on en trouve alors qu'on ne s'y attendait pas. Tel étudiant paresseux qui avait trouvé des billets de banque dans une revue scientifique avait pensé non sans raison qu'il y avait là quelque chose à gagner. La très vieille légende du trésor caché dans le champ apparaît fréquemment en rêve avec de nombreuses variantes. L'objet précieux est le plus souvent de l'or. Ce sont ces pièces d'or dont les contes font un si large emploi. La monnaie du pays des rêves repose sur l'étalon-or ! Lorsqu'il s'agit de sommes élevées, on peut rencontrer des billets de banque. Mais l'inconscient connaît encore assez peu le maniement des instruments de paiement actuels. Il se sert rarement du chèque et ne sait rien des accords de compensation. Sa théorie monétaire est extrêmement simple. L'argent est une force, c'est de l'énergie psychique prête à être investie. Sa possession ouvre de nouvelles possibilités. Il est la mesure des énergies qui sont à notre disposition ou qu'il faudra engager pour obtenir quelque chose. On ne nous fait pas de cadeaux ; la vie est « chère », il faut la payer ! Chaque succès peut nous coûter quelque chose. Ces dépenses sont quelquefois rendues conscientes dans le rêve au moyen de sommes d'argent. Toutes les variétés de puissance et d'impuissance peuvent se manifester en rêve sous forme de possession, de perte ou de gain d'argent. Il est particulièrement réconfortant de constater qu'après une maladie ou une diminution vitale quelconque l'on se trouve à nouveau avec de l'argent en main, que l'on est à nouveau riche après une période de misère.

Dans les rêves de femmes, l'argent du petit sac à main possède souvent une signification érotique. C'est en quelque sorte la réserve d'amour. Comme pour tous les objets, il faut encore ici observer la provenance de l'argent, l'endroit où on le reçoit et les circonstances particulières. qui accompagnent en général toutes les transactions monétaires. La nature du métal a évidemment une signification spéciale ; c'est précisément le moment de ne pas oublier que des choses importantes peuvent avoir une origine très modeste, par exemple une simple pièce de nickel.

Le rêve adresse fréquemment un avertissement curieux à celui qui dans la vie n'utilise pas ses forces et ses talents. Il le montre de préférence comme un homme particulièrement démuni, fréquemment gardé par une méchante et ténébreuse silhouette.

Il peut se faire que le rêveur soit en relation avec une *banque* qui est un symbole très moderne. De petits rêves relatent que des sommes imprévues ont été délivrées par des guichets de banque, ou bien encore ceux-ci ont payé en des monnaies étrangères et inconnues. Une banque étrangère a reçu de notre part en dépôt un certain capital et voilà que ce capital est bloqué. La banque symbolise alors les énergies en nous dont l'accès nous est momentanément interdit.

Parfois il est question de la banque régionale, ou de la banque nationale, qui est une centrale d'énergies internes. Celui qui peut y retirer quelque chose vient ajouter de nouvelles forces au monde de son activité ; si au contraire il y dépose des valeurs, il retire des énergies qui étaient jusqu'alors en circulation. Rêver d'un cambrioleur qui tente de pénétrer dans la banque par en bas, en perçant le plancher, est le signe qu'une attaque se produit contre notre réserve énergétique en provenance des profondeurs intimes, du monde de l'ombre, de ce qui nous paraît situé en bas. Nous nous demanderons : qui peut faire un vol dans notre réserve de forces ? Un autre se trouvait à la banque lorsqu'il y fut assailli par un homme armé d'un couteau ; il n'y a assurément plus de rapport avec l'argent. C'est son propre intérieur qui renferme cette énergie destructive et agressive. Le rêveur semble posséder des forces primitives dangereuses.

CHAPITRE XII

Formes et valeurs

Dans les rêves qui accompagnent le processus d'individuation, c'est-à-dire cette transformation de la personnalité qui s'effectue le plus souvent avec l'aide du conseiller, mais aussi en dehors de toute analyse, apparaissent fréquemment des figures géométriques et stéréométriques. Ces rêves se rapportent à la concentration des énergies psychiques en un foyer interne, aux opérations qui s'accomplissent à l'intérieur de cette enceinte. C'est ainsi que le rêveur voit par exemple l'architecture en *croix* d'un intérieur d'église qu'il ne connaît pas ou d'un bâtiment quelconque, sans autres précisions. On lui ordonne, ou bien il en prend lui-même l'initiative, de transformer le jardin en tous sens en partant de son milieu. En accomplissant ce travail, il fait le tour de son propre centre et acquiert une nouvelle expérience de son contenu. Ce chemin, ce parcours, peut aussi se faire d'une façon circulaire. Le centre et le cercle sont alors particulièrement significatifs. Il suffit d'avoir quelque connaissance des anciennes civilisations, pour mieux saisir le rapport entre ces rêves et les processions rituelles qui affectaient un trajet circulaire. Celles-ci faisant ainsi apparaître d'une façon tangible, par exemple sous la forme d'une place, sorte de Témenos, cet autre centre intérieur dont elles sont une allégorie.

Les *carrés* ne constituent pas seulement des matériaux de construction pour les édifices religieux chrétiens, mais ils sont connus également des cultes orientaux. Ce sont même ces derniers qui ont donné leur signification à ces figures géométriques, que ce soit le carré, ou le *rectangle* qui en est une expression moins parfaite, que ce soit le *cercle* ou encore cette surface ovoïde, le Mandala, au centre duquel peut se tenir la Mère divine, ou une autre divinité, non chrétienne.

D'ailleurs, dans ces carrés et dans ces cercles avaient lieu des cérémonies et des spectacles ; aujourd'hui, dans les rêves, l'arène est encore un endroit où s'affrontent le rêveur et les puissances psychiques de la vie. Ces puissances peuvent affecter non seulement la forme d'animaux — qu'on songe aux courses de taureaux —, mais également celle d'adversaires humains.

La signification du carré se rapporte aussi aux quatre fonctions psychologiques et d'une façon plus générale c'est naturellement un symbole d'unité, d'intégralité. Le concept de quadrature indique souvent la force féminine inconsciente de l'homme sous forme par exemple d'une ville rectangulaire, de fondations de maison ou de plancher de chambre dont le plan est à angle droit.

Le *cercle* est la figure dont le rapport avec le centre est le plus parfait. Il constitue une allégorie très fréquemment utilisée. On appelle cercle un groupement homogène quelconque comme une association de personnes dont l'intérêt, c'est-à-dire l'énergie psychique, est braqué sur un même objet. Les rêves dans lesquels on parcourt une circonférence ont un sens positif ; il en est de même de ceux où l'on se trouve à l'intérieur d'un cercle ; ils sont la preuve du maintien de l'énergie psychique, celle-ci possédant un centre créateur. Il peut encore être question d'un disque qui est exhumé et qui constitue également un symbole de perfection. Ou bien le rêveur regarde le cadran d'une horloge au moment de vivre certains événements qui se rapportent au déroulement du temps. La découverte d'un disque peut encore se faire sous forme de rond de lune et avoir trait au développement d'un aspect de vie féminin.

Tous ces rêves de carrés et de cercles sont d'une façon générale les indices qui révèlent une évolution de la personnalité vers son unité. On ne peut s'en tenir qu'à cette affirmation globale car dans le détail leur explication exigerait, à côté de connaissances très multiples, tout un développement de la psychologie des profondeurs où on en viendrait à traiter de sujets difficilement abordables.

Au carré et au cercle correspondent, dans l'espace, le *cube* et la *sphère*. Ces derniers ont la même signification que les surfaces qui s'y rapportent ; mais il y a en outre apport d'une nouvelle dimension. Le cercle et la sphère qui tournent autour d'un centre sont avant tout un symbole du dynamisme psychique. Au cercle s'apparente la roue ; elle apparaît fréquemment en rêve. Les rêveurs chez qui s'accomplit le processus d'individuation voient par exemple une magnifique boule sortir de terre, ou bien ils tiennent dans leurs mains un fruit parfaitement rond. On sait peut-être que certaines philosophies platoniciennes attribuaient à l'âme une forme sphérique. La boule lumineuse qui apparaît dans les grands rêves est probablement une représentation de cette âme parvenue à la puissance et à la lumière.

Le rêve du cercle touche allégoriquement à ce qui est en dehors du temps, il se rapporte à la figure du serpent qui se mord la queue, réalisation d'une unité avec soi-même. Dans les rêves où il est question de sphères, celles-ci représentent l'image de la terre, qui est la dernière unité matérielle accessible parmi la richesse des phénomènes.

CHAPITRE XXIII

L'église et les cultes

Les explorations modernes portant sur les rêves ont établi, non sans produire au début un certain étonnement, que l'inconscient humain possède une intense vie religieuse ; c'est particulièrement le cas d'ailleurs pour le non-religieux. La psychologie complexe est pour cette raison arrivée à la certitude que le besoin religieux fait partie des attitudes fondamentales de l'âme. Mais la psychologie des profondeurs a encore abouti à d'autres conclusions : des personnes, se trouvant dans l'impossibilité d'avoir eu certaines connaissances historiques et culturelles, rencontrent en rêve des aspects religieux, des images, des rites qui se rapportent à des cultes d'époques très reculées et parfois encore en honneur chez les peuplades primitives. Ce que l'histoire des religions et de la civilisation conserve scientifiquement, l'âme individuelle, véritable héritage vivant, en maintient la trace dans ses couches collectives.

Malgré tous les mouvements contraires, l'Européen actuel vit dans un monde dont la source réside autant dans l'Antiquité que dans le christianisme. Il y a aussi en lui bien plus de Moyen Âge que l'on pourrait croire.

Mais derrière ces aspects récents de son psychisme se situe une couche primitive à coloration religieuse qui semble émerger des premiers temps de l'origine de l'âme humaine.

Ce passé, ces archétypes religieux apparaissent en rêve lorsque notre situation ne peut s'exprimer que par cette allégorie primitive ; ils apparaissent parce qu'une vénération tout à fait humaine du nouménal, de ces forces archaïques insaisissables mais si sensibles par leurs effets, revendique ses droits imprescriptibles. Nous rencontrons ici les données fondamentales de la vie, et celles-ci revêtent l'éclat durable de la sainteté.

La lumière et le soleil, entre autres, sont célébrés et exaltés dans ces rêves parce qu'ils apportent le jour et la conscience, parce qu'ils dispensent la chaleur et déterminent la maturité. Les cultes du taureau et l'invocation des serpents fêtent une étrange résurrection ; des offrandes sacrées disparaissent dans les profondeurs de l'eau et de la terre pendant que la fumée monte rejoindre les divinités.

Tous ces rêves se caractérisent par le peu de cas qu'ils font des connaissances, voire de l'ignorance du rêveur pour l'histoire religieuse et culturelle. Celui-ci devrait évidemment avoir acquis un grand savoir pour arriver à une interprétation de tels rêves ! Les rites magiques qui communiquent la fécondité, les mystères de la transformation, le culte des morts, la vénération des puissances du « haut » et de celles du « bas » dans toutes les formes possibles de manifestations doivent être connus de lui. Il est naturellement impossible et d'ailleurs peu souhaitable de rassembler un tel savoir — dans la mesure des capacités de l'auteur — et de l'exposer ici en quelques pages.

Les rêves dont les sujets se rapportent au monde des symboles religieux et en particulier chrétiens sont plus nombreux qu'on peut penser. Ils montrent l'emprise, sur l'âme européenne, du christianisme et de ses formes d'expression.

Souvent le rêveur se voit sur le chemin d'une *église*. Ou encore il se trouve inopinément devant un grand dôme ou une petite chapelle de campagne. Il s'agit plus rarement de l'église du lieu natal avec laquelle existe un lien d'événements personnels, ou de celle aperçue au cours d'un voyage.

Quelquefois le rêveur est appelé à surmonter des obstacles. L'entrée de l'église peut lui être barrée ; la solution momentanée à ses conflits n'est pas celle qui passe par le chemin de l'église — peut-être parce que jusqu'ici il s'y est trop souvent réfugié sans réellement s'engager devant soi-même.

Mais il peut aussi rêver qu'il se trouve déjà à l'intérieur de l'église. Doit-il y entendre la bonne parole, cette « parole » qui le concerne particulièrement ? Ou bien faut-il qu'il apprenne à se recueillir dans le silence ? Il est en tout cas nécessaire qu'il rencontre les contenus religieux de l'existence qui sont embrassés par l'église. On retrouve ces rêves avec une fréquence particulière chez des personnes qui ont volontairement abandonné tout rapport avec la vie de l'église. Il convient de ne pas oublier qu'il s'agit rarement de l'église du lieu de résidence du rêveur ; c'est l'église des rêves, une église intérieure. Il n'est donc pas rare qu'elle ait une allure de *grotte*, endroit semi-obscur, celui d'une renaissance interne. On y retrouve assez souvent l'*eau baptismale*, symbole également de renouvellement. Il existe certes aussi toutes sortes d'objets qui n'ont pas leur place dans l'église chrétienne mais qui au grand étonnement du rêveur existent avec lui, ou mieux, en lui ; ils devraient avoir une place consacrée dans sa vie religieuse.

À l'occasion une *église démoniaque* fait son apparition, ou bien des suisses, voire des prêtres, se montrent dans des habits fort inconvenants. Ces apparitions diaboliques sont ressenties comme un blasphème, même par des personnes athées. Des choses obscènes peuvent avoir lieu dans de telles églises. N'y a-t-il pas chez un grand nombre d'individus un rapport étroit entre leurs désirs mal maîtrisés et une religiosité fausse et incomprise ? Il y a évidemment des interprétations plus profondes de ces rêves ; vouloir les exposer exigerait une dissertation axée sur l'histoire religieuse et qui ne serait pas pour autant accessible à tous sans de longs commentaires. Pourtant, après de tels rêves, le rêveur doit aussi s'occuper consciemment de son problème religieux. Il est particulièrement surpris lorsqu'il voit apparaître la dangereuse silhouette du diable, ne serait-ce que sous un aspect inoffensif. Et pourtant le *diable* n'est pas une rencontre nouvelle dans certains rêves. Ses couleurs sont souvent le noir et le rouge, signes d'une passion sobre et ardente, ou bien encore c'est un « diable vert », cette divinité négative de la végétation, dragon dévorant ou reptile sans âme. Il s'agit parfois d'un véritable Lucifer, dieu déchu de la lumière. De prime abord, ces rêves indiquent une situation mentale tragique.

Il peut se faire que le rêveur cherche quelque chose dans une église et ne le trouve finalement que dans le coin d'un jardin entouré d'un mur ; ou peut-être même rencontre-t-il un autel du plus pur style dans un endroit des plus fâcheux. Par ailleurs des rêveurs, à leur grand étonnement, ont trouvé l'« enfant » qu'ils cherchaient depuis si longtemps dans la lumineuse clarté des vitraux d'une église, ou dans les sombres pièces de sa crypte.

Un rêveur entra dans une église à moitié détruite et aperçut, à sa grande stupéfaction, un ensemble compact de parterres de fleurs. En effet, c'est à l'intérieur de l'église, au sens général du mot, qu'il a senti l'existence d'aspects essentiels de sa vie qui ont engendré un véritable renouveau psychique.

L'église du rêve peut être disposée en croix, dominant toutes les directions de la plaine. Il a déjà été question du symbole de la croix. De tels rêves ne sont pas rares. En dehors des renseignements fournis par la Bible, la connaissance de l'histoire des saints et des martyrs est indispensable pour l'interprétation de certains de ces rêves. À l'aide du contexte, le rêveur ramène souvent des souvenirs qui ont leur origine dans le catéchisme ou dans les premières explications religieuses qu'on lui a données. Remarquons en passant qu'il est très important de raconter aux enfants toutes ces histoires ayant trait à la tradition chrétienne, sans y ajouter les habituels aspects dogmatiques. Car c'est de l'authentique et profonde histoire humaine.

L'âme connaît les puissances de la vie. Elle se meut dans un monde de choses essentielles, si inoffensive, si mesquine que soit par ailleurs la conscience du « rêveur ». Elle possède également une haute conception des puissances que l'homme a désignées par « divines » puisqu'il a fallu les définir par un concept. Plus d'un rêveur pourrait apprendre par ses rêves que sa piété sentimentale et doucereuse méconnaît presque tout de ce Dieu mystérieux que saint Augustin a appelé *Deus absconditus* et dans lequel Calvin a reconnu le maître infaillible de la prédestination humaine.

Chaque religion a loué dans le Tout-Puissant l'auteur et le dispensateur de tous les biens terrestres, mais chaque religion a reconnu également son terrible pouvoir sur la vie et sur la mort. Un homme d'âge moyen, encore prisonnier d'une conception de vie insuffisante et ne correspondant pas aux réalités, a reçu en rêve une grande et effrayante leçon. Il rêvait qu'un de ses proches parents, dernier survivant d'une famille poursuivie par la malchance et lui-même victime d'une catastrophe il y a quelque temps, était étendu entre ses parents qui se penchaient sur son cadavre. Quant au rêveur, il se propose de rechercher *celui* qui a été la cause de tout ce mal. Il a l'impression qu'il en est tout près. C'est alors qu'au-dessus du cadavre mutilé et des parents gémissants le brouillard se lève en formant un cercle lumineux ; dans une sorte d'aura apparaît, il le devine aussitôt, le visage de Dieu. Il est intemporel, clair, bienveillant et cependant d'une effrayante sévérité. Le rêveur comprend soudain et crie dans un élan d'indignation : « C'est toi qui as fait cela ! — Oui, c'est moi ! dit alors le grand visage, car je fais la vie et la mort. » Puis il reprend encore une fois : « Je fais la mort et la vie. Tu ne devras jamais l'oublier ! Très peu arrivent à le comprendre. Ceux qui ne le comprennent pas n'ont pas besoin de le savoir. » Avec ce grand rêve visionnaire, le rêveur a fait une expérience religieuse qui influença d'une façon décisive le cours de sa vie.

CHAPITRE XXIV

De la mort

Le rêve a souvent un rapport avec la *mort*, ce qui n'est pas pour rassurer le rêveur. Car celui-ci pense y avoir reconnu les présages de sa propre mort, ou de celle de parents ou d'amis. Mais l'expérience qui s'est dégagée de milliers et de milliers de rêves petits et grands montre que la mort n'y annonce jamais une mort physique, qu'elle ne constitue donc jamais une prédiction funeste. Tous ces rêves dans lesquels on parle de la mort, dans lesquels s'accomplit en des images quelquefois très bizarres une lente *agonie*, où il nous faut nous-mêmes mourir ou participer à notre enterrement, n'attestent pas autre chose qu'une mort psychique ; lorsque nous avons rêvé du décès d'une personne, il s'agit de la mort de la relation avec cette personne. Ces rêves se présentent sous des formes extrêmement variées. Il peut se faire que nous portions brusquement le *deuil*. Alors il faut nous demander, au cas où nous ne comprenons pas le sens du rêve, pour qui ou pour quoi notre intérieur est actuellement en deuil. Il faut constamment pouvoir faire la distinction entre plan subjectif et plan objectif, spécialement en ce qui concerne ces rêves dont la plupart ne

peuvent être interprétés que dans un sens subjectif. Il
est très rare que nous ressentions sans une relation
personnelle qu'une personne de notre entourage est
intérieurement morte. Les rêves de mort concernent
presque toujours notre propre personne. Il s'agit
peut-être de la mort d'un amour dont nous voulons
encore ignorer le fait, amour qui redouble peut-être
consciemment d'intensité parce que nous sentons que
la vie n'y est plus. Il peut encore se faire que nous
soyons entraînés dans un processus de transfiguration
dont il est nécessaire que nous ressentions d'abord la
phase descendante. C'est particulièrement au moment
d'atteindre le faîte de la vie, lorsque plus ou moins
loin à l'horizon apparaît la sombre porte de l'au-delà,
que les rêves de mort nous aident à accepter l'inévitable, non pas seulement par une prescience angois-
sée et amère, mais clairement, et avec la conscience
d'y adapter notre façon de vivre. Il peut alors se faire
que la Mort, vivante silhouette, vienne nous trouver
dans notre appartement, comme jadis dans les danses
macabres du Moyen Âge. C'est ainsi qu'un rêveur
avait assez rudement chassé une telle apparition, d'allure jeune d'ailleurs et coiffée d'un petit chapeau vert,
qui entrait dans sa chambre à coucher. Quelques mois
après, la Mort est revenue, mais cette fois convenablement vêtue et coiffée d'un chapeau marron à larges
bords. Le rêveur se souvint en rêve de la précédente
apparition et se décida à dire « oui ». « Tu peux habiter ici », dit-il à la Mort dont le sourire était presque
maternel. D'après ce que nous savons du rêveur, qui
était entré dans la cinquantaine, il a consciemment
admis la mort dans son existence et acquis de la sorte
plus d'assurance dans la conduite interne de sa vie.

Il est plus grave de rêver de *cadavres* que de rêver
de mort tout court. Car un cadavre est plus que mort,
il ne possède pas la plus petite parcelle de vie. Le
rêveur peut en rencontrer un, tout à fait à l'improviste. On a peut-être ouvert la porte de l'armoire et

découvert, horrifié, un corps depuis longtemps mort à l'intérieur. Le cadavre peut se trouver dans la cave ou sous les combles. Quelquefois il partage la couche du rêveur. C'est ainsi qu'un homme se réveilla en rêve et découvrit deux femmes mortes entre sa femme et lui. Il s'agissait probablement de rapports depuis longtemps classés mais qui n'en continuaient pas moins, même morts, à le séparer de sa femme.

Le fait de découvrir un cadavre dans une valise qu'on transporte n'est pas le privilège des comptes rendus de tribunaux ou de romans policiers en mal de stimulant. Le rêveur peut être amené à faire la même constatation. Il s'agit de quelque chose de complètement mort qu'il traîne encore avec lui, qu'il aurait dû enterrer depuis longtemps ; est-ce qu'il ne sent pas qu'il y a danger d'infection psychique pouvant empoisonner toute son existence ? Les gens de son entourage ont en général compris la situation avant lui ; ils ne voient pas pourquoi il s'obstine à souffrir d'un échec sentimental vieux de plusieurs années ou d'un accident professionnel depuis longtemps réparé, pourquoi il ne peut pas tout simplement enterrer le passé.

Il se peut que le cadavre représente une conception de vie délaissée mais que nous continuons à soigner extérieurement ; nous lui sacrifions comme à une convention morte que l'on nourrit aux dépens de ce qui est indispensable, de la vie en cours. On peut aussi voir en rêve comment une personne se noie sous nos yeux, comment elle se tue ou est tuée. Une conversation détaillée avec le rêveur amène alors à reconnaître ce qui en lui est voué à une telle fin ; il s'agit de valeurs précieuses, de forces vitales qu'il aurait pu sauver s'il avait été plus attentif.

Il n'est pas rare de recevoir en rêve un *faire-part de décès* ; la nouvelle se présente le plus souvent sous une forme laconique, parfois assez bizarre. Il s'agit d'une annonce faite par l'âme à notre conscience qu'un contenu, celui qu'embrasse le nom du mort, s'est éteint. Ce nom est d'ailleurs souvent inconnu et ne peut être éclairé qu'au moyen d'associations.

D'après *Le Livre des morts* du Tibet, il faut apprendre aux défunts qu'ils se trouvent désormais dans un état de mort, que par conséquent ils ne devront pas revenir, qu'ils doivent s'en tenir à ce qui convient à leur condition. À l'inverse, des morts peuvent apprendre au rêveur qu'ils sont vraiment morts, que celui-ci doit maintenant les considérer comme tels. Ces communications viennent des profondeurs de l'âme afin de sauvegarder et de maintenir sa santé ; si l'homme ne les observe pas, s'il se révolte contre l'inexorabilité des réalités et veut garder ce qui ne lui appartient plus, il sera lentement envahi par un mortel sentiment d'inertie.

Il convient de se rappeler, quand on rêve de *cercueils*, que ces réceptacles de la mort sont fabriqués avec la matière de l'arbre qui est un symbole de vie. Ceux à qui la vue d'un cercueil à jamais fermé donne une trop forte émotion doivent savoir aussi combien cette dernière demeure ressemble fréquemment à un cristal. Peut-être que le mort s'en échappe pour entrer dans une autre existence, plus grande, céleste, transparente. Il arrive souvent en rêve que le cercueil ressemble à un bateau, mais souvent aussi c'est le bateau qui ressemble à un cercueil traversant la sombre mer de la mort vers de lointains et clairs rivages. Tout comme le cadavre, le cercueil avec le mort ne doit pas rester à l'intérieur de la maison. Il est arrivé à un rêveur de soulever une lame de parquet et de trouver trois cercueils ; il comprit la raison de la mortelle atmosphère dont sa vie était emplie.

Certains rêves relatent des *enterrements*, souvent avec des détails nombreux et impressionnants. Parfois aussi quelque chose de comique les accompagne. Chaque perturbation que le rêve apporte dans le déroulement du rite possède une signification particulière. Il faut bien observer les chevaux, la voiture, de même le cortège où l'on reconnaît souvent trois ou quatre personnes. Mais la grande question est : quelle personne ou quel objet enterre-t-on ici ? Si le rêveur se pose la question au matin et se rappelle que ce rêve désigne avant tout un de ses propres contenus psychiques, il lui sera possible de mieux se débarrasser de ce qui doit être éliminé pour commencer à vivre une existence plus claire, plus dégagée. Il peut évidemment s'agir d'un adieu authentique que certaines personnes doivent réaliser en elles-mêmes, elles seront prêtes ainsi à supporter le choc sans trop de danger pour l'âme, si l'insaisissable devait se présenter de l'extérieur.

Chacun de nous possède une *tombe* abritant un être bien-aimé, dans un *cimetière* plus ou moins lointain. Mais en nous existe également un cimetière, celui des illusions perdues et des adieux définitifs. Le sens des rêves de cimetières est clair : il est question de la demeure des morts. Celui qui se voit y aller est en réalité à la recherche d'un monde qui renferme encore quelque vie secrète pour lui ; et il y va lorsque la vie est sans issue, lorsque d'authentiques conflits existentiels le tiennent prisonnier sans lui fournir d'indications ; il demandera alors une réponse à ses questions sur la tombe de ceux qui ont emporté beaucoup de cette vie dans les sombres profondeurs de la terre. Le rêveur est assis au bord de la tombe, ou bien il descendra dans le caveau, c'est-à-dire dans la mort elle-même, pour y rester quelque temps. Il pénètre ainsi un grand et grave symbole car les morts sont puissants, ils sont « légion » — afin de reprendre vigueur par quelque chose qui semble inerte, mais qui est immense et prodigieux : car la mort aussi est vie. Souvent, comme Ulysse, le rêveur sort plus fort et plus courageux de cette aventure, de cette rencontre avec les personnages de l'Hadès. D'autres — que l'on songe à la conception des anciens Grecs selon laquelle les ombres des morts sont assoiffées du sang des vivants — restent en bas et se font sucer le peu de vie qui leur reste. La mort les tient déjà enserrés, eux qui avaient encore droit à la vie et dont les obligations quotidiennes exigeaient leur présence. La thérapeutique mentale de ces personnes est une entreprise souvent difficile, et l'on est tout reconnaissant lorsque ces rêves macabres font place à d'autres apparitions psychiques d'un caractère plus gai.

Les rêves de cimetières admettent plusieurs sens. Il y a des personnes qui doivent aller à la recherche d'une tombe parce qu'un certain problème se rapportant au défunt n'est pas encore résolu. D'autres y apportent des fleurs et des couronnes sans savoir pourquoi. Il y a probablement eu une régression, reflux de sentiments qui n'avaient pu se manifester convenablement dans le présent. Ces rêves sont particulièrement fréquents chez des personnes vieillissantes. Certaines se tiennent pendant des années sur une tombe trop précoce. Mais la vie ne permet pas qu'on s'arrête ainsi, même s'il devait s'agir du mort le plus digne d'amour ; si néanmoins une telle stagnation a lieu, la vie envoie alors les rêves de tombes et de cimetières les plus dangereux.

Il y a une très curieuse expérience que l'on ne cesse de faire, et dont nous ne priverons pas le lecteur. Celui qui a perdu un être aimé et qui a rempli toutes ces obligations qu'on appelle lettres de faire-part, funérailles, deuil, n'en continue pas moins à entretenir en lui toute une gamme de sentiments se rapportant au défunt. Au bout de quelques mois, nombreux sont ceux qui font alors le rêve suivant : le survivant trouve la personne décédée, par exemple au bord de son jardin, à la lisière d'une forêt ou dans une chambre désaffectée, couchée dans un simple lit et encore toute vivante. Il lui adresse la parole, heureux et surpris, et il peut se faire que le mort dise qu'il a été nourri par des enfants, des domestiques ou des femmes de paysans qui l'ont pris en pitié, c'est-à-dire par des forces qui n'appartiennent pas à la conscience. Le rêveur est alors tout heureux de colporter la nouvelle du miracle. Mais au même moment il apprend que le ressuscité est vraiment mort. Il a donc été amené à constater qu'en lui-même le disparu n'était pas encore décédé, mais qu'au moment du rêve, l'âme considère la mort de la personne bien-aimée comme un fait accompli.

Tous ces rêves témoignent combien ces phéno- mènes de la mort, de l'adieu, de la perte définitive, sont profondément enracinés en nous. La mort est un événement archétypique vis-à-vis duquel il faut avoir un comportement correct et adapté. Lorsque le rêve est empreint d'une atmosphère funèbre, lorsqu'on y entend des gémissements ou qu'on y aperçoit la pâle lueur d'une tombe, il convient encore une fois de se préoccuper sérieusement de l'opinion que le rêve se fait de ces douloureux événements, afin de parvenir à la paix intérieure. Car chaque chose doit être à sa place, la vie comme la mort, qui est aussi une façon d'être de la vie, et peut-être, malgré les ténèbres dont elle s'entoure, un passage vers une vie supérieure.

CHAPITRE XXV

Rêves d'animaux

Les rêves d'animaux sont fréquents, même chez des personnes qui ont perdu tout contact vivant avec cette forme de la nature. L'animal peut avoir disparu de leur champ de conscience quotidien, il n'est pas moins présent en eux ; leur corps possède de frappantes analogies animales, et leur âme contient tout ce que les ancêtres ont recueilli d'observations, ce qu'ils ont appris en mettant les animaux à leur service, en plus de tout ce que ces animaux peuvent refléter de comportement humain. Le fidèle compagnon de notre existence terrestre, l'animal, et son image, habitent, inexpugnables, notre moi, même et surtout si le monde de la conscience les en a chassés. L'animal vient à nous dans les rêves pour nous offrir sa silhouette et son comportement qui servent d'allégorie pour notre configuration psychique et notre propre activité.

Ces rêves nous relient à nos assises instinctives toutes proches de l'animalité, aux fonctions naturelles du corps et à la poussée de nos tendances. Nous ne réalisons jamais une complète autonomie vis-à-vis de l'animal. Il suffit simplement de songer que dans le ventre maternel le rapide développement humain connaît toutes les étapes de formes d'existence animales, que chacun par conséquent fait en somme une sorte de répétition à titre indicatif. C'est seulement après avoir passé par cette chaîne de souvenirs caractéristiques que l'homme en arrive à être plus et autre chose qu'un pur animal.

Par leurs caractères distinctifs, les symboles animaux sont capables d'exprimer l'orientation de notre activité, la qualité et la force de nos instincts. L'animal est devenu le symbole de ce qui en nous est dompté et de ce qui est resté sauvage, de ce que notre nature a de plus simple et apparemment de plus incompréhensible. Par ces allégories, nous pouvons reconnaître ce qui vole dans les cieux de nos pensées, ce qui marche sur la terre ferme de notre vie de tous les jours ou habite la forêt de notre inconscient ; il en est de même de ces contenus autonomes de l'âme enfouis en nous depuis des temps immémoriaux et qui se rencontrent parfois en rêve dans les sombres profondeurs aquatiques.

Le symbole animal est extraordinairement riche de significations et multiple dans ses déterminations. Mais l'expérience humaine montre que l'animal a la valeur d'un archétype collectif qui fait de lui un symbole universellement compréhensible.

Lorsque des animaux apparaissent en rêve, le rêveur devra chercher ce que ces animaux lui rappellent en particulier. À cet égard la jeunesse passée à la campagne en compagnie d'animaux a une grande importance pour l'individu, qui a pu de la sorte, au moins pendant quelques années, se rendre compte de leur façon de vivre et ne pas perdre ainsi tout contact avec son frère l'animal. Le fait de posséder un animal domestique, par exemple un chien, d'avoir été au zoo ou de lire des histoires de bêtes joue un grand rôle dans l'examen de ces rêves. On peut également se demander quels sont les animaux qu'on affectionne ou qu'on redoute, quels sont ceux que l'on hait spécialement ou qu'on ne fait que mépriser. Celui qui rêve d'animaux avec lesquels il n'a aucun rapport bien qu'ils se trouvent à sa portée, fera bien d'établir avec eux un rapport authentique. Qu'il regarde à nouveau comment est fait un cheval, qu'il lui « parle » ; s'il a peur des chiens, qu'il aille chez un ami possédant un chien qu'il aime beaucoup. Les ménageries et les zoos qui se trouvent à la porte des villes ont une significa-tion profondément psychologique dépassant de beau-coup la simple satisfaction d'une curiosité oiseuse ou l'assouvissement par les hommes de leur soif de domi-nation. Car il existe une relation caractéristique entre notre ménagerie intérieure et ces animaux qui, à l'instar des composantes animales du psychisme, sont renfermés et mornes ou bien peuvent s'adonner librement à leurs jeux et plaisirs sous les arbres de la vie.

Dans le concept « animal utile », celui-ci est entiè-rement rapporté au bien-être conscient de l'homme. Mais au fond l'animal n'a rien à voir avec ce bien-être. Par exemple, il n'est pas dans la détermination de l'abeille de sacrifier ses réserves à l'homme, ni dans celle des animaux à fourrure de lui fournir une enveloppe pour l'hiver ; de même encore le jeune ani-mal n'est évidemment pas destiné à se faire tuer pour être fraîchement servi à table. L'appréciation de l'in-conscient est plus généreuse dans son objectivité ; cet inconscient souligne beaucoup plus rarement le carac-tère d'une chose utile à l'homme. Bien que les ani-maux soient devenus pour lui des symboles pouvant exprimer des aspects humains, il a cependant conservé d'eux une image qui tient compte de la loi spécifique de leur être.

Il était un temps où les animaux étaient plus puis-sants que l'homme. Celui-ci était impressionné à la fois par leur assurance et leur puissance. Il a alors élevé ces créatures souveraines au rang de dieux et leur a attribué les capacités naissantes de sa jeune âme d'être humain. Il a fait d'eux les totems de sa tribu dont les armoiries de nos villes et de nos provinces sont un vestige. Le lion, le taureau et l'aigle sont les signes de trois évangélistes ; dans tous les pays, des jeunes gens se groupent sous l'emblème d'animaux pour aller « au-devant de la vie ». Le miracle des phénomènes de métamorphoses, ce miracle qui de la chenille paresseuse fait une larve léthargique donnant naissance à un délicat papillon, a profondément ému l'homme ; il est devenu pour lui une allégorie de ses propres transformations psychiques en lui donnant, en outre, l'espoir de se détacher aussi un jour des contingences terrestres pour accéder aux régions éthérées d'une lumière éternelle.

L'arche des rêves ne contient naturellement pas toutes les espèces animales — à quoi bon ? —, mais elle renferme tout de même bon nombre d'animaux sauvages ou domestiques, d'oiseaux, de reptiles et d'insectes dont la teneur symbolique fait plus ou moins impression, capables de servir à exprimer une situation psychique d'une façon particulièrement significative. C'est ainsi que dans ses rêves, à côté d'autres manifestations existentielles, l'homme a également mis l'animal au service de son introspection. S'il apprend à traiter correctement l'animal en lui, il acquerra en même temps une relation nouvelle, plus fraternelle avec les animaux de l'extérieur, qui remplissent l'existence à leur manière et selon un ordre spécifique. Les rêves d'animaux qui sont interprétés et consciemment acceptés par l'homme lui permettent de revenir et de mieux se retrouver dans sa propre logique instinctive. Il est par conséquent utile et nécessaire de connaître la signification des animaux du rêve.

Le *cheval* a de tout temps passé pour une des apparitions les plus nobles du règne animal. Son intelligence, sa rapidité, son attitude courageuse et distinguée, presque personnelle, ont toujours fait impression sur l'homme. Les zoologistes mettent l'accent sur le fait qu'aucun autre animal ne possède une coordination aussi différenciée du système nerveux et de la musculature, elle-même extrêmement variée à l'intérieur de l'espèce. Il est notoire aussi que seul le cheval bien traité fait bénéficier l'homme de ses étonnantes performances, alors que le même cheval négligé et maltraité, facilement effrayé, redevient ombrageux et sauvage. Le cheval devient ainsi à tous égards un animal psychique. Celui du rêve peut posséder toutes les qualités dont il a été question. Il se rapporte à tout ce qui correspond à sa nature et aux caractères que lui attribuent le mythe et le folklore. Il représente alors surtout l'aspect discipliné et achevé des impulsions instinctives, mettant l'individu à même d'atteindre ses buts naturels. Il a d'ailleurs l'ouïe fine, il est sensible, il répond à la plus légère pression, tout comme sa vivante incarnation. Si les choses vont bien, il forme avec son cavalier une unité qui est alors un bel exemple de l'harmonie des instincts et du moi. Lorsque cette relation est troublée apparaissent des chevaux qui se cabrent, des chevaux qui, parce que maltraités, se déchaînent et fuient dans les ruelles du rêve, aveuglés, effrayés par la mort. Ces rêves sont le signe d'un dérangement psychique dans la vie érotique du rêveur ; celui-ci fera bien de les considérer comme un avertissement sérieux. Il se peut aussi que le cheval du rêve fasse lui-même une mise en demeure ; il a dans un cas tiré le rêveur par la manche du veston, sur quoi celui-ci l'a poussé par la fenêtre ; mais cet acte ne lui a pas profité, comme le démontra par la suite la névrose naissante. Tout comme dans une légende ou un mythe, le cheval peut se mettre à parler. Ce remarquable animal psychique sait ce qui attend son maître. Le deuil et la misère ne lui sont pas étrangers. Par le Centaure, la puissance symbolisante de l'âme a créé un être qui tient à la fois du cheval et de l'homme. En lui se rejoignent l'agressivité de l'étalon et la noble humanité du savant Chiron. Certains dieux utilisent le cheval, tel Wotan son Slepnir à huit pieds.

Les *chevaux noirs* se rapportent à la mort. Chevauchant de sombres montures, des divinités démoniaques sèment la terreur sur les villes et les villages. Il n'est plus questions des côtés clairs et purs du cheval, ces sombres créatures n'ont plus rien à voir avec les chevaux du soleil qui tiraient le char d'Hélios. Elles sont devenues synonymes de misère et de destruction. Les chevaux noirs du rêve sont une forme de libido, de vitalité, qui s'interprète négativement. C'est le renversement de l'élan créateur, dénaturé et perverti. Le diable noir a un pied de cheval ; sous ses pas les sources ne jaillissent pas comme avec Balder, le dieu scandinave de la lumière et du printemps. Les rêveurs voient parfois des *chevaux blancs*. D'après notre expérience, ils possèdent en rêve une triple signification. Tout d'abord la force psychique qu'ils incarnent, devenue fantômale, atteste un manque de réalisme chez le rêveur, un détachement du terrestre et du naturel qu'il fera bien de prendre en considération. Mais il peut aussi s'agir d'une force spirituelle et créatrice qui, bien qu'éloignée des réalités, est symbolisée par le cheval ailé, tout proche des images archaïques ; c'est Pégase, essor du génie poétique. Enfin le cheval blanc est aussi parfois en rapport avec la mort.

Par contre, le *cheval bai* semble désigner le simple et solide instinct humain. D'ailleurs il s'agit toujours du cheval en tant qu'individualité, en tant qu'être isolé, s'il a trait à un aspect humain. Lorsqu'un troupeau de chevaux sauvages assaille le rêveur, il s'agit d'une nature indifférenciée et dangereuse qui ne connaît pas encore de culture érotique. Dans les rêves féminins cette situation révèle l'existence de poussées instinctives nombreuses venant aussi bien de l'extérieur que de l'intérieur. Le désir est cependant plus affiné, plus nerveux que dans les rêves où il est question d'un troupeau de bovins. Voici un rêve de jeune femme très significatif : en gravissant une colline, elle rencontre de jeunes chevaux en liberté jouant dans un pré qui se trouve sur sa gauche. Elle s'inquiète de ce que ces chevaux pourraient se mettre en travers de son chemin. C'est la crainte de voir son évolution entravée par les jeunes poussées érotiques. D'ailleurs elle était tout à fait ravie par la robe d'un bai brillant de ces beaux spécimens.

La *vache*, cet animal domestique patient et bon, apparaît rarement dans les rêves. D'un dynamisme restreint mais très endurante, elle constitue par sa simplicité et l'aspect de patiente énergie dont elle semble empreindre sa gestation, un symbole modeste exprimant le côté maternel et végétatif de la vie. Lorsque la vache se montre dans des rêves de femme, c'est presque toujours parce que la rêveuse manque de patience et de bonté, parce qu'elle n'est pas assez simplement une nature féminine, prête à enfanter et à allaiter, à vivre sans faste dans l'espace qui lui est dévolu. À côté de sa nature humble et soumise, la vache fait penser également à sa nourriture verte. C'est la raison pour laquelle un rêveur commettait une faute en nourrissant une vache à l'étable avec de vieux journaux. Il n'y a pas de nature, si patiente soit-elle, qui se laisse abuser par de telles plaisanteries intellectuelles. Chacune d'elles possède une sorte de primitive et inviolable sainteté dont le culte des vaches, aux Indes, est un témoignage vivant.

Combien de personnes n'arrivent pas à bout des problèmes que posent les puissances de leurs impulsions, ces forces de la terre qui poussent irrésistiblement à la procréation. Elles les refoulent dans l'inconscient où celles-ci s'amassent, prêtes à exploser ; ou encore ces personnes se livrent à ces forces, sans discipline et sans expérience, pour en être débordées et piétinées. Elles n'ont pas résolu le problème du taureau en elles, qui n'est d'ailleurs nullement facile à résoudre.

Voici les rêves où il s'agit du *taureau* et des sombres menaces de la voix du sang que symbolise le rouge — Bachofen a appelé le taureau « l'alpha de la nature », parce que la reproduction est son obligation première. Le taureau renferme une impulsivité aveugle et indomptée. Il symbolise l'excitation des sentiments orientés vers le sexuel, la vitalité en soi. C'est un animal de combat mais aussi un animal de culte. Car sa force est créatrice et les peuples antiques lui attribuaient des dons divins. D'un côté sa nature a quelque chose d'absorbant mais de l'autre elle recrée. Lorsqu'en rêve il poursuit le rêveur, lorsqu'il le menace de ses cornes, c'est le signe que des forces naturelles extrêmement vitales se sont déchaînées et essaient de l'atteindre ; il court le danger d'en devenir la victime. D'ailleurs les héros des mythologies ont toujours eu à lutter avec des taureaux sauvages ; en les tuant, ils ont essayé de faire disparaître leur propre sauvagerie au bénéfice d'une nature plus cultivée. Souvent cette rencontre se passe sous forme de corrida, comme dans certains pays méridionaux ; la plupart des rêveurs font ensuite état de l'angoisse qu'ils ont ressentie durant ce spectaculaire et sanglant sacrifice. Le taureau représente un échelon très dynamique, mais encore indifférencié et aveugle, du problème sexuel. Le cheval en est déjà une forme plus évoluée. Le fait, par conséquent, pour un rêveur de voir sortir un beau pur-sang des entrailles d'un taureau agonisant dans l'arène, constitue le signe d'une transformation intérieure. Les rêves de taureaux sont des indices favorables en ce qu'ils témoignent de l'existence de forces puissantes et prêtes à l'action. Mais ils dénotent aussi le danger car l'inévitable confrontation avec le taureau est un combat difficile.

Le *bélier* est également un symbole des forces farouches et créatrices de la nature, mais qui se rapproche déjà plus des problèmes de l'esprit. Il joue un grand rôle dans les mythes, surtout dans ceux de l'Antiquité ; il constitue aussi un important signe du zodiaque qui semble se rapporter au principe de l'ordre. Mais par contre il apparaît rarement dans nos rêves.

Les rêves où il est question de *porcs* sont bien plus fréquents, à la grande surprise du rêveur qui les raconte avec hésitation parce qu'il suppose qu'il s'y cache une « cochonnerie ». En dehors du fait que la constitution du porc ressemble plus au corps humain que celle de la plupart des mammifères, il faut reconnaître que l'inconscient humain lui accorde une place éminemment favorable. Il en est de même de l'âme populaire qui voit dans le petit cochon quelque chose de gai, qui porte chance. En rêve aussi, il constitue presque toujours un indice favorable. Comme chacun peut s'en convaincre en jetant un coup d'œil dans une porcherie où il y a des gorets, la lourde truie aux nombreuses mamelles est une mère heureuse et tout empressée à satisfaire sa bruyante progéniture. La truie était jadis consacrée à Déméter, déesse de la Terre, et aujourd'hui encore les rêves où elle apparaît possèdent un peu du doux éclat de sa tranquille maternité. Par contre, son partenaire, le *verrat*, et aussi le sauvage *sanglier*, se rapprochent naturellement du taureau quant à leur interprétation.

Le *chien* est, psychiquement parlant, l'animal le plus proche de l'homme. Il était déjà son associé au temps où l'homme habitait les cavernes. Il a souvent mis au service de celui-ci une inconcevable fidélité partout où son maître voulait bien le traiter avec douceur. Il sert à ce dernier de gardien, il lui montre la piste la plus cachée. Pour lui il se tourne contre les autres bêtes, il est son compagnon et ami, ce qui en fait un intermédiaire affectueux avec le monde animal en général. En rêve aussi il est devenu l'animal-frère, il symbolise l'animalité conciliée. Chaque fois que le rêveur est accompagné par un chien, ce dernier est le signe que le rapport avec les forces de l'inconscient est favorable. Les instincts forment alors un vis-à-vis harmonisé et sûr. Mais lorsque délaissé, et même martyrisé, le chien du rêve nous fait face, il est certain que nous nous sommes aliéné nos pauvres forces instinctives parce qu'elles ont été négligées et maltraitées.

C'est librement que le chien sert le mieux l'homme ; enchaîné, il est méchant et assaille férocement celui qui l'approche de trop près. Lorsque nous sommes en paix avec le côté instinctif en nous, par exemple avec l'instinct sexuel, le chien du rêve nous obéit fidèlement. Mais si nous nous sommes trop éloignés de notre animalité, le chien vient à nous, suppliant, posant sa tête sur nos genoux comme dans certains rêves de femmes. Aussi longtemps que nous refusons ce monde des instincts qui a droit à sa vie, le chien des rêves — parfois il y en a plusieurs — est méchant, ses yeux ardents reflètent une sourde passion. Alors nous n'osons pas continuer notre chemin parce que nous aurions à faire face en nous à cet animal devenu dangereux. Celui qui considère ses rêves avec sérieux essaiera, après ces rêves-là, d'adopter une attitude d'esprit mieux en rapport avec les problèmes soulevés par le symbole du chien.

Les rêves où interviennent des chiens requièrent pour leur interprétation le concours amplificateur de souvenirs qui retracent les rencontres avec cet animal domestique et de chasse. Les événements de la jeunesse sont particulièrement significatifs. Il faut aussi se demander à qui appartient le chien du rêve. Souvent c'est une femme qui amène vers l'homme un chien tenu en laisse. Le sens de ce rêve est clair. La taille et la couleur de l'animal sont également importants à considérer. Les significations que l'on attribuera à un petit roquet irrité, à un gros chien placide, ou encore à une pauvre bête négligée et abandonnée sur la route, sont évidemment très différentes. Les livres d'enfants aiment à raconter des histoires de chiens qui sauvent leur maître, empêchent un petit enfant de se noyer, sans se rendre compte de la profonde signification que possèdent ces récits moralisants. Cet animal qui nous remet en face de nos réalités instinctives sauve assez souvent des aspects très importants de notre vie inconsciente.

D'autres associations font pressentir que le chien peut également avoir des rapports avec la mort, qu'il peut constituer une sorte de guide vers l'au-delà. Dans l'Antiquité il était sacrifié à Hécate, la déesse de la nuit qui préside à ce qui s'ouvre et à ce qui se ferme. Il est alors un être crépusculaire qui habite le seuil de la conscience et de l'inconscience. C'est Cerbère, chien à trois têtes, qui surveille le passage du fleuve de l'Enfer. Dans le dernier grand mythe allemand (à côté du Prométhée de Spitteler où l'instinct est tué sous la forme d'un petit chien), Faust, par le truchement de Méphisto, qui était ce « contenu du barbet », accède au côté amoral, instinctif et jusqu'alors resté dans l'ombre de sa personne. Toutefois le chien, qui peut représenter pour l'inconscient ce côté sombre et désespéré de la vie, peut aussi constituer le début douloureux mais précieux dans les étapes d'une reconnaissance psychique.

Le *chat* est l'animal typiquement féminin. Il apparaît surtout dans les rêves de femmes, au moment où celles-ci ont besoin de prendre conscience des composantes félines de leur nature, dans lesquelles on peut reconnaître notamment un comportement non influençable et un manque de constance, de fidélité vis-à-vis d'un toi unique — car le chat est attaché à la maison, rarement à une personne. Le chat, c'est cet animal à la fourrure brillante qui crépite sous la caresse, qui fait patte de velours mais peut à tout moment faire bondir ses griffes ; cette petite bête ronronnant voluptueusement se rebiffe avec méchanceté l'instant d'après : toutes sortes de manifestations qui, d'après le témoignage des rêves, correspondent à l'irrationalité féminine.

Une rêveuse, qui avait juste vingt-sept ans, fit sortir

vingt-sept chats des manches de sa chemise de nuit !
Une autre femme, timide et qui affectait un air moral,
rêvait d'un bonnet en peau de chat qu'elle portait jour
et nuit. Les femmes ont souvent à se confronter avec
leur nature féline, *une* de leurs natures qui se reflète
dans les rêves. Le principal est qu'elles ne se mettent
pas à tuer leur chat !

Il apparaît à peine nécessaire de faire allusion aux
chats sacrés des Égyptiens et au fait que ceux-ci
connaissaient des divinités à tête de chat. Il ne faut
pas oublier non plus que le chat est un animal nocturne — la femme aussi a des attaches plus profondes
avec le côté indistinct et obscur de la vie, qui la diffé-
rencient de l'homme au psychisme plus rudimentaire.

L'homme est vexé lorsqu'il rêve du *singe*. Cet animal lui répugne ; tout au plus le trouve-t-il drôle ;
d'ailleurs il ne le connaît que par les zoos, les petits
cirques ambulants et par une foule de caricatures et
d'histoires courantes. Si on demande le pourquoi de
cette répugnance, il apparaît que c'est à cause de son
insolence, de son éternelle agitation, de ses agaçantes
criailleries quand il est en groupe, et surtout à cause
de son comportement indécent et trop lubrique. Avec
cela, le singe apparaît ridiculement vaniteux lorsqu'il
est en possession d'un bout de glace dont il ne veut à
aucun prix se séparer.

Mais il y a autre chose qui énerve l'homme lorsqu'il
observe les singes : c'est la ressemblance humaine, ce
qui n'est pas encore tout à fait humain. Le singe, c'est
« l'homme velu », notre « ancêtre » assorti de toutes
les caractéristiques dont il a été question à l'instant ;
il est pour lui une ombre dégénérée, une caricature
désagréable et dont il s'excuse. On a peur de ce singe
cupide et lascif en soi-même. À moins que nous soyons
encore des enfants innocents dont l'intérêt s'attache à
ses manières enjouées, c'est-à-dire des êtres non
encore engagés dans le combat sérieux pour une

authenticité humaine, sa rencontre est toujours une affaire pénible.

Car le singe du rêve tend à devenir homme ; rêver de lui équivaut alors à se rapprocher de cette possibilité, mais en passant par son côté méprisable.

Le singe, soit dit en passant, a un tout autre aspect pour les peuples qui le connaissent comme un animal libre, particulièrement agile et vivant. Ils admirent ses étonnantes capacités ; ils pensent que les dieux ont pour lui une préférence particulière. Ils voient même en lui la présence des dieux et des démons. Dans la mythologie hindoue, la grande épopée de Râmâyana fait du singe le sauveur de Dieu, au moment du célèbre passage du grand pont. Certains indigènes vont jusqu'à dire que l'orang-outan ne parle pas parce qu'il est trop sage !

Les rêves de singes sont un appel original en faveur d'un développement de la personne à la fois varié et étroitement lié à la nature.

Sous nos latitudes aussi on rêve d'*éléphants*. Cette montagne animale a de tout temps fait une profonde impression sur l'homme ; cette impression provient à la fois de récits historiques, de descriptions de voyages, de livres d'enfants, de sculptures, tout autant que de la contemplation de ces animaux prisonniers des jardins zoologiques. L'éléphant a plutôt en rêve une signification positive — les enfants aussi considèrent leur petit éléphant en peluche avec une affection et une tendresse spéciales.

En rêve, il peut apparaître devant la fenêtre, pénétrer dans la chambre, son grand dos peut se soulever brusquement dans le sol brun, ou bien sa trompe entoure le petit être humain d'une façon à la fois menaçante et protectrice. L'expérience apprend que le rêveur voit presque toujours en lui un grand principe maternel. L'éléphant, c'est notre mère, c'est la terre qui nous porte et qui se charge patiemment de nos fardeaux, mais dont le poids peut également nous écraser, dont l'étreinte peut ne plus se relâcher.

Avec ce grand symbole animal, la réalité terrestre approche lourdement et cependant à pas feutrés du lit du rêveur, de celui qui avait peut-être depuis longtemps besoin d'une conduite plus fortement réaliste. Cet animal est pour lui la manifestation par excellence de la puissance de la vie. Il fallait, parce que cette puissance ne lui était pas assez consciente jusqu'ici, qu'il fît la rencontre de cette « zone inconnue » au moyen d'un phénomène naturel qui ne pouvait pas passer inaperçu. L'allégorie sexuelle de la trompe, qui tient une place de choix chez beaucoup d'interprètes d'observance psychanalytique, n'est pas déterminante d'après notre expérience qui comprend un peu plus de cinquante rêves d'éléphants. Certains rêveurs indiquent qu'ils savaient en rêve qu'on ne devait pas provoquer un éléphant. La réalité aussi ne permet pas qu'on se livre à trop de fantaisies.

Le *lion* du rêve est également cet animal royal à la fois digne et sauvage. Tout comme en réalité, il s'agit encore d'une bête puissante dont l'énergie indomptable est pourtant souverainement maintenue, d'une force dirigée qui, lorsqu'elle s'exerce directement sur une autre créature, se révèle inexorable. Le lion est grand dans son calme, ardent et passionné dans ses désirs, impitoyable dans la destruction.

C'est un animal de la steppe brûlante, un symbole de l'immense puissance solaire, un être de feu. Il est entouré d'une auréole de crainte et de vénération. Symbole de chaleur, la constellation du même nom coïncide avec le moment culminant de la saison chaude. On le retrouve aussi très fréquemment dans les rêves de ceux qui ont atteint le point culminant de leur vie, qui doivent passer par les flammes de leurs feux intérieurs pour bien mûrir. Ils rencontrent alors souvent une énergie psychique indomptée avec laquelle ils ont à lutter comme les héros des mythes. C'est en regardant un lion — qui peut aussi bien être au-dehors qu'au-dedans — qu'un personnage de Gottfried Keller parvient enfin, en l'espace de quelques heures terribles, à la pleine maturité psychique. Mais ceci ne peut s'effectuer qu'au moyen d'une influence supérieurement puissante qui transcende aussi le temps. Ainsi le dieu à tête de lion, et le lion tout court, constituent en nous un maître de l'intemporel, un pressentiment d'une énergie éternelle.

Quand le lion s'avance dans nos rêves avec majesté, quand sa silhouette menaçante est prête à bondir ou quand sa magnifique tête apparaît dans le cadre des événements oniriques, il est certain que le symbole de la conscience instinctive exerce un tel ascendant sur le rêveur, qu'il n'est point besoin de savoir interpréter les rêves pour sentir la présence d'une énergie impétueuse qui tente de se frayer un passage vers une personnalité nouvelle et plus disciplinée dans ses instincts.

On comprend les rêveurs qui se réveillent paralysés par la terreur lorsque dans la jungle de leurs rêves un *tigre* essaie de les attaquer, qu'il passe silencieusement dans leur voisinage immédiat. Comme le vrai tigre, celui du rêve nous est hostile. Il représente un foyer de tendances devenues complètement autonomes et sans cesse prêtes à nous assaillir à l'improviste, à nous déchiqueter. Sa puissante nature féline incarne un ensemble de poussées instinctives dont la rencontre est aussi inévitable que dangereuse ; cette nature est plus rusée, moins aveugle que celle du taureau, plus féroce que celle du chien sauvage, quoique également inadaptée. Ces instincts se montrent sous leur aspect le plus agressif parce que, refoulés dans la jungle, ils sont devenus complètement inhumains.

Pourtant le tigre fascine ; il est grand et puissant, même s'il n'a pas la dignité du lion. C'est un despote perfide qui ne connaît pas de pardon. Voir déambuler un tigre dans ses rêves signifie être dangereusement exposé à la bestialité de ses élans instinctifs.

Dans les parties septentrionale et centrale de l'Europe on rêve assez souvent d'*ours*, en tout cas plus souvent que de lions. Si le lion est un animal typiquement masculin et parent du soleil, l'inconscient humain attribue par contre à l'ours des qualités féminines. La raison en réside probablement dans l'aspect chaud et maternel de sa fourrure brun terre, la forme trapue et ronde de son corps, et peut-être aussi dans son comportement vis-à-vis de ses petits. L'ours est très tôt devenu une divinité, celle des grottes et des buissons, bien qu'il ait été abondamment chassé. Ce grand symbole animal de la féminité appartient aux profondeurs de l'inconscient. Ce n'est pas par hasard qu'on a placé les ours dans une fosse où ils sont d'ailleurs très gâtés. Dans les contes, l'ours est souvent une personne ensorcelée particulièrement distinguée, par exemple un prince. Jung déclare, se fondant sur son expérience des rêves : « L'ours peut également figurer l'aspect négatif de la personnalité trop ordonnée. » Il renferme donc quelque chose de dangereux en même temps qu'une certaine valeur qui demande à être réalisée. Mais dans l'interprétation de ces rêves on retiendra avant tout le caractère féminin et terrestre de cet animal.

Il est notoire que même les dompteurs les plus adroits arrivent difficilement à maîtriser le *loup*, qu'on n'a jamais pu le faire plier à une exigence humaine ; l'homme n'a donc aucune relation avec cet animal qui peuplait encore l'Europe il y a quelques siècles à peine. Un grand nombre de noms germaniques comme Wolfgang, Wolfhart, sont là pour l'attester[1].

Si un rêveur rencontre des loups, la tâche presque insoluble lui incombe de trouver un arrangement avec ce loup en lui, de le contrôler, de ne pas le laisser déborder des steppes de son psychisme dans les

---

1. En allemand, *Wolf:* loup. *(N.d.T.)*

régions de culture. Il en résulte souvent une tension intolérable ; *Le loup des steppes* de Herman Hesse en donne un exemple. Les contes et les histoires relatent que des hommes, obsédés par leur nature de « loup », se sont transformés en loups-garous pour hanter leurs semblables. Dans les contes, le grand chasseur et le petit enfant prudent viennent à bout du grand méchant loup, cette partie féroce de l'inconscient.

Voici d'ailleurs un rêve qui donnera une idée de la frayeur que peut inspirer la rencontre nocturne avec un loup. Se trouvant sur le chemin de l'église pour y entendre un sermon sur le problème de l'esprit dans le saint sacrifice de la messe, le rêveur s'avise de rendre une visite à son petit jardin d'acclimatation dans la cour de l'abbaye. Il était armé d'un fouet et vit une série de petits loups parqués dans des cases. Content d'avoir ainsi fait de l'ordre, il se retourna tout par hasard. Il vit alors une énorme louve, de couleur gris acier, qui le regardait fixement : le fouet lui tomba des mains, il se sentit perdu — et avec un cri qui réveilla ses camarades officiers, il termina le rêve le plus affreux de sa vie.

Il arrive que des *souris* passent rapidement et silencieusement dans le cadre de nos rêves. Ou encore, comme dans les vieilles maisons, on les entend ronger et entamer dangereusement les plafonds, l'intérieur des murs, voire un endroit des plus inattendus. Ce qui frappe dans cet animal désagréable, ce sont ses déplacements muets et — vue sous un angle humain — son activité avide et destructrice. Car il dévore en secret le blé, notre pain vital, et détruit les racines et les plantes. Partout il attaque et vole la précieuse substance vitale. Les hommes pressentaient déjà très tôt que la souris — de même que le *rat* qui en est un proche parent — était capable de transmettre des maladies, comme par exemple la peste. C'est pourquoi l'aspect de ces petits animaux voraces remplit l'homme de dégoût et d'horreur. Il y a toujours eu des années où ce petit voleur des champs représentait un véritable fléau, semant la famine et la misère. Même sur un plan objectif, les rêves de souris et de rats sont toujours défavorables. Quelquefois seulement la petite souris du rêve désigne quelque chose de gentil bien que de non dénué de danger. De même aussi ce mot est devenu une expression de tendresse dans le langage inconscient de l'amour. Il y a même des hommes mariés qui parlent de leur « souris » ! Sur le plan de l'allégorie corporelle, elle désigne parfois l'organe sexuel féminin dans les rêves de jeunes hommes. L'autre aspect, celui du désir qui ronge en secret, est cependant beaucoup plus répandu. Très souvent, ces rongeurs clandestins signifient tout ce qu'il y a en nous de soucis indistincts, de peines cachées. Des souris apparaissent en rêve si la conscience ne sait pas ce qui ronge les forces de l'âme. Leur couleur peut être le gris clair, le rouge vif (qui désigne presque toujours les impulsions sexuelles), ou encore — comme dans le délire du buveur — le blanc. Elles viennent le plus souvent en nombre. Comme elles sont, sur le plan subjectif, une représentation d'un état de notre âme, cette multiplicité nous rendra compte que certains aspects de ce psychisme, dissociés en parties distinctes et voraces, se promènent dans les greniers obscurs de notre vie. Encore un phénomène auquel l'interprétation attribuera un sens négatif. L'apparition de cette multiplicité grise, rouge ou blanche, crée un sentiment de peur, celle de se voir attaquer et de perdre la substance de la vie, de l'esprit.

Il convient aussi de citer le fait que les Grecs connaissaient un Apollon lié aux souris qui tirait les flèches de la peste. On pensait également que ces animaux étaient les porteurs des âmes des morts, parce qu'on les voyait sortir des tombes où étaient entassés des vivres destinés aux défunts, voire ces âmes elles-mêmes, fines, insaisissables. Il y a des rêves où la

souris, délicate et transparente, n'a pas d'autre signification. Mais en général les rêves où elle apparaît ont
une signification défavorable, surtout s'il s'agit d'une
foule de souris.

Le *lièvre* est un animal beaucoup plus inoffensif. La
raison qui l'a fait admettre dans l'arche des animaux
du rêve ne doit pas être attribuée tellement à sa légendaire lâcheté — puisque la constitution de son corps le
prédestine à la course —, ni à sa qualité de rongeur. Il
s'agit plutôt du principe de procréation rapide et abon-
dante qu'il incarne à merveille. Il est parmi les animaux à sang chaud celui de la plus grande fécondité.
C'est d'ailleurs pourquoi on lui a attribué dans certains
pays la paternité des œufs de Pâques. Il fait par conséquent partie des symboles de la fécondité animale où
la pluralité est plus importante que l'unicité, où la
quantité l'emporte sur la qualité.

Les lièvres qui apparaissent en rêve (chez certaines
personnes il s'agit de lapins) indiquent une sorte de
petit printemps. Quelque chose de très vivant, mais
pas forcément précieux, a été fécondé chez le rêveur.
Nous avons cité plus haut le rêve d'une jeune femme
qui au sortir d'une longue période de stérilité intérieure vit en rêve un lièvre vert, un bélier rouge et
un cheval bleu qui sortaient tous trois d'une source.
Si on remplace ces symboles par leur valeur concrète,
on voit qu'ici le printemps est revenu, auquel même
l'esprit apporte sa participation.

Avant d'en arriver aux étonnantes performances
techniques de l'aviation actuelle, l'homme a toujours
été impressionné par les capacités de l'*oiseau* qui arrivait à s'élever dans des espaces à lui seul accessibles,
passant par-dessus les fleuves, les montagnes et les
pays. Ce n'est qu'en second lieu que l'homme a prêté
l'oreille aux voix de ces petits êtres dont certains, avan-
tagés par la nature, avaient un chant qu'il admirait particulièrement. Il a naturellement aussi observé leur
comportement amoureux et en a rapporté l'allégorie à

la vie sexuelle de l'homme. L'oiseau est ainsi devenu un symbole sexuel qu'utilise d'ailleurs mainte tournure du langage populaire.

On a de tout temps considéré l'air comme le milieu de l'esprit par excellence. Comme il est en même temps le milieu dans lequel évolue l'oiseau, celui-ci est devenu un être d'esprit, analogue à la pensée. Les oiseaux du rêve révèlent l'existence en nous de ces pensées qui nous préoccupent, celles qui volent vers nos semblables. Parfois elles sont fatiguées, on les maltraite, ou encore il leur manque la possibilité de se développer dans la douce chaleur de l'âme, leur nid. C'est ainsi qu'une femme, en proie à de nombreuses difficultés, voyait dans son rêve un oiseau transi de froid et presque mort. Comme elle sait qu'il a un rapport avec elle, elle le ramasse et le met contre son cœur. L'oiseau revient à la vie. Dans un autre rêve, il est question d'une sorcière qui veut arracher l'oiseau psychique des mains d'une jeune fille tremblante et timide.

Si dans un rêve — et le fait est courant — un oiseau voltige de-ci, de-là, se heurtant aux murs d'une chambre ou d'un grenier sans trouver d'issue, il est probable que le rêveur est animé par une pensée à laquelle il ne peut échapper, à laquelle il ne trouve pas de solution.

La croyance était très répandue à certaines époques que l'âme du défunt quittait son corps sous la forme d'un petit oiseau sortant de sa bouche. Le petit oiseau devient ainsi une allégorie en général pour l'âme qui s'éloigne de la terre. Certains oiseaux, aussi bien dans les mythes que dans les rêves, ont une connaissance approfondie qui englobe également celle des choses secrètes. Sur les épaules de Wotan chevauchant, les corbeaux murmurent à son oreille leur grande sagesse d'oiseau. C'est la connaissance de l'inconscient qui fait en grande partie la sagesse souveraine de Minerve. On lui a d'ailleurs adjoint le hibou, oiseau de la nuit.

Il est rare que des oiseaux zoologiquement définis apparaissent en rêve ; ce sont tout simplement des oiseaux, se distinguant parfois par leur couleur. Les exceptions sont constituées par l'*aigle*, le *corbeau*, le *paon* ou d'autres oiseaux analogues, le *pigeon* et la collectivité des p*oules*.

Partout où il plane sur notre paysage onirique, l'*aigle*, tout comme le lion dans la steppe, est un animal royal ; il est le seigneur des airs, un être puissamment ailé qui domine la voûte azurée de l'esprit. Quand il se rencontre en rêve, celui-ci a presque toujours une signification positive. Les pensées qu'il incarne sont grandes et élevées. Mais comme l'aigle est un oiseau de proie, il peut fondre sur toutes sortes de menues pensées et arracher ainsi dangereusement l'homme à ses occupations journalières. Il est bon que le rêveur en devienne conscient. L'aigle symbolise également le brusque saisissement, la passion consumante de l'esprit. Par ailleurs, il appartient aux régions élevées et libres de la nature. C'est pourquoi la situation était pénible pour ce rêveur qui vit un grand aigle bleu s'entortiller dans les fils de la clôture entourant son modeste lieu de travail.

Il est probablement significatif que l'aigle soit le symbole de saint Jean, le plus spirituel des quatre Évangélistes, et qu'il soit devenu l'emblème de nations.

Le *corbeau* est proche des ténèbres. Il survole les terribles champs de bataille, accompagné par de sombres nuages. Il devient ainsi un oiseau funèbre. Comme ce qui est ténébreux, ce qui touche à la mort peut annoncer le malheur, le corbeau est aussi un messager du malheur. Tel rêveur qui voyait s'approcher gentiment un corbeau pourvu d'une selle et d'un étrier aurait fort probablement dû s'asseoir sur ce corbeau, sur ce malheur, pour qu'il l'emporte justement un peu plus loin. Mais peu de gens en ont le courage, et ce rêveur, malheureusement pour lui, n'a pas utilisé cette seule possibilité qui lui restait. Le héros de la légende de Frithjof écoute tour à tour les conseils contradictoires de deux grands oiseaux, l'un blanc, l'autre noir. En lui se crée alors une lutte symbolisant le combat psychique entre les pensées claires et les pensées sombres.

La *colombe* est un symbole de l'amour ; c'est l'oiseau chatoyant et roucoulant qui accompagne Vénus. Mais ici aussi deux éléments s'opposent. D'un côté elle passe pour une créature douce, pour une force délicate, et de l'autre on l'élève à hauteur d'un symbole de l'esprit sacré.

Le *paon* et le *phénix*, cet oiseau mystérieux, ont une signification à peu près analogue. Par la magnifique coloration de leur plumage, ils expriment l'éclat et la beauté de l'existence. En outre, le phénix est un oiseau qui se renouvelle sans cesse sous l'action purificatrice du feu ; il est un symbole de renaissance.

Les *poules* se meuvent dans un espace plus commun. Elles caquettent également dans certains rêves et désignent alors une collectivité extravertie et spirituellement pauvre. Elles sont quelquefois prises d'une panique stupide, tout comme les idées emmêlées de certaines personnes un peu faibles d'esprit. Si quelqu'un rêve du tapage et des disputes intestines d'un poulailler, il devra comprendre que l'objet de ses préoccupations qu'il prenait trop au sérieux est par là ramené à sa juste mesure de cancan insignifiant.

Nous avons déjà fait allusion à plusieurs reprises aux rêves de *serpents* et à quelques-unes de leurs interprétations possibles. La fréquence avec laquelle les serpents reviennent en rêve, le moment en général effrayant de leur apparition et l'ambiance particulière dont il s'accompagne, de même que la profonde impression qui en résulte et qui se prolonge jusque dans la journée, laissent supposer que le serpent est un symbole onirique très important.

Mais les formes, de même que les situations toujours changeantes dans lesquelles on aperçoit le serpent du rêve, le soustraient d'ailleurs assez significativement à toute interprétation simple et définitive, elles font qu'il échappe complètement à une intelligence uniquement rationnelle.

Il semble que depuis un temps immémorial cet animal à sang froid constitue une des expériences les plus effrayantes mais en même temps les plus fascinantes que l'homme ait faites sur les animaux. Aujourd'hui encore il recule même devant un petit serpent inoffensif, soupçonnant en lui des forces inquiétantes. Car le serpent habite un domaine insaisissable de la nature. D'après l'histoire de la création relatée par la Bible, Dieu a fait du serpent l'ennemi de l'homme.

Le serpent menace l'homme de sa morsure venimeuse, il est capable de l'étouffer par ses enlacements puissants. Ses mouvements sont silencieux et ont lieu à même le sol. Ce sont des mouvements non pas rectilignes, mais tortueux, auxquels l'animal a légué son nom parce qu'ils sont caractéristiques. Il est capable de se dresser, sa nature de dragon écaillé et brillant peut affecter toutes sortes de colorations et de dessins. L'homme a remarqué de bonne heure que le serpent pouvait se détacher de son ancienne robe et prodigieusement faire réapparaître son corps neuf et souple. Lorsqu'il s'enroule, il semble que sa tête et sa queue s'unissent en un anneau étrangement vivant.

Le serpent des rêves constitue manifestement une image exprimant des forces très primitives, qui expliquent seules son effet puissant et durable. Le serpent est d'ailleurs un grand symbole d'énergie psychique ; l'expérience psychologique permet sans cesse de le constater. Celui qui voit un serpent en rêve fait la rencontre de forces provenant de profondeurs psychiques étrangères à son moi et aussi vieilles, pourrait-on dire, que cet animal préhistorique lui-même.

Jung dit : « L'apparition du symbole du serpent est toujours le signe que dans l'inconscient quelque chose d'important a formé une constellation », c'est-à-dire est en passe de devenir agissant. Cet aspect important peut être dangereux ou salutaire ; car le serpent du rêve possède une signification tout à fait ambivalente.

Parfois beaucoup de serpents grouillent, s'agglomérant en un tas ou se répandant brusquement de tous côtés. Ils indiquent l'existence de grandes forces psychiques dont l'unité ne s'est pas encore réalisée, une confusion de tendances primitives subsistant dans certaines couches du psychisme. Ce trouble se fait sentir jusque dans le comportement conscient.

Il peut se faire aussi que le serpent des rêves ait plusieurs têtes, sorte d'hydre mettant l'accent sur un problème de la vie qui s'est dangereusement scindé en plusieurs aspects.

L'énergie vitale inconsciente peut être animée d'un mouvement positif ou négatif. Mais elle peut aussi s'introvertir, s'enrouler comme un serpent, se mettre en une position de repos apparent ou véritable. Le rêveur est particulièrement impressionné par le serpent qui se met en circonférence ou en ovale, position dans laquelle il se mord la queue et forme un éternel circuit d'énergies vitales. Cet Ouroboros était chez les anciens le symbole de l'infini.

Parfois le rêveur met l'accent sur la couleur du ou des serpents. Il faut alors associer ce qui a été dit au sujet de la signification des couleurs avec le contenu symbolisé par le serpent.

La valeur rendue consciente par le rêve est particulièrement importante lorsque le serpent est d'or ou lorsqu'il porte une couronne dorée. Dans un conte, il y a un roi qui mange quotidiennement un morceau de serpent blanc afin d'en acquérir la sagesse : il apprend ainsi à comprendre la voix et le sens de toute création. Ce serpent blanc s'apparente à cet autre serpent, celui de l'esprit dont la couleur est bleu acier ; il émerge des profondeurs de l'âme, de ce monde des archétypes authentiques et permet alors à l'interprète de faire un très beau pronostic. Le rouge indique surtout les instincts sexuels, parfois c'est aussi un marron couleur de terre. Ce serpent se transforme souvent en phallus et devient ainsi l'organe créateur viril capable de se dresser. Chez les garçons et les adolescents, il convient d'interpréter celui-ci, de même que le serpent en général, comme une force sexuelle vivante dans les profondeurs. Dans des rêves féminins dominés par l'angoisse, il est un signe de peur de la rencontre avec la sexualité masculine.

Les rêves où apparaissent des serpents rouge et noir ou jaune et noir ont quelque chose de profondément inquiétant et appartiennent tels quels au sombre domaine de Satan. Ils sont un avertissement pour le rêveur qui devra se conduire avec prudence et sagesse. Il essaiera d'identifier ce qui s'approche peut-être de l'extérieur d'une façon aussi dangereuse. Par contre le serpent vert est celui de la végétation, plus inoffensif. C'est une allégorie de la vie élémentaire, de ses énergies. Noir, il peut désigner des forces psychiques complètement restées dans l'ombre. Tous ces rêves de serpents d'ailleurs ne doivent pas faire oublier le fait qu'il s'agit d'une créature extrêmement vieille, désignant par conséquent des contenus biologiques, psychiques et spirituels particulièrement archaïques.

Il est évident que lorsque des habitants de contrées méridionales rêvent de serpents qui sont pour eux une apparition naturelle, ces rêves doivent aussi à l'occasion être interprétés sur un plan objectif. Mais chez des personnes habitant des régions plus froides, qui voient rarement ou peut-être n'ont jamais vu de serpent en liberté, ces rêves semblent moins intelligibles ; il faut alors presque toujours procéder à une interprétation sur un plan subjectif.

Le culte des serpents qui caractérise mainte religion démontre que l'on a vu très tôt et un peu partout dans ces êtres caractéristiques se manifester un côté surnaturel, que l'on y a reconnu la marque du nouménal, du divin. Cela indique que le serpent n'est pas seulement cet animal qui inspire la peur et le dégoût, qu'il n'est pas seulement une expression d'énergies vitales à un échelon d'animal à sang froid, mais aussi une allégorie onirique de possibilités psychiques curatives et salvatrices. C'est pourquoi Esculape, le dieu de la médecine chez les anciens, était accompagné par un serpent enroulé autour de son bâton. La vue du serpent de bronze que Moïse dressait devant les Hébreux avait guéri ceux-ci lorsque, venant d'Égypte, ils traversaient un désert de pierres grouillant de serpents.

Certains rêveurs possèdent une sorte de serpent domestique qui leur appartient. Ce symbole a une valeur positive. Il y est fait allusion d'une façon touchante dans la partie du cahier des rêves de Gottfried Keller qui se rapporte à la période de Munich. La connaissance instinctive par l'inconscient de la bonne route à suivre est mise au jour d'une façon caractéristique par le petit serpent qui précède le rêveur sur son chemin. Mais la grande expérience psychique de la transformation intérieure, de la renaissance, a trouvé dans la mue du serpent une représentation allégorique particulièrement frappante.

Les rêves de *poissons* sont extrêmement fréquents. Ces animaux à sang froid sont muets et leur forme est étrange et belle. On les admire pour leur capacité de séjourner dans un élément dangereux et pour leurs mouvements caractéristiques. Cet animal si différent des autres, utilisé comme nourriture depuis les temps les plus reculés, a toujours fait une profonde impression sur l'homme.

On n'éprouve jamais entièrement le poisson comme un animal. Il occupe une position à part. Il en est de même en rêve. Un rêveur raconte qu'il a vu des poissons merveilleusement brillants dans une eau limpide. Il les pêche souvent d'une manière assez bizarre. Assis sur la berge, le rêveur tire vers lui le grand poisson avec une grosse corde. Les sombres profondeurs de l'eau lui ont fourni une nourriture. En tant que symbole onirique, le poisson représente avant tout un aspect de l'inconscient qui devient visible, l'eau étant le symbole de l'inconscient. C'est un contenu qui provient d'un monde situé au-delà de notre propre nature de créature à sang chaud. Cet autre que représente le poisson a quelque chose de fascinant. S'il est gros, il fait courir à la petite conscience le danger de la faire disparaître et de la dévorer. Ce sont alors d'immenses poissons qui menacent l'homme sur le rivage ; il y a en chacun d'eux un côté inquiétant, encore renforcé par les yeux vitreux si étrangement disposés.

On ne voit pas vraiment dans le poisson un animal, et sa chair ne passe pas pour de la viande parce qu'on ne sent pas chez lui l'élément instinctif si caractéristique des mammifères. C'est peut-être la raison pour laquelle il est souvent un aliment sacré, et probablement aussi à cause de sa provenance particulière. Pour la pensée chrétienne cet aspect sacré se rattache à la pêche miraculeuse et à saint Pierre le pêcheur. Il est en outre intéressant de noter qu'en grec, les mêmes lettres servent à désigner Christ et poisson.

Les rêves de poissons ont une valeur positive lorsqu'ils signifient acquisition d'une nourriture provenant des profondeurs psychiques, lorsqu'ils apparaissent comme le contenu de ces couches devenu perceptible, comme l'expression de leur énergie. La signification du poisson comme symbole de l'organe sexuel masculin est de moindre importance. Un grand danger est indiqué par le grand poisson qui habite les fonds obscurs et hostiles à la conscience. D'une façon générale, rencontrer cet animal aquatique en soi indique le contact avec des couches psychiques très profondes et des formes archaïques de l'existence humaine. Jung écrit : « D'un point de vue psychologique, l'identification avec les ancêtres humains et animaux signifie une intégration de l'inconscient, plus précisément un bain régénérateur dans la source de la vie où l'on redevient poisson, c'est-à-dire inconscient. » C'est pourquoi celui qui doit passer par une profonde transformation, comme jadis le légendaire prophète Jonas, est englouti pour quelque temps par son inconscient, par ce grand poisson à gueule de baleine. C'est sous un aspect rénové qu'il sera rejeté vers les clairs rivages d'une nouvelle conscience.

La *grenouille* et le *crapaud* ont une signification positive en rêve, bien que ces animaux amphibies inspirent plutôt du dégoût. Les différentes phases de leur développement, du frai à l'animal achevé, et aussi l'aspect humain de leurs petites pattes, font de ces batraciens l'allégorie d'un stade inférieur de transformation psychique. C'est pourquoi, dans les contes, la grenouille peut se changer en prince, le méprisable devenant quelque chose de respectable. La grenouille fait ressortir le côté vivant, tandis que le crapaud souligne plutôt l'aspect lourd et malaisé de la vie.

Le *crocodile* s'apparente au dragon quant à sa signification, mais il renferme une vie encore plus ancienne, plus insensible, capable de détruire impitoyablement celle de l'homme. Il est un symbole négatif, car il exprime une attitude sombre et agressive de l'inconscient collectif.

La *tortue* représente plutôt un être calme et qui se protège. Elle se rapporte au silence primitif, à cette partie de la vie qui se retire et se dissimule à l'approche du danger. En tant qu'allégorie du terrestre, la tortue conserve un certain caractère de sainteté chthonienne.

Le *coquillage*, qui donna jadis naissance à Vénus, est un symbole typiquement féminin ; d'un point de vue réaliste, il indique la forme de l'organe sexuel féminin et ce qui peut naître de lui. Le rêve, et aussi les associations, n'oublient pas de faire allusion au fait que la coquille renferme quelque chose de délicat, qui à son tour peut contenir un objet encore plus précieux, la perle. Le rêve où il s'agit d'un coquillage a presque toujours une valeur positive.

On pourra penser que dans la vie des rêves, certains animaux de petite taille ne revêtent pas une grande importance. Pourtant il se peut qu'en regardant de plus près, l'on découvre des *araignées*, des *coléop-tères*, des *fourmis*, des *abeilles* et des *guêpes* ; il y a peut-être même un joli papillon qui plane béatement dans la douce lumière de l'été. L'*araignée* a eu de tout temps deux genres de contemplateurs — les uns la regardaient tisser sa toile artistique, les autres la voyaient se tenir perfidement aux aguets, prête à fondre sur qui se fourvoierait dans ses filets.

Des conversations destinées à éclairer la signification de l'araignée du rêve mettent ces deux aspects au jour. D'un côté l'araignée est cet animal habile et artiste qui s'entoure de superstitions protectrices. Son travail rétiforme devient le symbole d'une centralisation intelligente des énergies psychiques. Son œuvre impressionne ; mais de l'autre côté elle éveille la répulsion parce qu'elle guette et enlace, parce qu'elle a le « mauvais œil ». Elle est de la sorte devenue le symbole de la femme ensorcelante, de cette virago satanique dont le but réside dans la destruction du mâle. Dans *L'Araignée noire*, Gotthelf a magnifiquement exposé le lien de l'araignée, de la femme et du diable vert, touchant assez fortement le lecteur par cette évocation d'associations archétypiques. Souvent un rêveur voit une pièce pleine de toiles d'araignées, ou encore il se « trame » quelque chose dans un coin peu remarqué de sa chambre, c'est-à-dire en lui et indépendamment de sa propre volonté. De tels rêves obligent à une grande vigilance.

Parfois aussi le diagnostic populaire « avoir une araignée au plafond » est rendu visible par une araignée s'affairant dans un coin inaccessible du plafond.

Celui qui voit en rêve une grosse araignée a presque toujours l'impression désagréable d'un monde qui ne lui appartient pas. L'araignée et l'insecte se rapportent en fait au système nerveux qui n'est pas sous la dépendance de la volonté consciente. Ils semblent symboliser un événement se reliant au système neuro-végétatif. Les insectes se rapportent à notre moelle épinière. C'est le cas de la *fourmi*, de son picotement et de son fourmillement, de sa multitude inquiète qui se disperse de tous côtés comme les nerfs du grand sympathique. Les rêves d'insectes se rapportent souvent à des troubles du système végétatif.

Les rêves où apparaissent des *abeilles* sont rares et plutôt positifs.

Par contre la *guêpe* a toujours une signification négative. Celle-ci vient de son bruit d'ailes strident, du fait qu'elle attaque et ronge les fruits du jardin. Mais c'est la coloration de son corps, aux anneaux noirs et jaunes, si vivement accusée, qui est particulièrement symbolique. Le noir et le jaune sont les couleurs du diable, figurant le brusque changement de la lumière solaire et des ténèbres nocturnes. En outre l'opposition de sa taille fine et de son gros abdomen a quelque chose d'inquiétant. Les contrastes engendrent la peur, spécialement celui du noir et du jaune. La guêpe du rêve appartient à ces petites bêtes qui font peur à l'homme.

Il est des rêveurs qui rencontrent sans cesse des *coléoptères* ou des *vers*. Il y a des coléoptères très inoffensifs qui suivent tranquillement leur chemin à l'abri de leur ronde carapace. Ils n'ont rien à faire dans la chambre du rêve. Aussi lorsqu'un rêveur en rencontre un dans sa maison, il s'agit de parties isolées de l'âme qui effectuent une « promenade » insolite, ou encore c'est une excitation nerveuse. Parfois le rêveur découvre ces petites bêtes à la racine des plantes de son jardin. Un homme d'âge moyen dut ainsi reconnaître qu'un coléoptère s'était niché dans les racines de ses plantes spécialement bien soignées qui avaient commencé à se faner. L'amplification du rêve montrait que ce parasite n'était autre qu'une relation amoureuse insuffisamment prise en considération par cet homme dont la nature végétative était ainsi attaquée à la base.

Les rêves de *hannetons* sont plus gais. Une jeune dame un peu austère reçut en rêve l'ordre d'étudier les hannetons. Il s'agissait manifestement d'un exercice de printemps qui comportait aussi l'étude de la métamorphose, cette transformation qui part de ce qui est larvaire pour aboutir aux aspects de grouillante multiplicité caractéristique des sentiments printaniers. Le rêve de cette jolie fille mettait l'accent sur les énergies qui étaient prêtes en elle à prendre leur envol. Il était par contre angoissant de constater pour une rêveuse par ailleurs intelligente, que tous ses meubles et toutes ses boiseries étaient rongés par les vers, que matelas et tapis étaient la proie des mites, que tout semblait voué à la vermine. C'était là une manière saisissante pour le rêve d'exprimer la situation héréditaire désastreuse de cette famille.

Les *monstres* et les autres animaux *fabuleux* n'existent pas en réalité ; jamais et nulle part la nature n'a créé tout d'une pièce de telles créatures. Mais l'âme, dans sa tentative de représenter adéquatement sa puissante nature appartenant à des domaines multiples, n'a pu renoncer à ces figurations bizarres et toujours impressionnantes.

Chacun connaît de telles représentations qui viennent de la mythologie égyptienne, babylonienne ou grecque — les sphinx, les divinités à tête d'épervier ou de chacal, les hommes-taureau, les hommes-lion, la race sauvage des centaures ; les séduisantes sirènes, ces pucelles au brillant corps de poisson, sont presque devenues une image populaire, de même que Pan, le dieu aux pieds de chèvre, et les harpies, monstres au visage de femme. Le peintre Böcklin, dont l'imagination se rattachait directement à ce flux d'images antiques, n'a pu faire autrement dans un siècle qui se dit réaliste que de recréer ces êtres pour leur conférer le brillant éclat de la beauté. Il a évidemment à peine réalisé le côté inquiétant et dangereux de ces créations picturales. Les gens d'aujourd'hui sont par contre terriblement effrayés lorsque dans un grand rêve ils voient émerger un monstre, qui contraste singulièrement avec leur petite existence. Il émerge d'ailleurs vraiment des couches les plus profondes de l'âme. Ces couches ont puissamment uni en un seul être ce qui est d'habitude séparé : l'homme et l'animal, parfois aussi l'homme et l'arbre.

L'apparition du monstre annonce de grands contenus psychiques qui se situent évidemment très loin de la conscience. Ces animaux fabuleux sont le réceptacle de forces psychiques profondes et souvent féroces qui en font une image extrêmement chargée d'énergie, ils sont une expression incompréhensible et insaisissable de la vie. Aussi bien que le géant des forêts, l'homme-serpent ou le dieu hindou des éléphants, ils n'ont pas de place dans notre vie consciente et quotidienne.

L'interprétation de ces personnages inhumains est difficile. Elle est intuitive et leur signification ne peut être saisie qu'en passant par les mythologies qui sont leur patrie véritable. On peut évidemment pressentir ce qu'est un homme-lion si on sait ce qu'est une nature d'homme vigoureux et si on connaît le sens que possède l'image du lion. Mais il ne faut pas penser à additionner simplement l'homme et l'animal en question. Car les deux ordres de phénomènes ont des effets combinés et sont devenus une figure unifiée. Tout ce que le rêveur peut faire est de constater que des éléments importants en lui sont agissants sous une forme qui n'appartient pas encore au domaine humain mais qui a déjà dépassé celui de l'animal.

Au cours de la consultation analytique, d'ailleurs, ces monstres se transforment peu à peu en animaux réellement existants et en hommes véritables. La force que renfermaient ces créatures fascinantes et effrayantes se libère et afflue à la conscience. La personnalité du rêveur s'en trouve considérablement accrue.

Un homme ne sait que faire d'une divinité aquatique ; c'est plutôt elle qui l'attirera, qui le fera « sombrer » dans le royaume des flots de l'inconscient. Mais lorsqu'elle sera devenue une femme véritable et que le rêveur verra réellement nager dans l'eau le poisson qui était en elle, il sentira qu'il s'était agi en lui d'une créature psychique féminine, d'une ensorcelante *anima*. Il sera libéré du danger d'un ensorcellement involontaire. La vie extérieure a sa raison d'être, indépendamment de ce qui habite à l'intérieur, dans les insondables profondeurs de l'âme, sous une forme si caractéristique, si grandiose et en même temps si incompréhensible.

Le *dragon* appartient également à la catégorie des monstres. Mais il a toutefois laissé parmi les animaux actuels, vestiges peut-être d'un monde disparu de sauriens, deux reproductions de cet ordre de reptiles : le crocodile, un peu moins dangereux, et une créature tout à fait inoffensive, le lézard. Lorsque ces deux animaux apparaissent en rêve, le dragon n'est pas loin.

Bien qu'il n'y ait plus aujourd'hui de tueurs de dragons qui soient célébrés pour leur héroïsme, il faut pourtant dans certains rêves supporter l'aspect de ces animaux terribles et accepter de lutter contre eux.

Le dragon est l'image archaïque des plus primitives, des plus froides énergies, de cette vie au caractère dévorant qui semble depuis toujours habiter les sombres grottes qui dominent les artères vitales de l'homme. Souvent il représente à lui seul l'inconscient aussi longtemps que nous ne possédons pas de pont accédant à ce dernier. Il suffit d'avoir connu de nombreux destins humains pour savoir combien il est fréquent que les hommes soient engloutis par leurs instincts, leurs désirs et leurs complexes inconscients. Ils sont livrés aux furies de leur nature archaïque. Ce n'est que pour celui qui s'explique à fond avec les puissances du psychisme, que la lutte avec le dragon, dans le champ individuel de la vie, est le plus souvent

victorieuse. Alors une partie des énergies inconscientes est conquise par l'homme et peut lui servir à
créer, à maîtriser puissamment la vie. Alors il aura
gagné le trésor que gardent les dragons de presque
toutes les mythologies ; il aura délivré l'âme, cette
vierge que le dragon tenait prisonnière. La lutte avec
le dragon est également un symbole désignant le fait
de devenir véritablement adulte ; il peut se faire que
le dragon qu'il s'agit de vaincre désigne plus particulièrement la mère dont l'amour puissant et tyrannique
retient les enfants de force. Il représente aussi parfois
la très vieille « tradition », ce monstre dont les dents
acérées dévorent tout ce qui est jeune, *nouveau et
créateur*.

Avant toute différenciation en bien et mal, les
hommes ont vu la vie végétative sous forme d'un grand
dragon vert. Croissance vertigineuse en tous sens
et destruction impitoyable, voilà bien deux aspects
essentiels de la végétation. C'est pourquoi le dragon
peut signifier cette végétation sauvage, envahissante
et destructrice. Longtemps avant que les médecins
aient reconnu, que le rêveur lui-même se soit aperçu
que son compagnon de vie était atteint d'une maladie incurable, l'âme de ce rêveur connaissait déjà le
malheur commun. Il vit un grand dragon vert dévorer lentement une silhouette humaine qui lui semblait avoir les traits de la personne aimée. Il pensait
à la possibilité d'un secours, mais il savait bien que
personne n'était capable d'enrayer l'action de cette
effrayante nature, qu'il devait l'accepter.

CHAPITRE XXVI

Les plantes, les fleurs et les fruits

À l'encontre de ce qui semble se dégager de l'histoire naturelle, la plante semble posséder en rêve un contenu symbolique plus profond et plus évolué que l'animal. Tandis que l'animal est avant tout l'expression de nos instincts et de nos convoitises, la plante, réserve faite de quelques exceptions évidemment, est avant tout l'allégorie de ce qui en nous est calme, naturel, et évolue vers un équilibre harmonieux de la personne, conformément à la loi interne. La plante exprime des contenus psychiques qui plongent leurs racines dans le fond obscur de l'existence. Tronc puissant, tige membrée ou brin d'herbe flexible soutiennent et projettent vers le ciel, c'est-à-dire vers le domaine spirituel, la formation multicolore des feuilles et des fleurs. C'est à travers le tronc et les branches que les sèves montent de la sombre profondeur, se transforment et alimentent tout l'organisme. Elles rendent possible le miracle de la floraison ; la construction des fleurs, c'est-à-dire l'agencement ordonné des pétales et leur coloration, peut symboliser certains états psychiques. Naissant dans la fleur, le fruit est un gage de vie nouvelle. Le circuit des différents états végétaux est une allégorie pour le circuit du développement psychique dont la plante est une image particulièrement typique.

La plante semble obéir patiemment à ce qui lui ordonne de croître, de fleurir et de fructifier. Elle remplit le destin qui lui a été donné et n'a pas d'autre prétention que de devenir ce qu'elle est. Elle reste attachée au même emplacement et poursuit là sa silencieuse réalisation. Tous ces faits élèvent la plante à hauteur de symbole exprimant la croissance psychique, enveloppée souvent d'un parfum spirituel si particulier.

En dehors des plantes utilitaires, il est rarement question en rêve de genres déterminés. Il s'agira plutôt d'un parterre de fleurs entier, ou de tout un paysage printanier en pleine floraison ; de grands arbres se trouvent sur les collines, protègent de leur ombre puits et fontaines. L'automne s'annonce dans le jeu multicolore des feuilles des buissons et des forêts, sans autre précision. Des plantes se fanent lentement parce qu'elles manquent d'eau. Tous ces aspects ont une signification qui se rapporte à la vie humaine et sont d'ailleurs faciles à interpréter comme tels.

Les *fleurs* ont de tout temps apporté leur témoignage de beauté en réponse à l'admiration et à l'amour que l'homme leur prodiguait. Lorsque des fleurs éclosent en rêve, lorsqu'un bouquet coloré nous est offert, quelque chose de positif vient à nous, c'est un bouquet de sentiments, un tout en lui-même harmonieux.

D'une façon individuelle, on nomme avant tout les *roses*, et aussi les *nénuphars*. Les *pensées* ont évidemment une signification particulière. Dans les pays alpins on cite l'*edelweiss* et le *rhododendron*.

Les rêves de fleurs font naturellement allusion à des événements très personnels, par exemple à un certain jardin, à des plantes vues au cours d'une promenade ou à celles qui se trouvent dans une chambre, aux fleurs d'une tombe.

Dans la plupart des rêves cependant plantes et fleurs restent un symbole général. Lorsqu'il est question de fleurs fraîches aux couleurs flamboyantes, elles expriment des aspects clairs et rayonnants ; lorsqu'elles se fanent, quelque chose se fane aussi dans la vie du rêveur. Tout ceci tombe sous le sens.

La *rose* fleurit aussi dans le jardin des rêves et y déploie sa beauté aux multiples aspects. Sa richesse est magique, elle comprend tout ce qui est sentiment et élévation, annonçant en même temps une grande spiritualité. La plénitude de ses pétales et de sa fleur atteste la richesse de l'âme. La construction de la fleur est une représentation imagée de ce qui appartient à la plus haute perfection. C'est pourquoi elle peut convenir à exprimer ce qui est divin et sacré ; il ne faut pas oublier d'ailleurs les épines qui font pressentir la proximité de la croix. Les rêves de roses annoncent presque toujours quelque chose de magnifique. Mais le courant contraire du bonheur, la souffrance, est présente également.

Les *liliacées* sont un ordre très ancien du monde végétal. Les nénuphars, entre autres, expriment une beauté délicate qui croît sur le fond obscur d'un très vieil inconscient.

Les rêves de fleurs isolées sont rares. Car les fleurs se rapportent souvent à une certaine ambiance sentimentale, à un paysage global, et apparaissent avant tout dans les jardins.

Le *jardin* est un symbole onirique et fermé positif. Il est le lieu de la croissance, de la culture de phé-nomènes vitaux et intérieurs. Le déroulement dessaisons s'accomplit en lui au moyen de formes particulièrement ordonnées et caractéristiques ; la vie et sa richesse multicolore y deviennent visibles de la plus merveilleuse des façons. Le mur du jardin maintient les forces internes qui fleurissent, ce qui constitue souvent une nécessité pour les rêveurs extravertis. On ne pénètre dans le jardin que par une porte étroite.

Le rêveur est fréquemment obligé de chercher d'abord cette porte en faisant le tour. C'est l'expression imagée d'une évolution psychique assez longue qui est parvenue à une richesse interne. Mais tous ne trouvent pas le portail de ce domaine de sentiments. Ceux qui peuvent à tout moment se retirer dans leur jardin psychique ne sont pas nombreux. Ce jardin peut être l'allégorie du soi lorsqu'en son milieu se trouve un grand arbre ou une fontaine. Sur un plan objectif, le jardin désigne assez souvent pour l'homme la partie sexuelle du corps féminin. Mille poèmes de toutes les littératures parlent d'une manière claire ou voilée de ce petit jardin paradisiaque. Mais même à travers cette allégorie, spécialement dans les chants religieux des mystiques, ils signifient beaucoup plus que le simple amour et son « incarnation », ils cherchent et louent ardemment le centre le plus intime de l'âme.

Les *fruits*, dont l'homme a besoin pour sa nourriture, ont toujours possédé une signification particulière. Leur appréciation dans la vie quotidienne est renforcée dans le rêve. Ce qui importe psychiquement repose moins sur leur utilité que sur la couleur, la taille et la saveur, la forme remarquable, la provenance lointaine et le nom. Le lieu où on les trouve a une grande importance : champ, jardin ou bois, et il n'est pas sans importance non plus de savoir si ce sont des fruits d'arbres, d'arbustes ou qui poussent à même la terre. Le contenu symbolique est assez facile à dégager pour les produits de plantes cultivées. Il ne s'est pas encore défini pour les fruits exotiques, ou alors il est occasionnel, personnel.

Cueillie dans le jardin, trouvée dans l'herbe ou reçue dans une corbeille, la *pomme* est souvent un signe d'amour par l'éclat de son rouge, une expression d'une harmonieuse vie végétative quand elle est colorée de rouge et de vert. Jung interprète la pomme du paradis, celle qu'Ève, la femme, a donnée à Adam, l'homme, comme le symbole de la vie en général. La pomme de rêve peut être véreuse et signifier une relation de vie extérieurement convenable, séduisante, mais qui n'en est pas moins rongée. Parfois aussi en rêve on mange une pomme en commun, fait qui est avant tout de nature érotique. Il signifie plus généralement la vie commune dans l'amour.

D'ailleurs les fruits ont très souvent une signification érotique. C'est ainsi que la *poire* vue en rêve constitue toujours, l'expérience le prouve, un symbole typiquement érotique, plein de sensualité. Ceci est probablement dû à sa saveur douce, à son abondance de suc, mais aussi à sa forme qui évoque quelque chose de féminin. Un rêveur trouvait dans l'herbe (la vie végétative) un scarabée d'or (l'affection). À côté se trouvaient tout d'un coup les poires les plus magnifiques.

Le rêve où figurent des *noix* peut se rapporter à un problème difficilement soluble, dont le contenu est précieux. Mais ce fruit est plus fréquemment l'image de l'organe sexuel féminin, ce dont témoignent toutes sortes de dessins obscènes sur les murs.

Pour des raisons qui sont évidentes, la *banane* est son image masculine correspondante. Les rêveuses soulignent sa saveur sucrée et son contenu nourrissant, mais également sa provenance d'un « pays chaud ».

Les fruits sucrés signifient sentiment, aventure amoureuse. Ils ne prospèrent d'ailleurs que dans la chaude ardeur de l'été. Les *cerises* constituent ces fruits par excellence ; on en cueille des rouges, des noires, des jaunes, c'est le temps des cerises, comme dit la chanson ; on est allé « aux cerises ». On mentionne parfois l'éclat des cerises noires. Leur douceur semble se rattacher à une passion sombre et dangereuse, contrastant très fortement en cela avec le miracle blanc de l'arbre en fleur.

L'*orange*, ce beau fruit rond et doré, produit la joie des yeux et constitue une image très positive. Si quelqu'un en rêve la reçoit dans sa main, il a acquis un fruit d'amour ensoleillé et parfait ; c'est comme si on l'avait cueilli directement sur l'arbre de la vie dans sa beauté dorée.

L'allégorie de la *quetsche* et de la *prune* est plus rude, plus crue. Elle désigne un bonheur sexuel très réaliste dans certains rêves d'hommes. Il suffit de mentionner le blond *épi de maïs*, ce phallus solaire, pour comprendre aussitôt qu'il s'agit d'un symbole masculin.

Les *haricots* ont également une signification sexuelle, de même tout ce qui rentre dans la catégorie des *légumes*. Ils se rapportent à quelque chose de très féminin, à vulve ou vagin, par exemple.

Bien que la *salade* constituât le plat quotidien d'un homme dont la situation conflictuelle avec son épouse avait entraîné un arrêt dans les rapports sexuels, il exigeait en rêve qu'on lui mît à nouveau « son plat de salade quotidien » sur la table. À l'inverse, des femmes racontent tranquillement qu'elles ont vu des *asperges* fraîches, cette impulsion phallique qui monte de la terre printanière. Cachée dans la terre, voici la puissance nourricière de la *pomme de terre*, rappelant le scrotum. Les *tomates*, qui en sont des parents proches, font rayonner leur rouge violent à proximité de la terre, sous un soleil déjà presque automnal, c'est-à-dire en une période de maturité. Il est curieux qu'au cours de la conversation analytique qui accompagne l'interprétation, des rêveurs modernes mentionnent surtout la riche teneur en vitamines des tomates de leurs rêves.

Un parfum particulier de différenciation et de nuance accompagne la signification des fruits des bois et des clairières chaudes et ensoleillées, même si, depuis, ces fruits sont devenus objets de culture. Il est important de bien observer le lieu où ces fruits ont été cueillis.

La *fraise des bois*, rouge, à peine visible mais de saveur très sucrée, croît en un lieu modeste où on la cueille en passant. Voici un petit rêve pour interpréter ce fruit : un jeune homme racontait qu'il traversait un village à la sortie duquel il avait trouvé de petites fraises rouge foncé. Le rapport avec la première invitation à la danse dont il parlait avec une certaine désinvolture montrait qu'il attendait quand même de cette petite fête une douce aventure pour le lendemain soir.

Les rêves parlent aussi de *mûres sauvages*. Ces petits fruits noirs et brillants sont le symbole d'une séduction piquante et douce. D'ailleurs tous ces fruits des bois, lorsque des rêveuses en parlent, permettent de pressentir ce qui a silencieusement mûri dans leur nature semi-consciente, attendant d'être cueilli par un toi pour être consommé avec lui dans un bonheur mutuel.

INDEX DES SYMBOLES

TABLE

PREMIÈRE PARTIE
La nature du rêve

DEUXIÈME PARTIE
L'interprétation des rêves

TROISIÈME PARTIE
Les symboles oniriques

Imprimé par CPI Black Print (Barcelone)
en juillet 2021
Dépôt légal : août 2021

Imprimé en Espagne